本书是教育部人文社科基金青年项目"深度贫困地区农村老年人生活照料体系构建研究——基于社会福利分层和家庭结构变迁视角"(19YJCZH221)和中央高校基本科研业务费专项资金项目"新时代养老服务模式转型研究"(CSH19004)的阶段性成果

基于社会变迁的
养老服务模式转型研究

JIYU SHEHUI BIANQIAN DE
YANGLAO FUWU MOSHI ZHUANXING YANJIU

杨政怡／著

人民出版社

目　　录

第一章　养老服务模式转型
问题研究的缘起

一、研究养老服务模式转型
问题的背景和意义

（一）养老服务模式转型问题的提出

人口老龄化加剧对养老服务提出挑战。我国正处于快速老龄化阶段，根据 2010 年第六次全国人口普查数据，我国 60 岁以上老年人口占总人口的 13.26%[①]，比 2000 年上升了 2.93 个百分点；65 岁以上老年人口占总人口的 8.87%，比 2000 年上升 1.91 个百分点。而到 2015 年底，我国 60 岁以上老年人口为 2.22 亿，占总人口的 16.1%；65 岁以上老年人口为 1.44 亿，占总人口的 10.5%[②]，从 2021 年到

[①]　根据国际通行划分标准，若一个国家或地区 65 岁及以上老年人口比重在 7% 以上或 60 岁以上老年人口比重在 10% 以上，则称其为老龄社会或老年型人口国家。我国在 2000 年时已步入老龄社会。

[②]　参见《中华人民共和国 2015 年国民经济和社会发展统计公报》，2016 年 3 月 1 日，见 http://www.xinhuanet.com//politics/2016-03/01/c_128763405.htm。

2050 年我国老龄化将进一步加剧①。与此同时，五类特殊人群对养老服务有刚需，分别是高龄老人、失能半失能老人、空巢老人、无子女老人、贫困老人②。人口高龄化成为人口老龄化的一个重要特点。医疗技术的进步与生活水平的改善延长了人们的平均寿命，我国完全失能、部分失能老年人逐年增多，到 2015 年，我国完全失能和部分失能的老年人近 4000 万人，占总体老年人口的 19.5%。③ 由于我国老年人口基数最大，老龄化速度快并呈现高龄化特征，完全失能和部分失能的老年人所占比例高，老年服务与照料的需求激增，这对家庭养老照料和社会养老服务提出了挑战。关于空巢老人，2012 年我国空巢老人达 9900 万人，城市空巢家庭（包括独居）比例达到 49.7%，据《老龄蓝皮书：中国老龄产业发展报告（2014）》预测，未来，空巢老人比例将突破 70%。随着失独家庭增多，丁克家庭进入老年，无子女老人会越来越多，预计到 2050 年，临终无子女老年人将增加到 7900 万人。贫困老人支付能力有限，其所需养老服务的购买将成为挑战。

社会转型要求养老服务模式转型。伴随工业化的发展和城市化的推进，我国正经历着从传统社会向现代社会的转型，家庭也经历着从大家族到小家庭的转型，家庭中的个体更加独立，现代性更强。传统"养儿防老"的观念受到冲击，家庭内部父母与子女的纵向关系让位于夫妻的横向关系，代际重心的下移，传统孝道文化遭受挑战。此外，社会分工的细化将大量劳动力从家庭中解放出来，人口流动加

---

① 杜鹏、翟振武、陈卫：《中国人口老龄化百年发展趋势》，《人口研究》2005 年第 6 期。

② 张岩松：《社会养老服务体系建设研究》，东北财经大学出版社 2016 年版，第 17 页。

③ 常红：《2015 年我国部分失能和完全失能老年人将达 4000 万人》，2011 年 3 月 2 日，见 http://politics.people.com.cn/GB/1026/14045819.html。

速，空巢老人快速增长，原本由家庭成员承担的老年照料功能不得不部分转移给社会，家庭养老保障功能弱化，这对社会养老服务提出了要求和挑战。从家庭养老服务模式向社会养老服务模式转型是趋势，但在中国"家本位"传统下，转型后的落脚点有待继续探索。

养老问题不仅关乎个人和家庭，更关乎整个国家和社会的发展，而发展养老服务是解决养老问题的重要方向。在养老领域，现金给付和社会服务构成了社会给付，欧洲福利国家实现了从以现金给付为主到以社会服务为主的社会给付改革，预示着从现金到服务的发展趋势。我国高度重视老年人保障，从 1997 年城镇职工养老保险改革到 2009 年推行的新型农村社会养老保险，再到 2011 年实施的城镇居民养老保险，我国已实现养老保险（即现金给付制度）的全覆盖。在养老服务方面，我国先后颁布了《社会养老服务体系建设规划（2010—2015 年）》（2010 年）和《关于加快发展养老服务业的若干意见》（2013 年），对养老服务的发展进行具体规划。党的十八届三中全会通过的《中共中央关于全面深化改革若干重大问题的决定》（2013 年）和《国民经济和社会发展"十三五"规划纲要》（2016 年）都明确提出优先和加快发展社会养老服务，培育和发展老龄服务事业。同时，习近平总书记深入敬老院考察民生工作时专门谈到养老事业，说："要完善制度、改进工作，推动养老事业多元化、多样化发展，让所有老年人都能老有所养、老有所依、老有所乐、老有所安。"[1] 养老事业涵盖了养老服务，这表明我国已将发展养老服务提到了影响国民经济和社会发展全局的高度。

我国养老服务业的兴起与发展与我国经济的持续稳定发展密不可分。不同国家提供养老服务的方式存在明显的差异，说明养老服务嵌

---

[1] 《习近平元旦前夕在北京市看望一线职工和老年群众》，《人民日报》2013 年 12 月 29 日。

入于固定的社会结构中，受到不同文化传统等因素的影响。在社会变革时期养老服务亦会改革以适应社会发展。养老服务作为一种生产关系，与生产力水平相适应，强大的经济实力可以为养老服务的推进提供坚实后盾。

目前，我国养老服务处于探索发展时期，借鉴发达国家的发展经验成为一种必然。因此，厘清养老服务与经济发展、社会文化背景等因素的关系是研究我国养老服务模式发展的一个突破口。本书将探索影响养老服务模式转型的因素，评估我国目前养老服务模式转型的可能性和现实状况，以期为养老服务的发展提供理论支持与政策建议。

（二）研究养老服务模式转型问题的价值意蕴

从理论方面来说，有助于丰富社会结构形态与养老服务模式相关性的理论研究。目前关于养老服务的研究多为基于某个地区的实践，或基于供给和需求进行研究，或遵循现象、问题、原因、对策的思路进行研究。而关于养老服务模式转型的研究相对较少，多为对国内外成熟养老服务模式的总结，少有从历史、理论视角对养老模式的探讨。本研究在现有相关研究的基础上，从国内和国际两个维度，运用比较分析、历史分析和数据分析的方法，梳理不同生产力水平下养老服务模式的变化，总结不同生产力水平下养老服务模式的特征，分析影响养老服务模式转型的因素，为未来养老服务的发展与模式的构建提供理论支撑。

从现实实践来看，有助于为养老服务实践创新提供相应的参考。本研究分析不同社会结构形态下养老服务模式的变迁，评价目前我国养老服务模式是否符合经济与社会发展水平，试图找出当前养老服务中存在的问题及原因。此外，借鉴西方发达国家养老服务发展的经验，探索适合我国社会并符合我国国情的养老服务模式。目前，我国养老服务发展正处于起步阶段，人口结构转型、社会转型、家庭转型和国家政策转型都对养老服务的发展提出了新的要求。因此，探索并完善养老服务模式，避免其滞后或超前经济发展与社会变迁，具有重要的现实意义。

具体而言，一方面，研究养老服务模式转型并探索我国养老服务的未来，有助于保障和改善民生，促进社会和谐稳定。老龄化的加速、人口流动加速与家庭的小型化造成家庭养老服务模式难以维持，探索家庭养老服务模式向社会养老服务模式转型，增加国家、社会在养老中的责任，从多层面优化社会养老服务路径，是满足老年人养老需求，增加老年人幸福感、获得感的有效途径。同时，增加老年人的安全感，分担年轻人的压力，有助于促进社会和谐稳定。另一方面，分析我国养老服务模式转型，展望我国养老服务发展趋势有助于促进消费、扩大内需。从家庭养老服务模式向社会养老服务模式转型，意味着更大的需求和更广阔的市场。社会养老服务类型多样，涉及面广，内容丰富，随着社会的发展和消费观念的转变，促进老年人合理消费将会拉动经济增长，扩大内需。"银发经济"将是未来推动经济发展的重要力量。

二、养老服务模式转型问题研究爬梳

从国外的养老服务实践来看，在美国，主要包括机构养老和依托于社区的居家养老，其中依托于社区的居家养老服务是最普遍的形式，由于市场运营的养老地产与社区居家养老服务有一定的交叉，政府不仅为不同收入层次老年人住房可支付性和依据性提供政策支持，还为多层次的养老服务（包括社会服务、预防性服务、支持性服务和保护性服务）提供政策支持，但政府并不直接参与养老服务的供应、组织和操作，而是由非营利组织完成①。日本的养老服务主要有三类：居家养老服务、设施养老服务和社区老年服务，日本实行老年介护保险金制度为老年人提供医疗护理类养老服务，养老设施以介护保险设施为主，制定养老"黄金计划"，将养老责任下放到社区和家庭，着力推行社区居家养老，由政府主导，社会力量参与，市场运营②。英国则形成了以社区照顾为主的养老服务制度，利用社区资源让老年人在熟悉的社区养老，主要通过三种方式提供服务：在一定规模的社区修建院舍，照料无依无靠、生活不能自理的老人；在社区中兴建设施，供有需要的老人使用；对行动不便的老人提供上门服务③。新加坡实行购房优惠政策鼓励子女为老年人提供养老服务，同时将个人、家庭、社区、政府都纳入"老人关怀"序列中，个人规划、家庭提供必要照料、社区协助，国家构建可行的养老框架，多元主体各司其职。从发达国家的养老服务实践来看，虽然因福利类型与政治体制的差异，不同国家的养老服务体系各不相同，但总体而言，发达国家养老服务都呈现出政府主导、社会参与、项目多样和居家养老为主的特征④。

从国内来看，已经取得了一些可喜的成果，主要体现在以下几个方面。

---

① 王承慧：《美国社区养老模式的探索与启示》，《现代城市研究》2012 年第 8 期。

② 彭莉莉：《日本养老福利制度及服务设施运营的启示》，《湖北社会科学》2011 年第 8 期。

③ 易松国：《社会福利社会化的理论与实践》，中国社会科学出版社 2006 年版，第47 页。

④ 修宏方：《社区服务支持下的居家养老服务研究——以黑龙江省哈尔滨市为例》，博士学位论文，南开大学周恩来政府管理学院，2013 年，第 50—51 页。

（一）养老模式的演进与类型

我国有尊老的优良传统，长期以来受儒家孝道文化的影响，一直非常重视老年人的赡养问题。传统社会，生产以家庭为单位，家庭养老是最重要的养老方式，正如费孝通先生所言："甲代抚养乙代，乙代赡养甲代；乙代抚养丙代，丙代赡养乙代"，这一反馈模式是对传统社会家庭养老的经典概括①。但随着工业化发展，社会分工细化，社会结构与文化发生变迁，家庭养老模式随之发生变化。养老模式从家庭养老向社会养老发生变迁是一种趋势，目前社会养老已在一定程度上对家庭养老形成替代②，但对于社会养老是否会取代家庭养老存在分歧：一种观点是，家庭养老不可替代，在相当长的一段时期内，家庭养老依然是主体③，因为家庭在养老中的生活照料和精神慰藉功能难以替代④；另一种观点是，在经济发展和社会结构转型的推动下，社会养老最终会取代家庭养老⑤⑥。我国长期以来是城乡二元结构，城市和农村养老模式的演进有较大差异，城市养老呈现出从单位养老到社区养老的变迁，而我国农村养老模式经历了从以家庭养老为主体的一元养老模式，到家庭养老与集体养老（五保制度）相结合

---

① 费孝通：《家庭结构变动中的老年赡养问题——再论中国家庭结构的变动》，《北京大学学报（哲学社会科学版）》1983年第3期。

② 张川川、陈斌开：《"社会养老"能否替代"家庭养老"？——来自中国新型农村社会养老保险的证据》，《经济研究》2014年第11期。

③ 张仕平：《中国农村家庭养老研究》，《人口学刊》1999年第5期。

④ 杨政怡：《替代或互补：群体分异视角下新农保与农村家庭养老的互动机制——来自全国五省的农村调查数据》，《公共管理学报》2016年第1期。

⑤ 徐琴：《农村的家庭养老能走多远？》，《人口研究》1997年第6期。

⑥ 樊海林：《中国农村养老模式的变迁前景展望》，《人口研究》1997年第6期。

的二元养老模式，再到多元社会化养老模式①②。因而只有多元化的社会养老方式才能满足日益增长的多样化的老年需求③。

养老服务亦称老年服务，是指为老年人这一特殊群体提供必要的产品与服务，满足其物质生活和精神生活的基本需求。其主要包括照护服务、医疗保健和康复服务、教育服务、社会参与服务、文体娱乐服务等④。养老服务模式因养老模式而异，主要有家庭养老服务、机构养老服务、居家养老服务、社区养老服务、社区居家养老服务等⑤。目前，我国养老服务体系建设主要以居家为基础、社区为依托、机构为支撑。未来我国养老服务模式应以政府为主导，建立多元化养老保障体系；以社区为依托，构建居家养老网络体系；以公益为基础，分层次构建机构养老体系⑥。除了几种主要的养老服务模式，新型养老服务模式层出不穷，如医养结合养老服务模式⑦⑧⑨、虚拟养老院模式⑩⑪、网络化

①　凌文豪：《从一元到多元：中国农村养老模式的变迁逻辑——以生产社会化为分析视角》《社会主义研究》2011年第6期。

②　袁彦鹏：《城镇退休职工从单位养老模式向社区养老模式的变迁》，《东岳论丛》2006年第3期。

③　任德新、楚永生：《伦理文化变迁与传统家庭养老模式的嬗变创新》，《江苏社会科学》2014年第5期。

④　郭清等主编：《老年服务与管理概论》，浙江大学出版社2015年版，第1—2页。

⑤　姚兆余：《农村社会养老服务：模式、机制与发展路径——基于江苏地区的调查》《甘肃社会科学》2014年第1期。

⑥　姜玉：《中国养老服务模式研究》，《西北人口》2014年第5期。

⑦　赵晓芳：《健康老龄化背景下"医养结合"养老服务模式研究》，《兰州学刊》2014年第9期。

⑧　刘文俊等：《构建全民健康覆盖视角下"医养结合"养老服务模式的必要性》，《中国卫生经济》2016年第1期。

⑨　邵德兴：《医养护一体化健康养老模式探析——以上海市佘山镇为例》，《浙江社会科学》2014年第6期。

⑩　李丽君：《新型养老服务模式的探讨——对兰州市城关区"虚拟养老院"建设的调查与思考》，《改革与战略》2010年第10期。

⑪　左显兰、张君华：《虚拟养老院：社区居家养老服务模式的升级》，《改革与战略》2013年第9期。

居家养老模式①等。

　　养老的内容主要涉及居住安排、经济支持、生活照料和精神慰藉等，养老模式类型的划分标准各不相同，穆光宗②根据养老支持力来源的不同，将养老模式划分为家庭养老、社会养老和自我养老；依据养老方式的不同，将养老模式划分为家庭养老和社会养老，其中家庭养老是一种分散式的养老方式，老年人分散在一个个家庭中实现养老，而社会养老属于集中养老，无论是养老院还是社区养老机构都是由社会力量部分或全部承担老年人的养老③④⑤。关于具体养老模式的研究，主要集中在家庭养老、机构养老、社区养老和居家养老等方面。

　　家庭养老方面的研究。家庭养老是由家庭成员为老年人提供养老资源的一种养老方式。穆光宗进一步界定了家庭养老的内涵，将家庭养老分为完整的家庭养老和不完整的家庭养老⑥。完整的家庭养老是指完全由家庭承担老年人的经济、生活照料和精神慰藉，而不完整的家庭养老则是主要由家庭来承担老人这三方面的责任。在传统社会，我国家庭养老模式建立在"养儿防老"基础上，在交换逻辑下实现了一种双向平衡，并且在浓厚的孝道文化下运行良好⑦⑧。随着社会

---

　　①　史云桐：《网络化居家养老：新时期养老模式创新探索》，《南京社会科学》2012年第12期。
　　②　穆光宗：《家庭养老面临的挑战以及社会对策问题》，《中州学刊》1999年第1期。
　　③　熊巍俊：《论我国人口老龄化下的社会养老问题》，《人口学刊》1994年第4期。
　　④　刘长茂、叶明德：《中国人口老龄化前瞻》，《南方人口》1994年第4期。
　　⑤　陈赛权：《中国养老模式研究综述》，《人口学刊》2000年第3期。
　　⑥　穆光宗：《家庭养老面临的挑战以及社会对策问题》，《中州学刊》1999年第1期。
　　⑦　陈皆明：《投资与赡养——关于城市居民代际交换的因果分析》，《中国社会科学》1998年第6期。
　　⑧　杨善华、贺常梅：《责任伦理与城市居民的家庭养老——以"北京市老年人需求调查为例"》，《北京大学学报》2004年第1期。

转型和家庭小型化，家庭养老呈现出两个新的特点：一是儿子不再是家庭养老的唯一责任主体，原本家庭养老中不被赋予赡养责任的女儿也参与到父母的养老中，而且发挥着越来越重要的作用①；二是家庭养老出现代际反哺危机，家庭养老功能弱化。计划生育政策的实施缩小了家庭规模，减少了家庭子女数，人口老龄化和高龄化的来临使得子女面临更大的养老压力，与此同时，孝道文化的约束松弛加剧了家庭养老危机②③。

机构养老方面的研究。机构养老是由社会福利机构为老年人提供生活照顾的一种养老方式④。我国的养老机构一般包括社会福利院和敬老院、养老院、护理院、临终关怀机构等⑤⑥，目前养老机构呈现出一些新形式，例如异地养老院，即整合不同地区老年人的需求和养老院资源⑦；社区老年公寓，即将养老院建在社区医院附近⑧；护理学院经营老年公寓等⑨。我国政府购买机构养老服务有三种模式：公办民营、民办公助和公补民用⑩。但就目前我国机构养老发展来看，存在的问题有：公立养老院供不应求，部分民办养老院由于收费高而

---

① 唐灿等：《女儿赡养的伦理与公平——浙东农村家庭代际关系的性别考察》，《社会学研究》2009 年第 6 期。

② 刘汶蓉：《反馈模式的延续与变迁：一项对当代家庭代际支持失衡的在研究》，上海社会科学院出版社 2012 年版，第 4—6 页。

③ 刘燕：《制度化养老、家庭功能与代际反哺危机——以上海市为例》，博士学位论文，华东理工大学社会与公共管理学院，2014 年，第 85 页。

④ 于潇：《公共机构养老发展分析》，《人口学刊》2001 年第 6 期。

⑤ 尤黎明：《试论老年照护体系的构建》，《中国护理管理》2004 年第 1 期。

⑥ 张增芳：《老龄化背景下机构养老的供需矛盾及发展思路——基于西安市的数据分析》，《西北大学学报（哲学社会科学版）》2012 年第 5 期。

⑦ 刘爽等：《孰是孰非：聚焦"异地养老"》，《人口研究》2006 年第 4 期。

⑧ 谭建蒙、张丽芳：《社区老年公寓护理模式探讨》，《包头医学》2007 年第 2 期。

⑨ 刘丽萍、高滨洋：《护理学院经营老人公寓优势的研究》，《市场论坛》2008 年第 8 期。

⑩ 张遒英、王辰尧：《我国政府购买机构养老服务的政策分析》，《经济体制改革》2012 年第 2 期。

入住率低①；养老机构的管理人员和护理人员缺乏专业化的培训；养老机构的功能分类不明确，无法满足不同老年人的多样化需求②。医养融合型养老机构面临困境③，公建民营养老机构在改革推进过程中出现了目标性偏离、功能性质不明等问题④。针对存在的问题有以下对策，包括在保障公建民营养老机构公益属性的前提下，实现养老机构多元化发展，提高养老机构管理水平，完善其功能分类，最终实现养老机构的品质化与提升老年人生活品质⑤。

　　社区养老方面的研究。关于社区养老的概念，不同学者提出了不同的看法，史柏年认为老年社区照顾是由正规服务、社区志愿者及社会支持网络为有需要的老年人提供帮助和资源，让其能在熟悉的环境下维持自己的生活⑥。王海燕认为社区养老是在社区内为老人提供包括物质、设施、衣食住行、生活照料等服务。⑦ 梁新颖认为社区养老是在社区内成立养老服务机构，为生活不能自理和不能完全自理的老人提供有偿又有效的服务。⑧ 社区养老定义的分歧主要集中在社区养老服务的提供形式上，但在以社区为单位，就近为老人提供服务这一点上认识一致。社区养老有三种服务模式，分别是社区居家养老、社

---

　　① 蒋秋桃：《公办的进不去，民办的住不起　用多样化方式化解我国养老困局》，《人民论坛》2015 年第 9 期。

　　② 傅亚丽：《国内城市养老机构服务研究综述》，《南京人口管理干部学院学报》2009 年第 1 期。

　　③ 程启智、罗飞：《中国公办养老机构改革改制路径选择》，《河北经贸大学学报》2016 年第 2 期。

　　④ 董红亚：《养老机构公建民营：发展、问题及规制》，《中州学刊》2016 年第 5 期。

　　⑤ 张团等：《机构养老之品质内涵研究——以台湾兆如多层级养老机构为实例》，《华中科技大学学报（社会科学版）》2013 年第 6 期。

　　⑥ 史柏年：《老人社区照顾的发展与策略》，《中国青年政治学院学报》1997 年第 1 期。

　　⑦ 王海燕：《发展城市社区养老应对人口老龄化》，《理论学刊》2002 年第 3 期。

　　⑧ 梁新颖：《家庭养老社会化问题探路》，《社会科学辑刊》2000 年第 4 期。

区养老院和老年日间服务中心。[1] 社区养老将在未来多元化养老中占有重要地位，但目前我国社区养老存在的问题主要有：社区养老管理者和老年人对社区养老的重要性认识不充分；资金主要来源于政府，渠道单一；社区养老服务人员素质低下；社区设施建设滞后等[2][3][4]。针对存在的问题，提出了拓宽资金来源，加大宣传力度，提高养老服务从业者素质等对策。

居家养老方面的研究。居家养老有广义和狭义之分，狭义的居家养老主要指上门入户服务，即老人居住在家庭，社会提供养老服务的一种养老方式[5]。广义的居家养老还包括户外服务，与社区养老的内容部分重合[6]。居家养老不同于家庭养老，是工业社会的产物，其支持体系不仅仅是家庭，还有政府和社会；居家养老不同于机构养老，居家养老的设施为公共服务设施[7]。居家养老的产生的理论基础是适度普惠型福利理论、基本公共服务均等化理论和福利多元主义理论[8][9]。在居家养老实践方面，既有美国、日本、新加坡、瑞典、英国等各具特点的居家养老形式和可借鉴经验的介绍，也有对我国宁

---

① 刘国萍：《现阶段我国城市社区养老模式存在的问题与对策研究》，硕士学位论文，浙江财经学院财政与公共管理学院，2013 年，第 6 页。

② 杜翠欣：《我国城市社区养老模式研究》，硕士学位论文，大连理工大学人文与社会科学学部，2006 年，第 3 页。

③ 李学斌：《我国社区养老服务研究综述》，《宁夏社会科学》2008 年第 1 期。

④ 陈元刚等：《我国社区养老研究文献综述》，《重庆工学院学报（社会科学版）》2009 年第 9 期。

⑤ 曾智：《我国居家养老模式比较研究》，硕士学位论文，武汉科技大学文法与经济学院，2008 年，第 5 页。

⑥ 陈友华：《居家养老及其相关的几个问题》，《人口学刊》2012 年第 4 期。

⑦ 丁建定：《居家养老服务：认识误区、理性原则及完善对策》，《中国人民大学学报》2013 年第 2 期。

⑧ 郑功成主编：《中国社会保障改革与发展报告（总论卷）》，人民出版社 2001 年版，第 130—144 页。

⑨ 彭华民等：《西方社会福利理论前沿：论国家、社会、体制与政策》，中国社会出版社 2009 年版，第 13—21 页。

波、大连、北京、上海等城市的居家养老实践的分析①②。我国居家养老存在的问题主要有：相关制度与配套政策缺乏，运行与评估机制有待完善，养护人员素质有待提高等③。

由于广义的居家养老包含社区养老的部分内容，而且居家养老和社区养老在很多情况下是配合实施的，因而关于社区居家养老的研究也较为常见。我国的社区居家养老源于20世纪50年代英国"社区照顾"，是指老年人在家中居住，以社区为依托，由社会力量提供养老服务的一种方式，主要内容为生活照料护理、特殊护理、精神慰藉等④⑤。从整体来看，我国存在社区居家养老服务城乡不均和地区不均的状况⑥。李凤琴、陈泉辛，汪忠杰、何珊珊，毛满长、李胜平⑦分别对南京市、武汉市和西北新村的社区居家养老服务模式进行分析，同时，章晓懿、刘帮成⑧，廖楚晖等⑨设计了指标体系对社区居家养老服务进行评估。我国居家养老服务应走公共服务的产业化道

① 曾智：《我国居家养老模式比较研究》，硕士学位论文，武汉科技大学文法与经济学院，2008年，第16—19页。

② 郭竞成：《居家养老模式的国际比较与借鉴》，《社会保障研究》2010年第1期。

③ 张波：《我国居家养老模式研究综述与展望》，《四川理工学院学报（社会科学版）》2013年第4期。

④ 李凤琴、陈泉辛：《城市社区居家养老服务模式探索——以南京市鼓楼区政府向"心贴心老年服务中心"购买服务为例》，《西北人口》2012年第1期。

⑤ 汪忠杰、何珊珊：《社区居家养老服务模式探索——以武汉市为例》，《武汉大学学报（哲学社会科学版）》2014年第4期。

⑥ 丁志宏、王莉莉：《我国社区居家养老服务均等化研究》，《人口学刊》2011年第5期。

⑦ 毛满长、李胜平：《社区居家养老：中国城镇养老模式探索》，《西北农林科技大学学报（社会科学版）》2010年第1期。

⑧ 章晓懿、刘帮成：《社区居家养老服务质量模型研究——以上海市为例》，《中国人口科学》2011年第3期。

⑨ 廖楚晖等：《中国一线城市社区居家养老服务质量评价》，《中南财经政法大学学报》2014年第2期。

路，关键是政府、市场和家庭的职能需要合理定位①。"互联网＋社区
居家养老服务"可以促进社会各方面资源进入社区为居家老人服务，
构建智能化居家养老的服务方式②③。设计社区智能养老服务系统④，
鼓励社会工作者进入养老社区⑤。

（二）养老服务需求研究

通过对老年人社会养老服务需求进行调查，发现我国老年人社会
养老服务需求的总体水平较低，并呈现多元化、差异化特征，主要集
中在日常照料、医疗护理和精神文化等方面⑥。影响老年人社会养老
服务需求的因素主要有其自身的身体健康状况、收入、年龄及家庭中
配偶是否健在和子女数等⑦⑧⑨。具体来看，社会养老服务需求的研
究主要是分布在对机构养老服务需求、社区养老服务需求、居家养老
服务需求等方面。同时，老年人新型养老服务需求，如老年人网络养

---

① 周敏：《论我国居家养老服务的产业化之路——兼谈政府、市场及家庭的职能定位》，《社会保障研究》2015年第1期。

② 童星：《发展社区居家养老服务以应对老龄化》，《探索与争鸣》2015年第8期。

③ 潘峰、宋峰：《"互联网＋"养老社区：智能养老新思维》，《学习与实践》2015年第9期。

④ 石刚、李子平：《社区智能养老服务系统构建研究》，《电子政务》2015年第4期。

⑤ 廖鸿冰、李斌：《社会工作介入社区居家养老服务研究》，《湖南社会科学》2014年第6期。

⑥ 王晓蕾：《北京市城市老年人口养老服务需求研究——以北京市西城区为例》，硕士学位论文，首都经贸大学劳动经济学院，2014年，第19—20页。

⑦ 田北海、王彩云：《城乡老年人社会养老服务需求特征及其影响因素——基于对家庭养老替代机制的分析》，《中国农村观察》2014年第4期。

⑧ 王俊文、文杨：《我国农村养老服务需求现状及对策研究——基于江西赣州的调查》，《江西社会科学》2014年第9期。

⑨ 黄俊辉等：《农村社会养老服务需求评估——基于江苏1051名农村老人的问卷调查》，《中国农村观察》2014年第4期。

老服务需求备受关注①。

1. 机构养老服务需求研究

国外研究发现，不同年龄的老年人养老机构入住率存在差异，65岁以上的老年人有 4% 的入住率，而 85 岁以上的老年人入住率达到17%②③。同时，通过分析老年人个体因素、家庭因素和社会政策因素对老年人机构养老需求的影响，发现子女少、无配偶、生活不能自理及享有医疗救助计划的老年人更愿意入住养老机构④⑤⑥。国内关于机构养老服务需求的研究也主要围绕两个方面展开：一方面是机构养老的意愿；另一方面是影响机构养老意愿的因素分析。

关于机构养老意愿的研究，既包括对老年人机构养老意愿的考察，也包括对中青年人机构养老意愿的考察，由于本书考察的养老服务状况主要针对老年人，故不探讨中青年的机构养老意愿。在我国老年人机构养老意愿的研究中，既有同时关注城乡老年人机构养老意愿，也有仅关注城市老年人或者农村老年人的机构养老意愿。通过对东北地区的城乡 60 岁以上老年人进行调查，结果发现有 8.3% 的被访

① 吕学静、丁一：《北京市老年人网络养老服务需求意愿及影响因素分析——基于"北京市城市老年人网络养老需求意愿"调查数据》，《社会保障研究》2013 年第 1 期。

② Eskildsen M., Price T., "Nursing Home Care in the USA", in *Geriatrics & Gerontology International*, Vol. 9, No. 1, (2009), pp. 1-6.

③ Kemper P., Murtaugh C. M., "Lifetime Use of Nursing Home Care", in *New England Journal of Medicine*, Vol. 324, No. 9, (1991), pp. 595-600.

④ Evashwick C., Rowe G., Diehr P. & Branch L., "Factors Explaining the Use of Health Care Services by the Elderly", in *Health Services Research*, Vol. 19, No. 3, (1984), p. 357.

⑤ Greenberg J. N., Ginn A., "A Multivariate Analysis of the Predictors of Long-term Care Placement", in *Home Health Care Services Quarterly*, Vol. 1, No. 1, (1979), pp. 75-99.

⑥ Reschovsky J. D., "The Roles of Medicaid and Economic Factors in the Demand for Nursing Home Care", in *Health Services Research*, Vol. 33, No. 4, (1998), p. 787.

者愿意到社会福利院养老①。苏州市城乡空巢老人问卷调查显示，有
24.6%的空巢老年愿意入住养老机构。② 有关城市老年人机构养老意
愿研究，主要集中在经济发达的东部地区，不同地区老年人机构养老
意愿存在差异，随着时间的推移，老年的机构养老服务需求有所提
高。上海市浦东新区老年人的调查显示，4.5%老年人愿意住养老院，
8.9%老年人愿意接受敬老院或护理院的生活照料服务③。龙书芹、
风笑天对江苏省四大城市老年人生活状况进行调查，愿意住养老院、
老年公寓的老年人占7.34%。④ 济南市城区老年人中有7.6%愿意在
养老院养老。⑤ 北京市西城区老年人中有14.3%选择机构养老⑥。北
京市非失能老年人和失能老年人，愿意在机构中养老的比例分别为
27.53%和10.50%⑦。从时间上看，关注农村老年人机构养老需求比
城市晚，山东省农村居民中，有10.8%和23.8%的老年人非常愿意和
比较愿意在机构中养老⑧。通过对安徽巢湖、山东济南、东部地区、
江苏、鄂川赣三省的农村老年人进行调研，分别有22%、5%、

① 宋宝安、杨铁光：《观念与需求：社会养老制度设计的重要依据——东北老工业基地养老方式与需求意愿的调查与分析》，《吉林大学社会科学学报》2003年第3期。
② 陈建兰：《空巢老人的养老意愿及其影响因素——基于苏州的实证研究》，《人口与发展》2010年第2期。
③ 复寿劳：《浦东老年人的养老意愿》，《社会》1997年第11期。
④ 龙书芹、风笑天：《城市居民的养老意愿及其影响因素——对江苏四城市老年生活状况的调查分析》，《南京社会科学》2007年第1期。
⑤ 吴敏：《基于需求与供给视角的机构养老服务发展现状研究》，经济科学出版社2011年版，第56页。
⑥ 陶涛、丛聪：《老年人养老方式选择的影响因素分析——以北京市西城区为例》，《人口与经济》2014年第3期。
⑦ 张文娟、魏蒙：《城市老年人的机构养老意愿及影响因素研究——以北京市西城区为例》，《人口与经济》2014年第6期。
⑧ 王洪娜：《山东农村老人入住社会养老机构的意愿与需求分析》，《东岳论丛》2011年第9期。

8.8%、11.6%、10.8%的老年人愿意入住养老机构。①②③④⑤

关于老年人机构养老意愿影响因素的研究，主要有三类。一是老年人个体因素，即老年人的性别、年龄、婚姻状况、文化程度、健康状况等。男性比女性更倾向于选择机构养老⑥⑦⑧。老年人的年龄与其机构养老意愿的关系，既有学者认为老年人年龄越大，其机构养老服务需求越高，也有学者认为越年轻的老年人其机构养老服务需求越高。有关婚姻状况、文化程度、健康状况与老年人机构养老需求的关系，有配偶的老年人更不愿意入住养老院，他们可以选择与配偶相伴在自己家养老。文化程度越高的老年人越可能选择机构养老，因为他们受传统观念的影响更少，思想更开放⑨⑩。老年人身体健康状况越不好，其越需要机构养老服务。二是老年人家庭状况。老年人子女越少，其越愿意选择在养老院养老，其中老年人女儿越多，其越不愿意

---

① 左冬梅等：《中国农村老年人养老院居住意愿的影响因素研究》，《人口学刊》2011年第1期。

② 吴敏：《基于需求与供给视角的机构养老服务发展现状研究》，经济科学出版社2011年版，第56、66页。

③ 姚兆余：《农村社会养老服务：模式、机制与发展路径——基于江苏地区的调查》，《甘肃社会科学》2014年第1期。

④ 黄俊辉等：《农村社会养老服务需求评估——基于江苏1051名农村老人的问卷调查》，《中国农村观察》2014年第4期。

⑤ 狄金华等：《村落视野下的农村机构养老意愿研究——基于鄂、川、赣三省抽样调查的实证分析》，《南方人口》2014年第1期。

⑥ 丁煜、叶文振：《城市老人对非家庭养老方式的态度及其影响因素》，《人口学刊》2001年第2期。

⑦ 陶涛、丛聪：《老年人养老方式选择的影响因素分析——以北京市西城区为例》，《人口与经济》2014年第3期。

⑧ 陈翠莲：《农村老年人机构养老意愿及影响因素研究——基于对江苏省P县Z村的调查》，硕士学位论文，南京农业大学人文与社会发展学院，2007年，第31—32页。

⑨ 姚兆余、王诗露：《农村老人对机构养老的意愿及影响因素分析——基于东部地区749位农村老人的调查》，《湖南农业大学学报（社会科学版）》2012年第6期。

⑩ 陈建兰：《空巢老人的养老意愿及其影响因素——基于苏州的实证研究》，《人口与发展》2010年第2期。

在养老院养老，突出了女儿在父母生活照料和精神慰藉方面的优势。然而，随着老年人儿子数增加，其机构养老意愿更强烈。三是社区层面因素。社区上门服务越丰富，老年人越不愿意选择机构养老。村庄拥有正式宗族网络，宗族在公共服务中功能越强大，老年人越不可能选择机构养老。

2. 社区养老服务需求研究

有关社区养老服务的研究集中在城市地区，均为城市老年人社区养老需求的研究。吉林市 1800 名老年人的调查显示，城市老年人对专业化程度高、专门机构管理程度高、有持续资金支持的社区养老服务需求高，且对医疗服务需求最为关注，对精神服务需求强烈[①]。城市老年人的社区养老需求主要有经济需求、健康医疗需求和休闲娱乐需求，其中居住类型对老年人的经济需求和健康医疗需求有显著影响，性别对健康医疗需求有显著影响，代际关系和受教育程度对休闲娱乐需求有显著影响[②]。济南市 239 个城市社区老人调研中，对老人社区养老服务需求进行排序，发现老人医疗保健需求最强烈，其次是精神慰藉需求，最后是生活照料需求。[③] 这一结论与杨雯雯[④]的研究部分吻合，其认为老年人的社区养老服务需求中，医疗保健需求最强烈，其次是日常照料，最后是休闲娱乐。崔柳以空巢老年社区养老需求为对象，根据老年人需求强度排列依次为医疗保健需求、经济需求、生活照料需求和精神慰藉需求，并从个体特征、家庭情况和健康

---

① 蔡中华等：《城市老年人社区养老服务需求特征与对策——基于吉林市的调查》，《社会保障研究》2013 年第 4 期。

② 王晓峰等：《城市社区养老服务需求及影响分析——以长春市的调查为例》，《人口学刊》2012 年第 6 期。

③ 陶冉：《城市社区养老需求及服务供给研究——以济南市为例》，硕士学位论文，山东财经大学公共管理学院，2013 年，第 42 页。

④ 杨雯雯：《老龄化背景下社区养老服务需求研究——基于长春市的调查》，硕士学位论文，吉林大学东北亚研究院，2010 年，第 15—18 页。

状况三个方面分析了 15 个变量对老年人社区养老四大需求的影响。①
方姜红对三门峡市湖滨社区进行调研，对社区老年人生活照料服务、
医疗健康服务和精神慰藉服务进行分析，同时从个人、家庭、社区三
个层面分析影响老年人社区养老服务需求的因素。从研究中发现，老
年人社区养老需求中医疗保健需求最为强烈，同时经济需求、生活照
料需求、精神需求都是重要需求②。

3. 居家养老服务需求研究

居家养老服务需求的研究主要集中在居家养老服务需求的内容及
其影响因素上。分别对城乡老年人居家养老服务需求进行调研，发现
城市老年人居家养老服务供给过剩而需求不足，而农村正好相反，需
求较高而供给不足。③ 对上海市城市老年人进行调研，发现城市老年
人的各项居家养老服务需求普遍高于农村老年人，并且认为不同收
入、职业、性别、生活自理能力的老年人居家养老服务需求既有共
性，又有差异性，共性是他们普遍需要社区医疗服务，差异性表现在
不同职业老年人居家养老服务需求不同，干部更需要精神文化服务，
知识分子更愿意选择社会参与服务，工人和农民选择医疗服务、日常
生活照料的需求更强烈；不同性别老年人居家养老服务需求不同，女
性更倾向于选择护理保健类和应急呼叫类服务，男性在家政服务和托
老服务方面需求较突出；收入高的老年人更倾向于个性化的有偿服
务，收入低的老年人则选择免费或廉价的服务；不能完全自理的老年

① 崔柳：《城市空巢老人社区养老服务需求与对策研究》，硕士学位论文，广西师
范大学法学院，2011 年，第 38—45 页。
② 方姜红：《三门峡市湖滨社区养老服务需求调查分析》，硕士学位论文，西南交
通大学公共管理与政法学院，2013 年，第 31—37 页。
③ 王莉莉：《基于"服务链"理论的居家养老服务需求、供给与利用研究》，《人口
学刊》2013 年第 2 期。

人居家养老服务需求最大最广[①]。对湖南省老年人的调研发现，年龄越大、身体健康状况越差、受教育程度越高、家庭经济条件越好的老年人居家养老服务需求更强。[②] 对上海市空巢老年人进行调研，发现他们中有90.2%愿意选择居家养老，空巢老年人医疗保健和生活照料服务总体需求强烈，精神慰藉需求也在日渐增加。[③] 李小梅描述了厦门老年人医疗保健、精神慰藉和生活照料三类居家养老服务需求，分析了影响老年人居家养老服务需求的因素。[④] 张国平对江苏省农村老年人进行调研，并对农村老年人居家养老服务需求进行排序，依次为医疗服务需求、文化娱乐服务需求、家政服务需求、教育服务需求、心理咨询需求、法律咨询需求等，并对前三类需求的影响因素进行分析。[⑤]

4. 社区居家养老服务需求研究

通过对重庆市某新区空巢老人进行调研，发现大多数老人经济并不宽裕，对常规检查、保健服务需求强烈，对康复护理需求较弱。[⑥] 依据2010年全国老年人调查数据得知，城市老年人具有较高的社区居家养老服务需求，但需求被满足程度较低，同时认为，身体机能（生活自理能力、年龄）是影响老年人居家养老服务需求的硬性指

---

① 胡娟：《上海市不同老年人群体居家养老服务需求与对策研究》，硕士学位论文，上海社会科学院人口与发展研究所，2008年，第22—34页。

② 陈志科、马少珍：《老年人居家养老服务需求的影响因素研究——基于湖南省的社会调查》，《中南大学学报（社会科学版）》2012年第3期。

③ 李晋：《城市居家老年人生活状况及其对社区养老服务的需求研究——以上海市为例》，硕士学位论文，华东理工大学社会与公共管理学院，2014年，第41—56页。

④ 李小梅：《厦门市居家养老服务需求与供给调查研究》，硕士学位论文，厦门大学公共事务学院，2014年，第22—30页。

⑤ 张国平：《农村老年人居家养老服务的需求及其影响因素分析——基于江苏省的社会调查》，《人口与发展》2014年第2期。

⑥ 田奇恒、孟传慧：《城镇空巢老人社区居家养老服务需求探析——以重庆市某新区为例》，《南京人口管理干部学院学报》2012年第1期。

标，文化因素、经济社会因素和家庭因素也对老年人社区居家养老有
显著影响。①

（三）养老服务供给研究

有关养老服务供给的研究主要围绕养老服务供给主体、养老服务
供给方式和养老服务供给现状三个方面展开。

养老服务供给主体方面的研究中，一种观点认为家庭是养老服务
供给主体，因为养老是家庭的一项传统职能，家庭成员不仅能提供物
质和生活方面的照料，还能提供精神慰藉②③。另一种观点认为养老
服务供给主体为政府、市场或私营组织、社会或非营利组织④⑤。还
有观点认为在计划经济时期单位也曾担任养老服务的供给主体⑥。随
着人口老龄化与高龄化的加剧，老年人养老服务需求呈现多元化特
征，基于福利多元主义，养老服务供给主体也应多元化。养老服务供
给应从政府包办向多主体供给转变，再向多中心供给转变，在一个有
效的养老服务供给体系中，政府、市场和社会应实现良性互动。⑦ 王

---

① 王琼：《城市社区居家养老服务需求及其影响因素——基于全国性的城市老年人
口调查数据》，《人口研究》2016 年第 1 期。

② 曹宪忠、杜江先：《家庭养老——我国现阶段养老制度的必然选择》，《山东大学
学报（哲社版）》1998 年第 4 期。

③ 孙思：《社区居家养老服务供给主体的多元化构建》，《社会福利（理论版）》
2016 年第 5 期。

④ 吴美香：《公共服务供给方式研究》，硕士学位论文，厦门大学公共事务学院，
2008 年，第 27—28 页。

⑤ 万鑫：《我国公共服务供给模式的改革与多元协调机制的建设》，硕士学位论文，
东北师范大学政法学院，2012 年，第 17—20 页。

⑥ 王涵：《社区养老服务多元供给主体的角色定位研究——基于多中心治理的视
野》，硕士学位论文，首都经贸大学劳动经济学院，2014 年，第 46—51 页。

⑦ 张妍：《养老服务供给中政府、市场、社会的互动研究：以杭州市西湖区为例》，
硕士学位论文，浙江大学公共管理学院，2014 年，第 15 页。

涵指出社区养老服务应由政府、民间非营利组织和社区相互配合供给。赵小艳认为我国养老服务应走政府为轴心，社区、家庭、市场、民间组织共同供给之路①。

养老服务供给方式主要分为以自我和家庭为主的家庭养老供给方式和以社会力量为主的社会养老供给方式，社会养老服务供给方式得到了更多关注。阎青春总结了我国居家养老服务的四种模式，分别为政府主办，层级联动模式；政府主导，中介组织运作模式；政府资助，机构主办，连锁经营模式；政府购买服务，公司承办，市场运营模式，并总结了四种模式的利与弊。② 伏威认为应采用政府与公益性社会组织合作的方式实现养老服务供给，其中政府致力于养老服务资金筹集和监管、规则的制定与养老服务绩效评估，而公益性组织负责养老服务的直接生产③。张文丽认为应采用政府购买服务的方式进行养老服务供给，具体是对入住养老机构的困难老人实行付费补贴，而不是直接拨款给养老机构④。章晓懿进一步细分了政府购买服务的方式，政府购买机构养老服务的方式主要有公建民营和民办公助，政府购买社区养老服务的方式为服务外包和服务券。关于养老服务供给方式的研究呈现多样化特征，宗旨是发挥不同养老服务供给主体的优势，为老年人提供差异化的优质服务。⑤

---

① 赵小艳：《老龄化背景下养老服务的多元供给主体研究》，硕士学位论文，西北大学公共管理学院，2008 年，第 44 页。

② 阎青春：《四种居家养老服务模式的"利"与"弊"》，《社会福利》2009 年第 3 期。

③ 伏威：《政府与公益性社会组织合作供给城市养老服务研究》，博士学位论文，吉林大学行政学院，2014 年，第 55—76 页。

④ 张文丽：《养老福利服务的供给机制创新——政府采购》，《社科纵横》2005 年第 3 期。

⑤ 章晓懿：《政府购买养老服务模式研究——基于与民间组织合作的视角》，《中国行政管理》2012 年第 12 期。

养老服务供给现状方面的研究中，基于不同地区的调研得出相应的结论。济南市的 45 家养老院（其中，9 家公立、36 家私立）的调查结果显示，公立养老机构均能为老年人提供医疗等服务，而私立养老院中有 33.3% 不能提供医疗服务①。济南市的社区养老服务调研，发现居委会在社区养老服务供给中占重要地位，老年人接受社区养老服务的兴趣很高，但社区养老服务的福利性并未惠及大多数需要服务的老年人。影响济南社区养老服务供给的因素主要有体制因素、资金因素、服务因素等②。对武汉市江汉区两个社区的调研主要围绕社区医疗服务、家务服务、最低生活保障、文体设施的提供、社会交往网络的提供等。有关养老服务供给现状方面的研究都与老年人需求进行比较，测量供给与需求之间的差距，从而找出目前养老服务存在的问题并给出相应的对策③。

基于"供给—需求"视角进行养老服务的研究相对丰富，其中养老服务需求研究多于养老服务供给研究。关于养老服务需求的研究多为对某一具体地区进行实地调研，分析老年人养老服务的具体需求及影响其需求的因素。关于养老服务供给的研究主要围绕供给主体、供给方式与供给现状，如总结养老服务不同的供给主体，阐释养老服务供给主体变迁规律并归纳不同的养老服务供给方式，以及养老服务供给现状的描述性研究。

① 吴敏：《基于需求与供给视角的机构养老服务发展现状研究》，经济科学出版社 2011 年版，第 79 页。
② 陶冉：《城市社区养老需求及服务供给研究——以济南市为例》，硕士学位论文，山东财经大学公共管理学院，2013 年，第 78—82 页。
③ 王涵：《社区养老服务多元供给主体的角色定位研究——基于多中心治理的视野》，硕士学位论文，首都经贸大学劳动经济学院，2014 年，第 26—38 页。

（四）养老服务典型实践模式研究

从国内养老服务实践来看，香港是以政府支持的社区支援服务体系和以非政府组织、市场相结合的老年服务体系为主，并采用公开竞争的投标机制[1]。南京市鼓楼区"心贴心"老年服务中心和宁波市海曙区"星光敬老协会"是居家养老服务中具有特色的组织，采用政府购买服务的方式，由民间组织或相关公司提供服务，养老服务的供给对象主要是高龄、独居与生活困难老人。上海市静安区实行"多元复合养老服务体系"，以居家养老为主，机构养老为辅，上海市静安区居家养老服务中心负责指导和协调工作，由助老服务社承接具体养老服务项目。兰州市城关区"虚拟养老院"是整合辖区内医疗服务机构，针对整个辖区内老年人实行的医疗服务，由政府主导，相关企业承接并派遣服务人员上门服务，由呼叫中心接受被服务对象反馈并进行监督。上海市静安区"多元复合养老服务体系"和兰州市城关区"虚拟养老院"提供养老服务采用政府主导，中介运作的方式。政府仅仅充当连接养老服务供给方和养老服务需求方的纽带，并不直接提供或购买服务。大连市沙河口区以居家养老院的方式提供养老服务，政府主导、层级联动，整合政府、街道和社区三级机构的行政力量保障养老服务的提供[2]。

从国内外相关研究来看，近年的研究中，关注社会养老的研究多于家庭养老的研究，说明社会养老是一种趋势。关于不同养老类型的

---

[1] 丁华：《整合与综合化——香港养老服务体系改革的新趋势及其借鉴》，《西北人口》2007 年第 1 期。

[2] 吴迪：《中国城市社区居家养老服务模式比较研究——基于南京、大连、宁波、上海和兰州的分析》，《陕西行政学院学报》2014 年第 2 期。

研究，主要围绕家庭养老、机构养老、居家养老、社区养老、社区居家养老的现状、存在问题与发展对策方面。有关养老服务方面的研究主要是基于供给—需求视角，多为基于某个具体地区调研的描述性研究。在养老服务供给方面，多数研究是政治学、行政管理背景的研究，探讨养老服务的供给主体、供给方式和供给现状。在养老服务需求方面，主要包括老年人机构养老、居家养老、社区养老、社区居家养老的具体养老服务需求及影响其需求的因素。学者们也关注典型国家或地区的养老服务实践，国外主要有美国、英国、日本与新加坡的养老服务模式，我国主要有南京、上海、大连、兰州、宁波等独具特色的养老服务实践，具有一定的推广意义。

从以上研究成果来看，在研究内容上，已有的有关养老模式和养老服务的研究中，基本是依据家庭养老、社区养老、居家养老、机构养老等不同的模式进行的分类研究，具体到研究中主要对宏观主体的供给和微观主体的需求进行考察，缺乏将养老服务看成一个整体的研究。绝大多数研究中将养老服务界定为社会福利的范畴，很少有研究将养老服务作为生产关系的范畴考察。在有关养老服务的研究中，大多数是针对目前养老服务的情况进行研究，很少有研究将养老服务放到纵向时间维度中梳理养老服务演变脉络，也少有对未来养老服务发展状况的模拟预测。在研究方法上，既有关于国外或国内养老服务模式与实践的介绍性研究，也有基于微观调查开展的对养老主体养老模式选择及影响因素的定量研究，而不同历史阶段、不同生产力水平对养老服务模式影响的定性研究明显欠缺，将养老服务置于宏观经济脉络中的模拟、测算与仿真相对薄弱。因此，既有研究成果既为本研究奠定了良好的基础，又为本研究继续拓展和突破提供了空间。

三、养老服务模式转型的基本内涵

（一）社会变迁

社会变迁是社会学研究的一大主题，是指一切社会现象发生变化的过程及其结果。社会学在研究整个人类社会变迁的同时，着重于某一特定的社会整体结构的变化、特定社会结构要素或社会局部变化的研究。本书中社会变迁特指社会从前资本主义时期发展到资本主义时期，再到社会主义时期的变迁，从社会变迁的性质来看，是一种进化的社会变迁。

（二）养老服务

养老服务是一个复合词，是"养老"和"服务"的综合。关于养老的界定有如下说法：老年期由于身体健康状况和生命力的下降，老年人适应自然环境和社会环境的能力下降，独立生存能力降低，需要依靠家人、社会或其他力量的帮助。来自家人、社会或其他力量提供的帮助内容广泛，涵盖了经济支持、生活照料、精神慰藉及满足老年人生活所需的其他所有需求。[①] 养老是为老年人提供必要的物质性（如钱和物）和非物质性（如劳务和情感等）支持的过程[②]，其实质

[①] 邬沧萍、杜鹏：《老龄社会与和谐社会》，中国人口出版社 2012 年版，第 441—442 页。

[②] 赵秋成：《中国农村养老服务体系建设研究》，清华大学出版社 2016 年版，第 5—6 页。

是谁来提供养老资源①。

"服务"在《现代汉语词典》中的解释是"为集体（或别人的）利益或为某种事业而工作"。由此可知，服务必须是由他人提供的，不能由自己提供。学者们对养老服务的内涵和外延的理解并不一致，总体而言，养老服务主要指为老年人提供的满足其物质和精神生活需要的各种活动的总称。从狭义上讲是指为老年人提供的生活照料、康复护理和精神慰藉等，从广义上讲几乎涵盖了老年人衣食住行、生活照料、医疗服务、文化、健身、娱乐等多个行业领域。②

（三）养老模式

养老模式从赡养者角度来看，是指以何种方式来赡养老年人、安排老年人的各种生活需要；从被赡养者角度来看，是指人们进入老年阶段后怎么安排晚年生活的制度安排与机制保障③。养老模式实际上是属于养老方式类型化的问题，④ 是与一定的生产力水平和文化价值观念相联系的定型的养老样式，偏重理论认知⑤。本书中主要界定三种养老模式：家庭养老模式、机构养老模式和居家养老模式。家庭养老模式是指由家庭成员为老年人提供养老资源的一种养老方式⑥，也

---

① 穆光宗：《中国传统养老方式的变革和展望》，《中国人民大学学报》2000年第5期。

② 张岩松：《社会养老服务体系建设研究》，东北财经大学出版社2016年版，第24页。

③ 谢琼：《中国养老模式的中庸之道》，《山东社会科学》2008年第11期。

④ 卢德平：《略论中国的养老模式》，《中国农业大学学报（社会科学版）》2014年第4期。

⑤ 赵秋成：《中国农村养老服务体系建设研究》，清华大学出版社2016年版，第7—8页。

⑥ 穆光宗：《家庭养老面临的挑战以及社会对策问题》，《中州学刊》1999年第1期。

是我国传统社会最重要的一种养老模式。机构养老模式是由养老机构，包括社会福利院、敬老院、养老院、护理院、临终关怀机构等为老年人提供生活照料的一种养老方式[1][2][3]。居家养老模式既包括上门入户服务，即老人居住在家里，由社会提供养老服务的一种方式[4]，也包括户外服务，如社区服务设施等，这种服务形式通常被称为社区居家养老服务[5]。其中机构养老模式和居家养老模式均属于社会养老模式。

（四）养老服务模式转型

养老服务模式是指以何种方式为老年人提供养老服务。本书主要界定两种养老服务模式：以家庭养老服务为主的养老服务模式和以社会养老服务为主的养老服务模式。以家庭养老服务为主的养老服务模式是指主要由家庭成员来负责老年人的养老服务，也会有社会养老服务的形式辅助。而以社会养老服务为主的养老服务模式则是由社会主体，如养老机构、社区或雇佣专门的服务人员等来承担养老服务的主要责任，家庭成员只起辅助作用的养老服务形式。2011年《国务院办公厅关于印发社会养老服务体系建设规划（2011—2015年）的通知》明确了我国社会养老服务体系主要由居家养老服务、社区养老服务和机构养老服务等三个有机部分组成，依据各自的功能定位形成

---

① 于潇：《公共机构养老发展分析》，《人口学刊》2001年第6期。

② 尤黎明：《试论老年照护体系的构建》，《中国护理管理》2004年第1期。

③ 张增芳：《老龄化背景下机构养老的供需矛盾及发展思路——基于西安市的数据分析》，《西北大学学报（哲学社会科学版）》2012年第5期。

④ 曾智：《我国居家养老模式比较研究》，硕士学位论文，武汉科技大学文法与经济学院，2008年，第5页。

⑤ 陈友华：《居家养老及其相关的几个问题》，《人口学刊》2012年第4期。

居家为基础、社区为依托、机构为支撑的社会养老服务体系。

　　本书中的养老服务模式转型主要指从以家庭养老服务为主的养老服务模式向以社会养老服务为主的养老服务模式的转变。

四、养老服务模式转型研究可借鉴的主要理论模型

（一）制度经济学理论

　　制度经济学探讨经济学与制度之间的双向关系，它既关心制度对经济增长的影响，也关心制度在经济发展中的变迁。制度是由人制定的规则，是人类相互交往的规则，它抑制着可能出现的、机会主义的和怪癖的个人行为，使人们的行为更加可预见，并由此促进着劳动分工和财富创造。追溯当代制度经济学的先驱，主要有苏格兰启蒙思想家、奥地利学派、弗莱堡学派，他们关注制度在经济发展中的作用。

　　现代经济学家大多没有分析制度，而古典社会科学家们，特别是18世纪苏格兰的道德哲学家和经济学家，认为制度极端重要。亚当·斯密（Adam Smith）著名的"无形之手"机制就是一种发挥指挥作用的制度系统，它描述了追求自身利益的个人在市场中如何受竞争的调控；亚当·弗格森（Adam Ferguson）强调制度与时俱进的演化；大卫·休谟（David Hume）揭示资本主义市场经济赖以立足的制度基础和这些制度是如何被置入一个国家的智识、文化和生活之中。奥地利学派也有力地推动了制度经济学的发展，他们将对规则的分析置于人类的有限知识以及方法论上的个人主义和主观主义语境之中，认为协调好个人目标，制度演化能使人们在缺乏知识的条件下仍

能设法达到其个人目标，其代表人物有卡尔·门格尔（Carl Menger）、路德维格·冯·米塞斯（Ludwig von Mises）及弗里德里希·冯·哈耶克（Friedrich Augustvon Hayek）等。弗莱堡学派始于20世纪20年代和30年代，它将魏玛共和国的经济（及政治）的失败归结于政治寻租和政府对封杀市场竞争的容忍，建议发展由苏格兰启蒙思想家曾确认的关键制度（私有产权、缔约自由、法治），通过政府来抵制有组织集团、政党利益和官僚利己主义，以积极地保护竞争，并认为政策应有助于造就稳定预期，无助于左右政策。

在20世纪80年代，制度经济学发展成了一个活跃而广阔的研究领域。其聚焦于制度在推动经济行为方面的核心作用，并日益分化为两大阵营：一个是来自传统的新古典经济学和组织学的分析者，他们认识到制度的重要性，并试图将这些现象嫁接到传统的主流经济学中去。另一个则认为制度经济学的基本假设与新古典福利经济学中像"完备知识"和"客观理性"那样的构成性假设是不可兼容的，需重新从关于人类价值、认知和行为的基本假设出发建立制度经济学。

1. 养老中的正式制度与非正式制度

道格拉斯·C.诺斯（Douglass C. North）根据制度约束人的方式不同，即制度对人的约束是正式的还是非正式的这一标准，将制度分为正式制度与非正式制度两种类型。他认为"制度是由非正式约束（道德约束、禁忌、习惯、传统和行为准则）和正式的法规（宪法、法令、产权）组成"①。正式制度是指人们有意识创造的一系列政策法规。按照诺斯的观点，正式制度包括政治规则、经济规则和契约。它们是一种等级结构，从宪法到成文法与普通法，再到明确的细则，最后到个别契约，它们共同约束着人们的行为。非正式制度是由一定

---

① ［美］道格拉斯·C.诺斯、李飞：《论制度》，《经济社会体制比较》1991年第6期。

的地域范围（大至一个国家，小至一个村落）的人们在长期的交往中无意识形成的约定俗成、共同恪守的行为准则。泛指一切不需要正式社会组织以正式成文方式加以确认和强制实施的社会规范[1]。正如诺斯所言"非正式制度来自社会所传达的信息，是我们称之为文化的遗产部分"[2]。

从正式制度和非正式制度产生时间和实现机制来看，在人类历史上，非正式制度的建立早于正式制度，正式制度出现相对较迟，它的出现是与立法者、法官和正式政府的出现同步。正式制度是由统治共同体的政治权力机构自上而下地设计出来、强加于社会并付诸实施的。对违反正式制度的行为所施加的惩罚是正式惩罚，由一个预定的权威机构以有组织的方式来执行惩罚。违反非正式制度受到的惩罚都不通过有组织的方式施加，而是自发产生的，如内疚、自责、受排斥。

具体到养老领域，在中国传统社会，由儿子承担父母及祖辈的养老责任是一种非正式制度；在西方传统社会中，长子负责父母的养老并继承父母财产也是一种非正式制度。如果儿子不赡养父母，在自己内心遭受谴责的同时，在家族、村庄范围内会被孤立，如果村庄中宗族强大，会有族长按照族规进行处罚，如逐出宗族等。长期以来，这种随经验演化成的家庭养老的非正式制度维护着养老的基本秩序，运行良好。

在养老领域中，《中华人民共和国宪法》第四十九条规定：成年子女有赡养扶助父母的义务。《中华人民共和国老年人权益保障法》规定：赡养人应当履行对老年人经济上供养、生活上照料和精神上慰

---

① 袁庆明：《新制度经济学》，复旦大学出版社 2012 年版，第 215—216 页。

② ［美］道格拉斯·C. 诺斯：《制度、制度变迁与经济绩效》，杭行译，生活·读书·新知三联书店 1994 年版，第 3 页。

藉的义务，照顾老年人的特殊需要。如果赡养人拒不赡养老人，会受到法律的制裁。《中华人民共和国刑法》第二百六十一条规定：对年老没有独立生活能力的人，负有扶养义务而拒绝扶养，情节恶劣的，处以五年以下有期徒刑、拘役或者管制。德国在建立社会保险制度时，也规定了强制企业参加养老保险条款。1935 年美国国会通过了《社会保险法》，其中对养老保障进行了相关规定。1948 年英国的《贝弗里奇报告》决定将英国建立成一个福利国家。上述法律及规定都属于正式制度。

正式制度与非正式制度对于社会而言，都是必要的。大多数共同体中，非正式制度引导着成员的多数行为，而且在多数情况下都是有效的。然后，实际上所有复杂的大型社会都还采用了正式制度，因为在一个复杂的大众社会中，非正式制度不能排除所有的机会主义行为。因为人们常与再也不见的陌生人打交道，很多非正式惩罚在防止机会主义行为上是无效的。

2. 养老领域的制度变迁理论

根据制度的起源不同，柯武刚和史漫飞将制度分为内在制度和外在制度。所谓内在制度，是群体内随经验而演化的规则，而外在制度是外在地设计出来并靠政治行动由上面强加于社会的规则[①]。

内在制度的演化。按常规，一个共同体共享的基本价值系统及其元规则是相对稳定的，这有利于较为稳定的制度演化。新制度要使人们付出学习成本，并可能在转型期导致协调不良，这常常成为固守传统的一个理由，即惯性或路径依赖。内在制度的形成及其演化性变迁是由各种散布的进取性发现驱动的：人或者组织发现了违反既有内在规则的好处并侥幸地攫取了这种好处。内在制度变迁过程显示出所有

———————

① 柯武刚、史漫飞：《制度经济学》，商务印书馆 2000 年版，第 35—37、119—126、130—131 页。

分散化秩序的特征：打破既有规则并存的分散化试验，在各种分散化的自发选择过程中，各种创新都会得到认可，直到它们获得一个临界多数而变成新规则或被拒绝。

外在制度的变革。外在制度的变革依赖于政治行动，取决于集体性决策。它的发生比自愿性决策更难。所以，外在规则有时相对僵化，即使是在环境已经发生变化的时候也是如此，这将有损物质进步和人类的其他基本欲望。而在进行变革的时候，它们会步调一致地发生。在体现于既有制度中的可预见性准则与应付多变环境的需要之间存在着基本的冲突，外在制度必然会陷入这种冲突。这种多变环境包括不断变化的内在制度，而内在制度的变化可能会导致规则系统内的不协调。

制度变迁是指制度创立、变更及随着时间变化而被打破的方式。从历史的角度来看，制度不是一成不变的，而是一个产生、发展、消亡的过程，即制度变迁。其有两种含义：一是制度创新问题，即新的制度安排如何产生的问题；二是如何从旧制度安排过渡到新制度安排，即新旧制度如何转轨的问题。"在一种给定的环境下，可能存在可以获取外部潜在利润，但一种新的制度安排只有在下述两种情形下才会发生：一种情形是创新改变了潜在的利润，一种是创新成本的降低使制度的变迁变得合算了。"

青木昌彦（Aoki Masahiko）认为，制度是一种社会建构，在同一域还可能存在其他社会建构的情况下，它代表了参与人内生的、自我实施的行动决策规则的基本特征，因而治理着参与人在重复博弈中的策略互动①。制度变迁可以理解为从一种均衡（序列）到另一种均衡（序列）的移动过程，其中伴随着参与人类行动决策规则和他们

① ［日］青木昌彦：《比较制度分析》，周黎安译，上海远东出版社2001年版，第28页。

对于制度共同认知信念的系统性变化。第一种是参与人从既定的行动集合中以分散化方式尝试新策略自发均衡变化；第二种是以集体方式设计法规或引入某种拥有全新的行动决策集合的新型参与人引发均衡变化。

具体到养老领域，家庭主要由儿子负责父母的养老服务是既定的内在规则，但伴随计划生育带来的子女数减少，城市化带来的劳动力大量外迁，原来家庭负责的养老均衡局面被打破，部分家庭将养老功能转移到社会上，例如将老人送到养老院等。当越来越多的家庭将部分养老功能转移到社会上时，家庭养老的内在制度发生变迁。而当日益增长的社会养老服务需求难以被满足时，外在制度变迁即将发生，社会由传统向现代转型，养老服务也随之转型。运用制度变迁理论探讨社会形态结构变迁下养老服务转型的过程。

（二）福利多元主义理论

20世纪30年代以后，受凯恩斯主义的影响，大部分发达国家逐步形成了以政府为主导的社会福利体系。伴随福利范围的逐步扩大、福利标准的不断提升及人口老龄化加剧，加之20世纪70年代西方国家经济发展进入滞胀阶段，社会福利制度难以维系，福利多元主义应运而生。

西方国家社会福利经历了完全依靠市场到完全依靠政府的转变，然而无论是完全交由市场还是完全交由政府均无法长远，于是，超越市场和政府的二元思维，构建多元的社会福利框架，弥补市场和政府在福利供给方面的不足，福利多元主义萌芽。福利多元主义是20世纪80年代欧洲国家社会政策领域新兴的理论范式。它是社会政策领域在经历了解决工业革命早期的"家庭失灵"问题，工业革命时期的"市场失灵"问题和后工业时期的"政府失灵"问题后，对社会政策及福利制度的理性反思。

福利多元主义最早出现是在英国沃尔芬德（Wolfenden）的《志愿组织的未来》报告中，他主张将志愿组织纳入到福利供给者行列中，认为福利供给存在多元体系①。最早对福利多元主义进行具体阐述的是罗斯（Rose），1986年，罗斯在《相同的目标、不同的角色——国家对福利多元组合的贡献》中阐述了福利多元主义的概念。他指出一个社会的福利是全社会的产物，来源于国家、市场和家庭。国家在提供社会福利方面负有重要的责任，但社会福利完全由国家提供是错误的，应该由不同的主体共同承担②。

约翰·罗尔斯（John Bordley Rawls）因强调社会福利应有除政府和市场以外的其他社会部门共同负责而引起学者们的共鸣，许多学者沿着福利多元主义的路径对社会福利进行分析，由此产生了福利多元主义的三分法、四分法；随着对福利多元主义研究的深入，许多学者甚至提出了五分法、六分法。即便分类方式不同，福利多元主义的核心都是分权（Decentralization）和参与（Participation），这两个核心也被看作实现福利多元的具体途径③。分权是改变以往由政府包揽社会福利的做法，在福利服务领域，由中央政府将部分职权下放到地方政府，或由社区、社会组织承担，实现社会福利和服务的地方化、社区化。参与是指让社会力量参与到社会福利的供给中来，将政府的福

①　Wolfenden Committee, *The Future of Voluntary Organizations*, London: Croom Helm, 1978, pp. 9-14.

②　R. Rose, "Common Goals but Different Roles: the State's Contribution to the Welfare Mix", in *The Welfare State East and West*, R. Rose & R. Shiratori, Oxford: Oxford University Press, 1986, pp. 13-39.

③　N. Johnson, *The Welfare State in Transition: The Theory and Practice of Welfare Pluralism*, Amherst: the University of Massachusetts Press, 1987, p. 58.

利责任分散到市场、社区和社会组织等。

1. 福利多元主义三分法

罗斯主张社会福利应由国家、市场和家庭组成，即福利多元主义三分法，在此基础上，德国学者伊瓦斯（Evers）提出福利三角的研究范式，主张福利三角的分析框架应该放在文化、经济和政治的情境中，并将三者具体解构为对应的组织、价值和关系[1][2]（如表 1-1 所示）。福利三角注重分析互动过程中行动者与制度的关系。人民的福利来自他们通过就业从劳动力市场获得的福利，来自他们生活家庭中的福利，只有当家庭遭遇市场失败和家庭问题时，国家才承担解决危机的角色，在福利三角中，国家和市场、家庭一样，是福利的部分提供者。[3]

表 1-1　福利多元主义三分法与福利三角

福利三角	组织	价值	关系
国家	公共组织	平等、保障	行动者与国家的关系
市场	正式组织	选择、自主	行动者与市场的关系
家庭	非正式/私人组合	团结、共有	行动者与社会的关系

数据来源：A. Evers, *Shifts in the Welfare Mix*：*Introducing a New Approach for the Study of Transformation in Welfare and Social Policy*, In A. Evers & H. Wintersberger, （eds）, Shifts in the Welfare Mix：Their Impact on Work, Social Wervices and Welfare Policies, Bloomington：Campus Verlag, 1990, pp. 7-30。

----

① 周如南：《社会治理与福利多元——当代中国残疾人服务事业产业化研究》，吉林大学出版社 2017 年版，第 9—10 页。

② A. Evers, "Shifts in the Welfare Mix：Introducing a New Approach for the Study of Transformation in Welfare and Social Policy", in *Shifts in the Welfare Mix*：*Their Impact on Work, Social Services and Welfare Policies*, A. Evers & H. Wintersberger （eds.）, Bloomington：Campus Verlag, 1990, p. 7.

③ 彭华民：《福利三角：一个社会政策分析的范式》，《社会学研究》2006 年第 4 期。

2. 福利多元主义四分法

伊瓦斯在随后的研究中对福利三角做出了修正，将民间社会加入其中，形成福利多元的四分范式，即认为社会福利的提供者有国家、市场、社区和民间社会。他认为民间社会能在基于不同理念上的政府、市场、社区之间建立联系纽带，使私人和局部利益、公共利益相一致，民间社会中的社会资本对社会福利的整合有着重要作用。约翰逊在伊瓦斯的研究基础上融入了志愿组织，认为承担社会福利的主体为国家、市场、家庭和志愿组织。他强调了福利供给的非垄断性，认为家庭的功能载体为亲属、朋友和邻居；志愿组织则包括互助团体、为"案主"群体提供服务的组织和社会团体等。吉尔伯特也是四分法的支持者，他认为福利多元主义结构有两个层面含义：一是社会福利主体可以被视为由国家、市场、家庭和志愿组织四部门组成，社会福利通过这四个主体传递到公民手中；二是这四个主体嵌入福利国家市场的公共和私人领域，即可单独存在，也可与市场相互重叠。他区分了经济市场和社会市场，认为两者在指导福利分配的原则和动机上不同。福利国家的社会市场主要是根据人们的需求、利他情节、慈善动机和对公共保障的渴望来分配商品和服务。资本主义社会的商品和服务是通过经济市场来分配的，依据生产效率、个人进取心、消费者选择、支付能力等。

福利多元理论对于研究养老服务模式转型具有重要意义。从养老服务模式的转型趋势来看是从家庭养老服务模式向社会养老服务模式转型，从单一的养老服务供给者向多元养老服务供给者转型。以西方发达国家为例，从自由主义完全依靠市场，养老服务基本靠自身或家庭负责；到市场失灵转向以凯恩斯主义为指导的政府介入，且政府负责的养老服务范围与内容逐步扩大；再到政府失败探索多元主体负责，是福利多元思想在养老服务领域的运用与体现。从我国的现实来看，受到儒家思想影响，我国家庭养老的传统延续了数千年，家庭是养老服务最重要的供给主体。随着新中国的成立，城市中单位及单位管理者——国家是提供养老服务最重要的主体。改革开放及经济体制改革后，非政府组织、社会团体、社区等都是提供养老服务的重要主体。福利多元理论主张政府不是养老服务的唯一供给者，鼓励多主体参与养老服务供给，构建多层次的养老服务体系。在福利多元理论的指导下，结合我国国情，探索我国养老服务模式转型过程中养老服务供给主体的变化，探讨转型后各个养老服务供给主体的责任及何种组合方式有利于增进老年人福利。

（三）文化偏好理论

文化理论由人类学家玛丽·道格拉斯（Mary Douglas）创立，政治学家艾伦·威尔达夫斯基（Aaron Wildavsky）将其运用到政策决定过程中。文化理论中，文化偏好是指社会成员共有的价值和信念，它影响人与人之间的关系，而人与人之间的社会关系反过来也会影响文化偏好[1]，这种文化偏好影响每个人的行为方式和选择[2]。

道格拉斯运用了"集团"和"格栅"来说明文化理论[3]。"集团"是个人归属特定社会组织的程度，即个人受到集团影响的大小。集团性越强，说明个人受到集团影响越大，那么集团中的个人与集团外的个人区别就越明显，界限越清晰。如果集团性弱，说明个人与集

---

[1] ［韩］朴炳炫：《社会福利与文化——用文化解析社会福利发展》，高春兰、金炳彻译，商务印书馆 2012 年版，第 153 页。

[2] A. Wildavsky, *Choosing Preferences by Constructing Institutions：A Cultural Theory of Preference Formation*, in *American Political Science Review*, Vol. 81, No. 1, 1987, pp. 3-21.

[3] ［韩］朴炳炫：《社会福利与文化——用文化解析社会福利发展》，高春兰、金炳彻译，商务印书馆 2012 年版，第 153 页。

团中其他人关系不够紧密，与集团外的个人界限相对模糊。"格栅"是指个人受到外部规则约束的程度，它是为了控制个人行为而制定的社会规则或法令。强格栅意味着约束个人的规则多，对社会关系影响大；弱格栅意味着规则少。文化理论用"集团"作为横坐标，"格栅"作为纵坐标，根据"集团""格栅"的强弱可以将文化分为四种类型：宿命论文化、集体主义文化、个人主义文化和平等主义文化。如表1-2所示：强集团、强格栅对应的是集体主义文化，集体中成员的集团归属感强，集团中约束成员的规则多；强格栅、弱集团对应的是宿命论文化，社会成员的集体归属感弱，但集团规则较多；弱格栅、强集团对应的是平等主义文化，集体成员关系密切归属感强，集体规则少；弱格栅、弱集体对应的是个人主义文化，集体成员归属感弱且规则少。

表1-2　以集团和格栅为依据的四种文化类型

	强集团	弱集团
强格栅	集体主义文化	宿命论文化
弱格栅	平等主义文化	个人主义文化

在本书中，文化理论主要运用于测量文化因素对养老服务转型的影响，根据不同的文化类别，对应相应的国家，来分析不同文化特质在养老服务发展过程中所起的作用。

（四）社会嵌入理论

卡尔·波兰尼（Karl Polanyi）是最早明确提出社会嵌入概念的学者。1957年，卡尔·波兰尼从实体主义角度出发，提出"嵌入性"

概念，阐释了特定行为在社会中被制度化何以可能以及经济行为是如何被嵌入社会关系之中的。[①] 虽然卡尔·波兰尼提出的"嵌入性"概念发挥了重要作用，但由于他的学术主张处于一种边缘状态，此概念也一直没有成为学术主流。直到1985年，经济社会学界开始关注社会嵌入理论，并将它作为一种研究范式，这主要得益于马克·格兰诺维特（Mark Granovetter）的研究，他指出："行动者具有个体性，不需要完全去遵循严格的社会规则，但是在行动时也不能完全脱离社会规则而过分地追求个体性；当然，有的时候行动者在实现目标的过程中也会完全遵循具体的社会关系制度。行动者既不可能脱离社会背景采取行动、做出决策，也不可能是规则的奴隶；相反，行动者会在具体的动态社会关系制度中追求目标的实现。"[②] 这说明每个人都不是孤立的，而是嵌入在特定的社会结构和关系网络中，只有在个体和社会结构之间找到一种动态的平衡，适度"社会化"，才能在复杂的、动态的社会关系中达成既定的目标。

社会化贯穿人的一生，伴随社会的变迁、生活环境的变化等，老年人需要继续社会化以适应社会，不能孤立于社会之外。一方面，本书研究家庭养老服务模式向社会养老服务模式转型过程中，何种社会养老服务方式是更容易被老年人接受的方式，如何提供养老服务会让老年人有更高的幸福指数，结合这些特点展望养老服务的未来；另一方面，个体是嵌入于社会之中的，尽管家庭养老服务确是最容易被老年人接受的养老服务方式，但随着社会的变迁，家庭养老服务难以满足老年人的需求，老年人应该积极社会化，逐步改变传统观念，接受

---

① P. E. Pearson, *Trade and Market in the Early Empires*; *Economies in History and Theory*, Chicago: Henry Regnery Company, 1957, pp. 101-110.

② Fiurgess, *Aging in Western Societies*, Chicago: University of Chicago Press, 1960, p. 10.

并享受社会养老服务。

（五）马克思主义关于生产力和生产关系的理论

马克思认为，生产力系统是由人的劳动生产活动形成的人同自然界的关系；生产关系体系是在劳动生产活动中形成的人与人的关系。《马克思恩格斯全集》第 4 卷指出，"社会关系和生产力密切相联。随着新生产力的获得，人们改变自己的生产方式，随着生产方式即谋生的方式的改变，人们也就会改变自己的一切社会关系。手工磨产生的是封建主的社会，蒸汽磨产生的是工业资本家的社会"①，这说明生产力决定生产关系，生产力状况决定生产关系的性质。马克思在《雇佣劳动与资本》中提出："各个人借以进行生产的社会关系，即社会生产关系，是随着物质生产资料、生产力的变化和发展而变化和改变的。生产关系总和起来就构成所谓的社会关系，构成所谓社会，并且是构成一个处于一定历史发展阶段上的社会，具有独特特征的社会"②，可见生产力的发展决定生产关系的变革。与此同时，生产关系对生产力具有能动的反作用，当生产关系适合生产力发展的客观要求时，对生产力的发展起推动作用；当生产关系不适合生产力发展的客观要求时，就会阻碍生产力的发展。

《马克思恩格斯文集》第 2 卷中写道："无论哪一个社会形态，在它所能容纳的全部生产力发挥出来以前，是决不会灭亡的；而新的更高的生产关系，在它的物质存在条件在旧社会的胎胞里成熟以前，是决不会出现的。所以人类始终只提出自己能够解决的任务，

---

① 《马克思恩格斯全集》第 4 卷，人民出版社 2009 年版，第 144 页。
② 《马克思恩格斯选集》第 1 卷，人民出版社 2012 年版，第 363 页。

因为只要仔细考察就可以发现，任务本身，只有在解决它的物质条件已经存在或者至少是在生成过程中的时候，才会产生。大体说来，亚细亚的、古代的、封建的和现代资产阶级的生产方式可以看作是经济的社会形态演进的几个时代"①。说明生产力和生产关系之间的矛盾，在生产发展的不同阶段具有不同的情况。在一种生产关系产生和确立起来后的一段时间内，它与生产力性质和发展要求是基本适合的，促进生产力以前所未有的速度发展。而当生产力发展到一定程度，原生产关系逐渐变得陈旧，它与生产力性质和发展要求变为基本不适合，阻碍生产力的发展，就要求变革旧的生产关系，建立新的生产关系。而新的生产关系一旦产生和确立起来，就又出现了生产关系与生产力性质和发展要求之间在新的基础上的基本适合，开始了生产力和生产关系之间新的矛盾运动。生产力与生产关系的矛盾运动就是从适合到不适合再到适合的过程。检验生产关系的标准是生产关系是否适应生产力的发展并创造更高的劳动生产率。生产关系不适合生产力的发展要求表现为落后或者超越生产力的发展要求。

具体到养老服务领域，经济发展水平属于生产力范畴，养老服务形式属于生产关系范畴。经济发展水平决定了养老服务的形态，决定了可能存在养老服务形式。随着生产力水平的提高，养老服务形式也随之发生变化以适应经济发展的需要。马克思关于生产力决定生产关系理论可以帮助本研究探讨不同经济形态下养老服务方式的变迁。同时，生产关系并不是被动地适应生产力的发展，而是对生产力发展产生能动作用。养老服务方式也会对经济发展产生影响，如果养老服务体系能够适应经济发展需要就会推动经济发展，如果滞后或者超越经

---

① 《马克思恩格斯文集》第 2 卷，人民出版社 2009 年版，第 588—594 页。

济发展水平时，就不利于经济发展。由此，利用生产力和生产关系理论不仅可以评价当前养老服务体系的状况，还可以预测养老服务水平对经济发展的影响，为制定养老服务政策提供依据。

第二章　养老服务模式的历史
变迁与社会转型

一、养老服务模式的不同特点

伴随经济的发展，人类社会从传统社会向现代社会，从农业社会向工业社会，从封闭性社会向开放性社会变迁，不同社会形态下，养老服务呈现出截然不同的特征。

（一）农业经济与养老服务模式

传统农业社会主要涵盖了原始社会、奴隶社会和封建社会。这三个不同的人类社会发展阶段的养老既一脉相承，又各具特色。在原始社会的不同时期，不同社群对待老年人的看法迥异，主要是与社群习性和经济水平有关。原始社会早期，一些社群并不赡养老年人，而是弃养老人、杀害老人。出现这类现象主要有两个原因：一是社群习性与特点所致，对于游牧社群而言，年迈的老年人会成为负担，居无定所的狩猎—采集社群需要时常迁移，他们必须背着工具、食物及婴儿，如果再背负老人或病人，很难前行。二是环境因素，在北极或沙漠地区，因为食物短缺，无法满足每个人的需要，社群不得不牺牲最没有生产力的老人，否则整个社群的生存都会遭受威胁。社群通常采用的抛弃老人的方式有：迁移营地时，故意把老人留下，如斯堪的纳维亚北部的拉普人；让老人以跳崖、跳海等方式自杀，如西伯利亚的楚克奇人；将老人勒死、刺死或者活埋，如高隆族人。① 此外，还出现了人吃人的行为，考古学家发现北京人化石中头骨数量很多，而躯干骨和四肢骨很少，而且大部分头盖骨有伤痕，这些伤痕是利刃器物、圆石或棍棒打击产生。由此推测，北京人有食人之风，将丧失劳动能力的老弱病残者吃掉，解除他们坐以待毙的恐惧，在当时合乎道德之举。②

然而，即便是在原始社会早期，有些社群并没有抛弃老年人，而是照料与保护，如昆族和非洲俾格米族。老人能够得到照料主要取决于老人在传统社群里发挥的作用，他们多年累积的经验与技能，能够帮助整个社群渡过难关。随着生产力的发展，多数社群进入到相对定居生活，不同氏族通婚形成部落，即血缘家族公社。此时老年人的经验与技能变得更加重要，氏族中由年长者担任首领，指导氏族成员的生产生活，此时养老成为一种自觉。《王制》中记载："有虞氏养国老于上庠，养庶老于下庠。"将老年人集中供养，由他们传授年轻人技能和经验。原始社会中，无论是抛弃老年人，还是照料老年人都是一种自然选择，亦是生存之道。

奴隶社会中，人们基本遵循着养老、尊老、敬老的规则，但是这些规则仅适用于奴隶主和平民，奴隶无法享受。奴隶社会不同朝代还设置了自己的养老机构，《王制》记载："夏后氏养国老于东序，养

---

① ［美］贾雷德·戴蒙德：《昨日之前的世界：我们能从传统社会学到什么？》，廖月娟译，中信出版社 2014 年版，第 185—222 页。

② 黄淑娉等：《中国原始社会史话》，北京出版社 1982 年版，第 26 页。

庶老于西序；殷人养国老于右学，养庶老于左学；周人养国老于东胶，养庶老于虞庠。"奴隶社会一个重要的特征是家天下，与原始社会的公天下不同，奴隶社会开始，私有制成熟，由一个家族来统治一个国家。奴隶社会形成了男女有别的制度，从天子到平民都崇尚多妻多子的思想，重男轻女的思想也由此形成。在井田制中，女性没有分田的权利，没有经济来源，也没有继承权，因而女子自幼依附于父亲，结婚后依附于丈夫，夫亡后依附于儿子，女性在家庭中一直处于依附性地位。这样一种制度与文化的形成有利于稳固奴隶社会的统治，形成奴隶主所期待的父子有亲、父慈子孝的局面。在奴隶主家庭中，凭借着宗法制（分封制）和井田制以及对奴隶的剥削，其拥有丰富的资源，足以赡养老年人。在平民家庭中，凭借男性劳动力的努力劳作积累资源，赡养年迈的父母。家庭男性劳动力越多，父母的养老越有保障，由此形成了多子多福与养儿防老的思想，一直延续到封建社会。

封建社会沿袭奴隶社会家天下的传统，家庭养老是封建社会最主要的养老方式。在西方社会，家庭供养关系完全以财产占有权和继承权为转移。为了保证领主田地的完整性和延续性，家庭田产始终属于个人名下，法国在大革命前，德国在 1900 年前，英国在 1925 年前，都实行长子继承制。长子在继承产业后成为家庭主人，父母退居到次要地位，次子在长子继承产业后外出谋生，与家庭脱离经济关系，不承担供养父母的义务。女儿没有田产继承权，在家由父亲供养，出嫁后由丈夫供养。中世纪欧洲家庭供养模式有两种：一种是长子家庭的供养模式，又称双向"交换式"模式。长子结婚后，既有抚养子女的责任又有赡养父母的义务。抚养子女在基督教中是上帝赋予的不可推卸的责任，而赡养父母是以他们交出产业为条件的。另一种是次子家庭的供养模式，即单向"接力式"模式。次子结婚后只有抚养子女的责任，没有赡养父母的义务。家庭供养呈现出一代传一代的接力模式。可见，西方社会养老以长子继承制为前提，父母是以让渡自己的权利换取子女的赡养，权利义务对等。由于西方个体家庭独立性强，供养范围较窄，仅限于个体家庭内部的直系血亲，在交换原则的支配下，供养内容侧重物质供养。在西方传统社会，长子养老制度一直良性运行，直到 20 世纪，工业化、城市化加速，社会转型，以长子继承制为特征的家庭养老受到冲击。

在中国传统社会，家庭养老是最重要的养老方式。家庭财产是在父母、祖父母去世后进行分割继承，严禁子孙在父母、祖父母生前别籍异财，另立门户。所有儿子无论长幼均有财产占有权和继承权，家庭财产名义上归家庭成员共有，家庭父亲宗亲之间相互供养。父母不仅要抚养子女，还要帮助他们抚养孙子女；子女既要赡养父母，也要赡养祖父母，家庭供养呈现出隔代双向"反馈式"模式。家庭养老的内容除了养亲，还有尊亲、敬亲，在经济供给的同时，注重生活照料和精神慰藉。家庭养老依靠家庭中的儿子维系，没有儿子的家庭，则通过过继、招婿等方式实现功能上的儿子养老，或者通过宗族来赡养老人，即扩大化的家庭养老。值得注意的是，无论是西方传统社会，还是东方传统社会，虽然家庭养老是最主要的养老方式，但社会养老也存在。当发生战争、自然灾害时，国家会采用食物发放或现金补给的方式赈灾。同时，各地常设修道院、慈善院、养老院等机构收留无家可归的老年人，为他们提供养老服务。社会养老是家庭养老的一种补充。

在传统的、农业的、封闭的社会中，家庭养老是最主要的养老方式。从原始社会早期的弃老到后期的供养老人，都是与当时生产力水平相适应的选择。虽然原始社会早期出现弃老现象和集中养老现象，但整体而言，从原始社会后期到奴隶社会再到封建社会，家庭养老依然是贯穿整个传统社会最重要的养老方式。它之所以能延续并良性运行，主要因为：一是从原始以血缘关系为基础的家族的形成到奴隶社会、封建社会的家天下，家庭成为社会的基本单位，也是基本生产单位，育儿与养老都是在这一基本单位内进行。二是老年人积累着丰富的生产生活经验与技能，可以指导年轻人更好地生产生活，同时可以帮助子女照顾孙子女，承担一部分家庭劳动，因而得到子女尊重与赡养。三是传统农业社会中，依靠土地耕作获得财富是家庭主要资源，土地需要依靠青壮年劳动力耕作，因而驱使人们多生育子女，这为家庭养老提供了人口与资源保证。

（二）工业经济与养老服务模式

18世纪60年代，英国率先开始了工业革命，随后工业革命在欧洲国家兴起，19世纪传播到北美。发达国家通过殖民活动或战争将先进的思想和工业技术带到欠发达国家，从此，在世界范围内开始了由农业社会向工业社会的变迁。工业革命实现了从手工业向机器大工业的过渡，机器取代人力，加上前期的圈地运动，将劳动力与土地分离，原先农民依靠土地自给自足的自然经济被打破。由于劳动力在生产中的地位下降，人们多子多福的生育观点也随之改变，工业社会的生育变得更加理性，家庭向小型化和核心化发展。而依靠子女照料，依靠土地获取资源的传统养老方式受到冲击。在工业社会，无论是西方社会的长子继承制，还是东方社会的养儿防老，都无法独立承担起全部的养老责任。农民变成工人后，其生产与生活分离，无法照料家中老人，而且机器大量投入生产后，一方面对工人技能的要求越来越高；另一方面失业工人也越来越多，都聚集为社会不安定因素，通过家庭化解风险的机制被打破，国家不得不全面介入到公民的养老生活中。

在传统社会中，国家已经介入到公民生活中，主要是针对贫困人口，而不是专门针对老年人，如英国1601年颁布《济贫法》，救济年老丧失劳动力者、贫困儿童及流浪者。中国历来也建立敬老院、居养所等机构收留贫困老年人。到工业社会，国家开始直接介入公民的养老生活中，不仅针对贫困群体，而且针对全体老年群体。国家对公民老年生活的介入主要有两种形式：一种是养老保险，另一种是养老服务。由于不同国家的传统不同，其在养老保险和养老服务方面的政策也略有差异。以美国、德国为代表的社会保险型模式，强调自由的权利和保费共担；以英国、瑞典为代表的国家福利型模式，高税收保障公民"从摇篮到坟墓"的福利。在养老保险方面，德国是第一个建立现代社会养老保险制度的国家，1889年德国颁布了《老年及残疾保险法》，主要针对所有企业员工，是一种强制性的养老保险制度，由雇主和雇员各承担一半的保险费，覆盖了德国80%以上的劳动者，对劳动者退休后的基本生活提供了物质保障。1935年，美国颁布《社会保险法》，其中第二条专门规定了关于养老保险的问题，确定了老年年金缴费体制，覆盖了工商业领域的雇员，建立由联邦政府主办的老年保险，即OASDI制度，是美国基本的养老保险制度，覆盖了96%的劳动者。随着工业社会的到来，一些国家开始制定有关劳动者养老保险法令，建立起养老保险制度。英国、瑞典等福利国家也有针对老人的类似养老保险的现金给付，与美、德不同的是，养老保险基金主要来源于税收，基本由国家和企业承担。无论以何种方式，养老保险制度的形成都为工业社会老年人退休后的基本社会提供了物质保障，是一种与工业社会相适应的保险制度。

在养老服务方面，各国都建有养老机构，主要是收留贫困老年人。其中也有一部分是面对社会老年人开放，例如美国和德国就建立起市场导向的养老机构，供市民有偿消费。与美国和德国不同的是，英国、瑞典等北欧国家建立起福利导向型的养老机构。英国在二战后，大力兴建正式的社会照料机构，对老年人进行正式的社会照料，为老年人提供院舍照料和护理院照料需要对个人收入和财产状况进行审查，财产低于一定数额的人才具有政府支持的资格。①芬兰也是典型的福利型国家，在建立福利国家之初就大力兴办养老院，并由政府财政为老年人的机构养老服务买单。这一系列机构养老服务都为老年人提供了现金以外的社会服务，满足了老年人的照料需要。

20 世纪 70 年代爆发世界性的经济危机，加上福利国家将大量资金投入到福利建设，出现高负债现象，福利国家模式难以持续，于是掀起了削减福利改革，主要是将相当比例的福利责任从国家转移到社会和个人。伴随老龄化的加剧，更是扩大了各个国家在养老服务方面的开支，养老服务从机构回归家庭成为一种趋势。芬兰是老龄化严重的国家，每 5 个公民中就有一个 65 岁以上的老年人，让老年人都住进养老院弊端凸显，如住进去容易搬出来难等。随后，芬兰社会卫生部制定目标：让超过 90% 的 75 岁以上的老年人都能独自在家中养老，并由社会福利部门为他们提供尽可能完善的居家养老服务。瑞典政府也大力推行居家养老服务，为老人的日常生活提供全天候的服务。日本于 2000 年也建立护理保险制度，让老年人"脱离医院，回归社区，回归家庭"。英国早在 20 世纪 60 年代就有社区照顾政策，主要针对精神病患者，到 20 世纪 90 年代将社区照顾政策运用于养老领域，并在全国范围推行，包括社区内

---

① H. Judith, "The Care of Older People: Australia and the United Kingdom", Social Policy & Administration, Vol. 36, No. 1, 2002, pp. 1-19.

照顾和由社区照顾。各国让老年服务由机构回归家庭，一方面可以节省养老服务开支；另一方面回归家庭是一种更适合老年人的养老方式，因为养老机构缺乏人文关怀，而家庭能提供更适合老年人的生活空间。

从传统的、农业的、封闭的社会向现代的、工业的、开放的社会转变，生产力得到了巨大的发展，原有的自给自足的自然经济被大机器生产的工业经济替代。与此同时，生产关系也发生了变革，原本家庭式耕作方式被雇佣与被雇佣关系取代。当劳动力从家庭中解放出来后，家庭养老遭到严重的冲击，已不能适应工业社会的需要，由此社会养老服务逐渐成为主要的养老服务方式。最初的社会养老服务主要针对贫困老年人，由国家出资或民间慈善将他们集中供养，为他们提供最基本的生存资料与服务。随着经济的发展，社会养老服务开始面向全社会老年人，首先体现在养老保险上，养老保险为老年人退休后的生活提供了物质保障。随着老龄化社会的到来，发达的工业化国家开始探索除了养老保险这种现金支付方式以外的其他的养老服务形式。大力兴建养老机构，将老年人集中供养是大多数国家应对人口老龄化的养老服务策略，但随着经济危机的来临与人口老龄化的加剧，加之机构养老固有的弊端，发达国家开始探索新的养老服务之路。去机构化、回归家庭的社区照顾与居家养老让老年人重返熟悉的生活空间，更好地享受养老服务。进入到现代化工业化社会，社会化养老服务不仅满足了老年人对物质的基本需求，而且满足老年人对生活照料的需求，同时还考虑老年人精神方面的需求。从家庭养老发展到社会养老是社会转型的必然，但社会养老服务是否能完全取代家庭养老服务值得思考。

二、养老服务模式的历史变迁

（一）古代社会的养老服务

中国自古以来就有着尊老、敬老的传统，养老制度经历了多个朝代、多位君主逐步形成，历朝历代的治国理念对养老保障思想的形成和发展起着重要作用。通过梳理我国古代养老服务的发展、变化与演进脉络，归纳我国古代养老制度的特征，对于理解近现代养老服务、完善现有制度具有借鉴意义。

1. 文化软约束与制度硬约束共同鼓励与监督家庭养老服务

（1）文化软约束：最高统治者践行尊老文化为民间敬老作出示范

《礼记·祭义》云："昔者有虞氏贵德而尚齿，夏后氏贵爵而尚齿，殷人贵富而尚齿，周人贵亲而尚齿。"[1] "虞、夏、殷、周、天下之盛王也，未有遗年者。年之贵乎天下久矣，次乎事亲也。""尚齿"有尊老之意。在虞、夏、殷、周各个盛世时期，都没有忘记对老年人的尊重。很久以前人们就形成了尊重老年人的习惯，其重要性仅次于孝道。可见，我国自古以来是一个尊老敬老的国度，这种敬老文化约束了历朝历代的老百姓尊重老年人，赡养老年人。

历代君主通过不定期举行尊老仪式为老百姓养老作出示范。《礼记·祭义》云："食三老五更于大学，天子袒而割牲，执酱而馈，执爵而酳，冕而揔干，所以教诸侯之弟也。"[2] 即周天子在大学里宴请

---

① 《礼记·祭义》第二十四。
② 《礼记·祭义》第二十四。

三老五更，亲自为他们切割牲肉，蘸酱送给他们吃，等待他们吃完后端起酒请他们漱口。东汉明帝永平二年（公元61年）"冬十月壬子，幸辟雍，初行养老礼"。诏曰："侯王设酱，公卿馔珍，朕亲袒割，执爵而酳。"① 说明东汉时期延续了尊老礼。《文献通考》载："后魏孝文帝太和十六年（公元492年）诏：'以前司徒尉元为三老，前大鸿胪卿游明根为五更，于明堂设国老位、庶老位于陛下。'皇帝再拜三老，亲袒割牲，执酱而馈，执爵而酳。于五更行肃拜之礼，赐国老、庶老衣服有差。"② 皇帝举行亲养三老五更一直延续到唐朝、陈朝、宋朝至明清时期。清代康熙、乾隆两朝还举行千叟宴，邀请全国65岁以上在职和退休的文武官员以及全国各地推举的贤德长者赴京进宴。在民间每年举行两次"乡礼酒"的尊老仪式，《清史稿》记载"初，乡饮诸费取给公家，自道光末叶，移充军饷，始改归地方指办"③。由各代最高统治者躬亲厉行的尊老行为内化成一种尊老文化，潜移默化地推动着老百姓的尊老敬老行为。

　　赐高龄老人王杖与官爵，是推崇尊老文化的体现。赐王杖制度始于汉高祖。汉代，不论城乡，不分官民，凡70岁以上的老年人，都可以获得皇帝赐予的手杖④。该手杖杖头由鸠装饰，是一种健康祝福。持有王杖是一种地位的象征，还可以享受各种社会优待，如享受六百石官吏的待遇；经商免税和吏民不得随意殴辱；等等。诏书明确规定，各级官府严禁对高龄老人擅自征召、系拘，也不准辱骂、殴打，违者可定大逆不道之罪被处以斩首之刑。赐官爵是提高老年人地位和生活待遇的一项重要措施。赐官爵制度始于东汉，向高龄老人

---

① 《后汉书》卷二　显宗孝明帝纪第二。
② 《文献通考》卷四十五　学校考六。
③ 《清史稿》卷八十九　志六十四礼八。
④ 《王杖诏书》。

"版授官号"的举措始于魏晋南北朝时期。北魏孝文帝太和十七年（公元 493 年）九月壬辰诏："洛、怀、并、肆所过四州之民：百年以上假县令，九十岁以上赐爵三级，八十以上赐爵二级，七十以上赐爵一级。"① 北魏孝明帝熙平二年（公元 517 年）夏四月："丁酉，诏京尹所统，百年以上赐大郡板，九十岁以上赐小郡板。"② 即百岁以上可以享受郡守俸禄，九十以上可以享受小郡守俸禄。隋唐时期也沿袭了这一制度。唐高宗在"改元宏道大赦诏"中提出"老人年百岁以上者，版授下州刺史，妇人版授郡君"③。这一规定将老年女性也纳入"版授"行列，体现了唐代女性地位的提高。随后，由于高龄老人数量增多，实行"版授"不仅按年龄，而且还增加了限额。这一制度一直延续到明朝。赐王杖和贵爵作为福利的象征，不仅培养了尊老的社会风气，同时将国家的福利传递到老年人手中。

（2）制度正激励：赋役减免制度与待丁制度为家庭养老服务提供支持

赋役减免制度根据老人年龄的不同，免去有老人家庭的子女的徭役，保证了家庭有子女为老人提供家庭养老服务，这一制度为家庭养老服务提供了制度支持。《礼记·王制》载："凡三王养老皆引年。八十者，一子不从政；九十者，其家不从政。"汉武帝建元元年（公元前 140 年）"春二月，赦天下，赐民爵一级。年八十复二算，九十复甲卒"④。可见汉武帝时期八十岁以上的老人家庭可以免除其儿子的税负，九十岁以上的老人家庭可以免除其儿子的徭役。太和元年（公元 477 年）冬十月诏："七十已上，一子不从役。"⑤《唐六典·

---

① 《魏书》卷七下 帝纪第七下。
② 《魏书》卷九 帝纪第九。
③ 《全唐文》第 01 部 卷十三。
④ 《汉书》卷六 武帝纪第六。
⑤ 《魏书》卷七上 帝纪第七。

尚书户部》载"凡庶人年八十及笃疾，给侍丁一人；九十，给二人；百岁，三人（皆先尽子孙，次去近亲，次取轻色丁）。"宋朝真宗天禧元年（公元 1017 年）六月，诏："父老年八十赐茶帛，除其课役。"① 元朝大德九年（公元 1305 年）二月，宽恩恤民诏书中有"老者年八十以上，许存侍丁一名，九十以上存侍丁二人，并免杂泛"②。明太祖洪武元年（公元 1368 年）规定："民年七十以上者，许一丁侍养，免其杂泛差役。"③《大清律例》中亦有类似规定："军民年七十以上者许一丁侍养免其杂役派差役。"④

可见，从周代到两汉，再到魏晋，隋唐宋元明清，历代都有赋役减免制度，国家通过减免老人家庭的赋役来为老人的家庭养老提供支持。通常的做法是家中有八十岁以上老人（北魏、明、清为七十岁）可以免除一子的徭役或赋税，儿子可以在家中耕作即可照料老人。值得注意的是，从《唐六典》中可以看出，家中有高龄老人的，免除其子孙的徭役或赋税，如果没有子孙，就免除其远房亲戚的徭役或赋税。可见，古代家庭养老不仅仅是由儿子或者孙子养老，由亲戚或者同宗族的人养老也是家庭养老的一种形式。

侍丁制度中有关于酌情减免有老人家庭的犯罪侍丁罪行的规定，保证侍丁能尽孝养职责。《唐律疏议》曰："谓非'谋反'以下，'内乱'以上死罪，而祖父母、父母、通曾、高祖以来，年八十以上及笃疾，据令应侍，户内无期亲年二十一以上、五十九以下者，皆申刑部，具状上请，听敕处分。若敕许允侍，家有期亲进丁及亲终，更奏；如元奉进止者，不奏。家无期亲成丁者，律意属在老疾人期亲，

---

① 《宋史》卷八本 纪第八。
② 崔允精：《元代赈恤制度研究》，博士学位论文，南京大学历史系，2003 年，第84 页。
③ 《大明会典》卷八十。
④ 《大清律例》，"户律·户役"。

其曾、高于曾、玄非期亲，纵有，亦合上请。如有曾、玄数人，其中有一人犯死罪，则不上请。"① 可见，唐朝疏议中的规定既保障了老人有晚辈照料，又防止部分侍丁以养老为由逃脱法律制裁。侍丁制度中有关减免有老人家庭犯罪侍丁罪行的规定为家庭养老提供了必要的支持。

（3）制度负激励：严惩不孝者以监督家庭养老服务

自古以来，不孝都是重罪，严惩不孝顺的子女以警示老百姓，这一制度硬约束划出了一条边界，约束老百姓尽孝养之道。《尚书·吕刑》载"五刑之属三千，罪莫大于不孝"。隋唐以来都将不孝之罪列为十恶重罪之列。唐朝有规定，凡辱骂祖父母和父母的人都要被处以绞刑，殴打他们的要问斩，过失杀死他们的要被流放到三千里以外，打伤他们的要判刑 3 年；媳妇辱骂或殴打公婆的，要加以重罚。② 明清时期也有相关规定，《大明律集解附例》中有关于"弃亲之任"的规定，"凡祖父母、父母年八十以上及笃疾，别无以次侍丁而弃亲之任；乃妄称祖父母、父母老疾求归入侍者，并杖八十"③。家中有祖父母、父母八十岁以上或者父母患有疾病没有其他侍丁照顾，作为亲人忽视亲人义务没有去照顾他们；或者假称祖父母、父母年老多病，逃避徭役回家照顾他们，这两种情况都要受到八十杖的惩罚。

2. 官员"致仕"制度是国家养老的缘起

我国古代将养老分为"国老"和"庶老"，预示着官员养老与老百姓养老有别。"致仕"制度是官员退休制度，根据年龄、官阶、身体状况的不同，确定能否"致仕"，不同朝代关于退休资格和待遇的规定也有差异。"致仕"制度产生于汉朝中期，是伴随着俸禄制度产

① 《唐律疏议》卷第三。
② 《唐律疏议》卷第二十二。
③ 《大明律集解附例》卷之十二。

生的。在此之前实行"分封制"和"世卿世禄"制度，官员可以依靠分封的土地养老，不存在专门的国家养老制度，即便分封制被废除后，官员也基本是终身制，直到汉朝中期才出现致仕。而《礼记》《春秋》《尚书》中都出现"致仕"一词，主要是因为这些书的成书时间都是在汉朝以后。

致仕有年龄、官阶和身体状况等方面的条件。从年龄来看，从汉朝开始一直到元朝，都以 70 岁为致仕年龄，到明清时期，致仕年龄降到 60 岁。《礼记·曲礼》曰："大夫七十而致事。"汉朝法定的致仕年龄为 70 岁。三国魏晋时期，南朝齐明帝时宣布："百官年登七十皆令致仕。"① 唐朝法令明确规定："诸职事官七十听致仕。"② 宋朝要求官吏七十致仕，如果到了七十不主动致仕会受到惩罚，同时未到七十，也无特殊原因，不得致仕。《元史》记载："诸职官年及七十，精力衰耗，例应致仕。"③ 明朝，《大明会典》记载："文武官六十以上者，皆听致仕。"④ 清代官员致仕也以六十岁为限，其中职位越低，致仕年龄越早。年龄条件只是官员退休的一项规定，而官阶的不同才决定了官员的退休待遇。平帝元始元年（公元 1 年）规定："天下吏比二千石以上年老致仕者，参分故禄，以一与之，终其身。"⑤ 说明只有"天下吏比二千石以上"者才有致仕领取养老保障的资格。隋朝规定："其官至七品以上者，量其廪，以终厥身。"⑥ 说明隋朝七品以上的官员七十岁后才能享受养老待遇。到唐朝，"诸职事官年七

---

① 《南齐书》卷六　本纪第六。
② 《通典》卷三十三　职官十五。
③ 《元史》卷八十四　志第三十四选举四。
④ 《大明会典》卷之十三。
⑤ 《汉书》卷十二　平帝纪第十二。
⑥ 《隋书》卷三　帝纪第三炀帝上。

十，五品以上致仕者各给半禄。"① 宋朝之后，官阶资格取消，太宗淳化元年（公元 990 年）五月下诏："应曾任文武职事官恩许致仕者，并给半俸，以他物充，于所在州县支给。"② 宋朝官员致仕由地方政府提供养老待遇成为宋朝定制。清朝的规定是享受世袭特权的官员六十岁退休后可以享受全俸待遇，没有世袭待遇的官员可以享受半俸，不满六十岁因为病疾退休者不享受养老待遇。除了年龄、官阶，身体状况也是致仕的重要条件。即便没有达到致仕年龄，但身体状况较差也可以提前致仕。《汉书》载："汉朝周仁因病以二千石禄告老。"明宣宗宣德十年（公元 1435 年）诏令："文武官年未及七十，老疾不能任事者，皆令冠带致仕，免其杂泛差徭。"③

从致仕待遇来看，汉朝官员致仕后领取三分之一的俸禄，北魏孝明帝正光四年（公元 522 年）规定：朝官"已满七十，方求更叙者，吏部可依令不奏"。"可给本官半禄，以终其身。"④ 北魏官员退休待遇为在职待遇的一半，说明工资替代率有所提高。隋唐待遇根据官阶不同有所差异，宋朝取消官阶后，致仕待遇基本为在职时的一半，有特权的可以拿到全俸，一直延续到清朝。

自汉朝以来，各朝都有关于致仕的相关规定，官员致仕是国家养老的缘起，开启了政府承担官员养老责任的先例，同时区别了官员与庶民的养老。"致仕"制度是依据职业身份划分的养老制度，也是社会分工的必然，他们需要为政府处理公共事务，因工作离开土地，甚至离开自己的家乡，到一定年龄应该得到一定的养老待遇。"致仕"制度也是当今公务员退休制度的雏形。

---

① 《通典》卷三十五　职官十七。
② 《宋会要辑稿》职官七七。
③ 《大明会典》卷之十三。
④ 《魏书》卷九　帝纪第九。

另一种完全由国家承担的养老政策是子孙为国难而死，其父、祖的养老。《周礼》中有记载，有专门负责供养为国难死去者的父、祖及遗孤的官员。"稾"供给饭食，"饔"供给酒食。"以其财养死政之老与其孤"① 说明子孙为国难而死，其父、祖都由国家财政来供养。这一制度与当今社会抚恤制度类似。

3. 养老救助以国家提供的机构养老服务为主

国家提供救助式养老服务的对象为鳏、寡、独。《孟子》载："老而无妻曰鳏，老而无夫曰寡，老而无子曰独，幼而无父曰孤；天下之穷民而无告者。"② 政府救助老年弱势群体一方面体现了国君仁政，反映了人类社会的文明程度；另一方面这一类弱势群体对社会安全构成了一定的威胁，政府为他们提供救助式养老服务有助于政权稳定。古代政府为贫困老年人提供的救助式养老服务分为两种：一种为偶然性养老救助，另一种为日常机构养老服务。

（1）偶然性养老救助

自汉朝以来，各朝都有关于政府为贫困老年人提供偶然性养老救助的记载，偶然性养老救助主要包括老年人生活必需的粮食、布帛等。汉光武帝建武二十九年（公元53年）春二月，"庚申，赐天下男子爵，人二级；鳏、寡、孤、独、笃癃、贫不能自存者粟，人五斛"③。顺帝永建四年（公元129年）有对"鳏寡孤独、笃癃、不能自存者赐帛，人一匹"④ 的记载。三国两晋南北朝时期，刘宋孝武帝大明七年（公元463年），颁布诏令："可蠲历阳郡租三年。遣使巡慰，问民疾苦，鳏寡、孤老、六疾不能自存者，厚赐粟帛。高年加以

---

① 《周礼注疏》卷十三。
② 《孟子》卷二　梁惠王下。
③ 《后汉书》卷一下　光武帝纪第一下。
④ 《后汉纪校注》正文卷第十八。

羊酒。"① 唐朝元和七年（公元 812 年），"十一月辛酉，赐高年、孤独、废疾粟帛"②。宋朝专门救助贫困老人的机构兴起，但偶然性救助也频繁出现。《元史》中记载，元二十年（1283 年）冬十月戊申，"给水达达鳏寡孤独者绢千匹，纱三百锭"③。明朝惠帝建文元年（公元 1399 年）二月，诏："赐民高年米肉絮帛，鳏寡孤独废疾官为牧养。"④ 从上述规定来看，偶然性养老救助通常是冬季颁布，主要考虑到严寒天气下保证贫困老年人的生存需要。

（2）日常机构养老服务

古代为贫困老年人提供救助式养老服务最主要的方式是建立养老救助机构，为老年人提供日常养老服务。我国古代第一个由政府设立的贫困救助机构出现在公元 521 年，名为"孤独园"，主要救助单老和幼孤。唐朝的救助机构颇具特色，与佛教联系在一起，常设病坊于寺，称为"悲田养病坊"。武则天长安年间以后，"置使专知，国家矜孤恤，敬老养病，至于安庇，各有司存"⑤。直到宋朝，才大力兴建专门的养老救助机构，将养老救助从偶然性行为转化为一种常规性的行为，对贫困老年人实行集中供养，由机构提供养老服务。

宋朝元符元年（公元 1098 年）颁布"居养法"，广设居养院，长期收养鳏寡孤独及老残者，在冬天（从当年十一月至次年一月）实行集中供养，国家为他们提供衣食和柴薪，到次年二月底将他们遣散。⑥ 关于遣散时间根据情况会有调整，有时为五月底，有时甚至到七月。宋朝建立的救助机构主要有四类：福田院、居养院、养济院和

---

① 《宋书》卷六　本纪第六。
② 《新唐书》本纪第七德宗顺宗宪宗。
③ 《元史》卷十二　本纪第十二世祖九。
④ 《明史》卷四　本纪第四恭闵帝。
⑤ 《唐会要》卷四十九。
⑥ 《宋会要辑稿》食货六十。

广惠院（如表2-1所示）。福田院救助的对象包括"老疾孤穷丐者"，起初在京师设立，仅仅救助京师贫困人口，后推广到京师之外的其他地区。居养院专门对京师之外的鳏寡孤独进行救助，随着居养法的颁布，全国城乡居民达千户的地区普遍设立居养院。① 养济院是南宋时期救济贫困人口的机构，既有南宋时期创立的，也有北宋时期的居养院改名为养济院的。养济院有救济名额的限制。广惠院是南宋地方政府设置的救助鳏寡孤独的机构，与居养院、养济院性质相同。除了这四种机构外，还有安济坊、利济院等，其中安济坊是收养患病老人的，如果其他机构老人患病，就将他们转移到安济坊医治。

表 2-1　宋朝政府建立的养老救助机构表

名称	创建地	经费来源	代表
福田院	中央（京师）	国库	东、西、南、北福田院
居养院	地方	县属经费	徽州居养院、真州居养院、和州居养院
养济院	地方	米仓耗米、药局息钱	建康府养济院、明州养济院
广惠院	地方	没官田产、僧寺废田	苏州广惠院、明州广惠院

元朝广设养济院，收养规模远远超过宋朝救济机构，而且元朝明确规定了救助机构的管理制度。元八年（公元1271年）下令"各路设济众院以居处之"②，同时规定，"随路孤老口粮应各路留存祗应钱粮内，按月放支"③。元十九年（公元1282年）十月又"令每处创立养济院一所，有官房者，就用官房，无官房者，为起盖，专一收养上

---

① 《宋会要辑稿》食货六十。
② 《元史》卷九十六　志第四十五上食货四。
③ 《大元通制条格》卷四。

项穷民。仍委本处正官一员主管，应收养而不收养，不应收养而收养者，仰御史台、按察司计点究治"①。

明朝继续设养济院，并且将养济院的设立推广到边疆地区。②《明会典》记述：永乐十年（公元 1412 年）"天下府州县具有惠民药局、养济院。"③ 明孝宗弘治十五年（公元 1502 年）秋七月，"辛卯，命各边卫设'养济院''漏泽园'"。将养济院和漏泽园设立到边疆，扩大了养老救助机构的设立范围，更多贫困老人有机会享受到救助。同时，明朝政府委任多个部门负责养老工作，如户部和工部负责对一般孤贫老人的供养、照料等救助工作，礼部负责 80 岁以上高龄老人赡养工作，养老管理分工进一步明确。

清朝的救助机构较为丰富，有四类：养济院、栖流所、留养局和五城粥厂。前三者提供救助式养老服务，五城粥厂仅提供食物。《大清律例》载："直省州县所属养济院，或应添造，或应修盖者，令地方官酌量修造。据实估计，报明督抚，在于司库公用银内拨给。仍不时查勘，遇有渗漏之处，即行黏补完固。"④ 说明清朝时养济院依托国家公共财力，在全国普遍设立。栖流所是设立在京师东、西、南、北、中五城的用于收留"外来无依及病卧街衢者"⑤，当然也包括外来无依及患病的老年人，其经费由国库开支。留养局是设立在其他地区的暂时收留外来流民的机构，经费一般由地方政府采用各种措施解决。收养期限通常为每年十月初至次年二月，对于"其有笃疾废疾及年过七十者，则常留在局"⑥。说明留养局对外来老年人实行长期

---

① 《元典章》卷 3《圣政二·惠鳏寡》。
② 《明史》卷十五　本纪第十五孝宗。
③ 《明实录太宗实录》卷一百二十七。
④ 《大清律例》"户律·户役"。
⑤ 黄彭年：《畿辅通志》卷一〇九。
⑥ 据《元氏县志》载："有残疾不愿去者，仍准留局。"

收养。五城粥厂是政府为冬春缺粮贫民设立的救济机构，在固定时间、场所，由专门人员负责为饥民提供食物。清朝时期救助机构特征如表 2-2 所示。

表 2-2 清朝养老救助机构特征

名称	创建地	经费来源	救济人群
养济院	全国各地	国库、地方财政	鳏寡孤独等
栖流所	中央	国库	外来无依及病卧街衢者
留养局	地方	地方财政	同上，年过七十者可长期收留

国家为贫困老年人提供的养老服务以机构养老服务为主，各类机构的建立都以政府为主导，说明政府意识到救助贫困群体是一个国家应承担的责任，有利于巩固政权，维持社会稳定。从宋朝大力兴建各类救助机构到清朝，救助式养老服务机构呈现以下特点：第一，各类救助机构均以政府为主导，经费全部或绝大部分来源于中央政府或地方政府。第二，各类救助机构范围扩大，从中央到地方，再到边疆地区，直到清代，全国遍布养老救助机构。第三，管理机制逐步完善，养老管理机构不断完善，分工明确。第四，对被救助人群分类逐步细化，设置不同类型机构对不同类型的贫困人群进行救助。例如，清朝养济院救助鳏寡孤独，栖流所和留养局救助外来无依及病卧街衢者。

总的来说，我国古代养老服务呈现以下特点：首先，"国老"与"庶老"有别，建构了一个区别对待的养老体系。其次，家庭养老是我国古代最重要的养老方式，家人是家庭养老服务最重要的供给者。绝大多数老年人均为老百姓，他们的养老依靠家庭。我国古代有一套较为完整的维系家庭养老的体系，一方面，尊老文化与国君践行的尊老仪式形成了家庭养老的文化软约束；另一方面，赋役减免制度与侍丁制度为家庭养老服务提供了人员保障，对不孝者的惩戒进一步监督家庭养老服务的执行。再次，官员养老制度属于国家养老的一种，由国家为少数官吏提供养老资源，养老替代率较低。"致仕"制度不仅有年龄要求，还有官阶、身体状况的要求，并不是所有官员都能享受退休后的养老待遇，致仕制度的受益群体非常有限。同时，养老替代率从汉朝的33%到北魏的50%，相比当今的公务员养老制度，替代率较低。另外，国家负责子孙为国难而死的祖、父的养老。最后，机构养老服务体现为国家收养贫困老年人，集中为他们提供日常养老资源与救助服务，发放粮食和布帛，维持其最基本的生存需要。机构养老服务成为我国养老救助的重要形式，救助经费来源于中央或地方政府。

总体而言，我国古代出台了多项政策法令规范养老，体现了国家对养老的重视，但由于财力有限，由国家为老百姓提供的养老服务仅限于社会救助层面及部分官吏和烈士，家庭仍然是老百姓养老服务最重要的载体。

（二）近代社会的养老服务

鸦片战争使中国被迫打开了国门，一批有识之士到远洋探索救国之路的同时，西方福利思想也涌入中国，对中国传统养老文化产生深刻影响。民族企业家实业救国开启了我国缓慢的工业化进程，传统自给自足的小农经济受到冲击，与之相适应的家庭养老也发生一定程度的转变。与此同时，民间慈善兴起，私人办养老救助机构越来越多。从积贫积弱的清政府到北洋军阀，中国处于动荡时期，政府的力量有所削弱，在养老服务方面的作为相对较少。南京国民政府时期，颁布了一系列养老相关的法令，为现代养老框架的形成奠定了基础。

1. 家庭养老初遇挑战，但仍是最主要的养老服务方式

（1）西学东渐思想对传统家庭养老产生冲击

西方社会的格局与中国有着明显的差别，每个人都是独立的个体，好比一根根木柴，整个社会就是一捆捆扎起来的木柴，属于团体格局。而中国社会则如同将一颗石子扔到水中，产生一道道水波纹，由内向外推及，最中心的是自己，然后是家庭、宗族，再依次往外推及①。西方福利思想更多地强调国家、社会的力量，而中国则是家本位思想。西方思想传入中国，对中国传统家庭养老思想产生了一定的冲击。例如，康有为在《大同书》中就批判了中国传统的"宗族福利保障模式"②，认为中国人的福利善举只能惠及同宗族的人，而不能帮助他族贫困者。康有为认为应该打破家族的限制，建立整个社会的"大福利"，主张建立公养福利机构，老人可以进入养老院，安享晚年，最终实现孔子所言的"老有所终，壮有所用，幼有所长，鳏寡孤独废疾皆有所养"的大同之世。这种打破家本位，实行以社会为单位的公益养老服务体系对我国传统家庭养老提出了挑战，但康有为的公益养老观带有浓厚的理想主义色彩，在近代中国难以实现，因而家庭养老仍然是近代中国最重要的养老方式。

（2）近代工业兴起向传统家庭养老提出了现实挑战

鸦片战争后，西方资本主义入侵，在中国设工厂，中国近代工业由此产生。随后，清政府也开始创办机器生产工业。到甲午战争后，民族矛盾激化，一批有识之士掀起了抵制外货，投资工业的热潮。到20世纪30年代，民族工业受到市场危机的影响，官僚资本膨胀，控制了工业命脉。

---

① 费孝通：《家庭结构变动中的老年赡养问题——再论中国家庭结构的变动》，《北京大学学报（哲学社会科学版）》1983年第3期。
② 宗族可以理解为扩大化的家族。

近代工业的兴起将一部分农民从土地中解放出来成为工人，农村自给自足的小农经济受到冲击，家庭的生产功能开始弱化。从事工业生产的子女不再需要父母关于土地生产经验的指导，传统家长的绝对权威遭到挑战。传统农业耕作需要大量劳动力共同劳作，同时大家庭更有利于抵御自然风险，近代工业并没有这方面的需要，家庭规模呈现小型化的趋势。近代工业兴起带来的家庭生产功能弱化、家长权威遭遇挑战、家庭规模缩小都对家庭养老模式提出了现实挑战。

2. 国家养老群体扩大、日渐规范，社会养老初见端倪

（1）国家职能分工机构细化，国家养老群体扩大

近代以来，国家职能机构逐步完善，公职人员分工细化，不再像古代官吏划分为"文官"和"武官"。南京国民政府成立以后，政府职能有一定近代特色，公务员的分工进一步细化。公务员主要有三类：第一类是文官，包括司法官、法院书记员、监所职员、使领馆官员、警察官等。第二类是特殊的公务员，有海关、邮政、电政、铁路四类人员。第三类是公立学校的教职人员。① 这三类人员退休后都由国家负责其养老。如果公职人员因公致残或因公而亡，由国家提供抚恤。

南京国民政府颁布了《公务员退休法》，主要适用于第一、二类公务员，《公务员退休法》规定："退休人员以组织法规规定有员额等级……合于一定条件而退休者，分别给予年退休金或一次退休金；一次退休金额按服务年资计算，未满一年给予退职时月俸一个月之退休金；未满一年而六个月以上者以一年计，年退休金额以百分之率与服务年资配定之，自 50% 至 65% 止。……"② 关于退休年龄的规定

---

① 孙宏云编：《钱端生卷——中国近代思想家文库》，中国人民大学出版社 2015 年版，第 117—123 页。

② 王宗洲：《中国劳动法规全书》，黄河出版社 1989 年版，第 443—446 页。

为："任职十五年以上，年龄在六十岁或任职二十五年以上成绩昭著者则申请退休；凡年龄在六十或心神丧失，身体残废而不能胜任职务的人员则命令退休。"可见，近代国家养老的养老金替代率相比古代有所提高，且更加规范。

公立学校教职人员的养老有专门的条例规范。1926 年 11 月，国民政府颁布《学校教职员养老金及抚恤金条例》，到 1940 年 7 月对条例进行修正，再到 1944 年 6 月，政府重新修订，颁行《学校教职员退休条例》《学校教职员抚恤条例》，将养老金、抚恤金分别做了详细规定，数额有所增加。这些条例不仅适用于中小学教师，也适用于高校教师，还对专职教员和兼职教员分别进行规定。

（2）社会养老初见端倪

近代工业化产生了一个新的群体——工人。他们的养老既不同于农村的家庭养老，也不同于公务员的国家养老，一种新型的养老方式应运而生。1922 年，中国共产党在《劳动法大纲》中要求，劳动者应参加一切保险，其保险费用应由雇主或国家承担。[①] 1928 年国民党颁布《工人运动纲领》制定了年老恤金法。1928 年 11 月，上海市颁布的《上海特别市职工退职待遇暂行办法》规定："凡服务三年以上，年满 60 岁之职员、年满 50 岁之劳工，身体衰弱，不堪工作，而被解雇或自行告退时，雇主须给予退职金，其金额以该职工最后一月所得之，按照其服务年数计算，满一年者给一月，余类推。"[②] 这一制度明确了雇主对员工的养老责任，但还不属于社会养老的范畴。1928 年农工商局要求"各工厂附设工友储蓄部"，职工可以"将每月所得工资扣出一小部分，使其储存生息。日储另星，持之以恒，日久

---

① 中国总工会职工运动史研究室编：《中国工会历史文献（1921.7—1927.2）》，工人出版社 1958 年版，第 15 页。

② 《上海特别市市政法规汇编二集》，1929 年。

不难汇成巨数，可备疾病、失业之预防，可作年老养息之绸缪"①。这一规定将雇员责任纳入其中。1932 年社会局对工人储蓄实行强制办法，规定"劳资双方各出工资 5%，设立储备会之事务，责成工厂担任"②。由此，形成了雇主、雇员共同承担的社会养老保险形式。1943 年国民政府社会部制定并颁布《川北区各盐场盐工保险暂行办法》，强制要求盐业职工加入保险，包括"负伤、疾病、婚娶、养老、死亡及家丧六种"。可见，中国近代社会养老主要针对工厂工人，由政府颁布规章制度强制实施，雇主和雇员共同出资，以抵御退休后收入下降的风险。

3. 机构养老服务是重点，养老救助主体多样化，救助理念转变

1915 年，北洋政府仿照英国的《伊丽莎白济贫法》颁布了《游民习艺所章程》，近代济贫制度由此形成。1928 年南京国民政府内政部颁布《各地方救济院规则》，规定了救济院的基本原则，为救助行为提供规范。中国近代养老救助依然以集中式的机构养老为主。

（1）养老救助机构主体多样化

古代养老救助机构都是由中央或地方政府修建，与古代养老救助机构不同的是，近代养老救助主体多元化，有政府官办、有西方教会兴办、有个人捐赠、有企业家团体设立等。

近代以来，西方社会福利思想及制度传入中国，一批传教士或教会在通商口岸及内地兴办安老院等慈善机构，救助需要帮助的贫困老人。受到西方慈善思想的影响，太平天国后期领袖洪仁玕在《资政新篇》中提倡私人捐赠资金建立福利机构。受到西方教会在华建立慈善机构的影响，1912 年，近代实业家张謇"念乡里老人固有失所

---

① 《上海特别市农工商局业务报告》，1928 年。
② 汪华：《近代上海社会保障事业初探（1927—1937）》，《史林》2003 年第 6 期。

而无告者，愿以觞客之钱，建养老院"，南通第一养老院由此建成。其叔兄张詧创办了南通第三养老院。不仅如此，上海企业家们成立了上海慈善团，统一管理下属慈善机构，将企业家个体的捐赠行为转变为团体捐赠行为，优化了慈善资源，使其社会功能最大化发挥。近代，私人创办的救助机构占有重要地位，据1948年《中国年鉴》披露：当时全国有4172个救助机构，其中私立者1969个，占47%。[1]新鲜力量涌入社会救助机构对于救助当时的老弱病残群体起到了重要作用，特别是抗战时期，国家创办的养老院难以满足当时的需求。

（2）救助理念由消极的"养"转变为积极的"教养并重"

《各地方救济院规则》规定救济院基本原则的同时，将"教养并重"的积极救助方式推及各种救助机构，如养老所规定收养对象为年龄60岁以上无力自养无人赡养之男女；入院所的老者视其身体状况适当从事一些室内外劳动，并教以有益身心之课程，以调剂生活。近代的救助理念不再是儒家的乐善好施，仅仅为需要帮助的人提供最基本的生活所需，而是在"养"的同时加入"教"，挖掘被救助老年人自身的潜能，不仅在物质上给予接济，也在精神层面给予慰藉。

总体而言，中国近代养老服务呈现以下特点：第一，家庭养老受到思想与现实两重冲击，但仍然是最重要的养老方式。第二，伴随社会分工的细化，政府职能部门分工明确，国家养老人群范围扩大，不仅包括公务员，还包括公立学校教职人员。社会养老开始出现，由政府制定政策，雇主和雇员共同承担费用的社会养老保险在部分地区部分行业推行。第三，养老救助广泛推行，推行范围遍布全国，机构养老服务是最重要的形式。救助机构主体从单一的政府发展为多样化的政府、个体、团体、西方教会等。救助理念由以"养"为主到"教

---

① 林万亿：《福利国家：历史比较的分析》，巨流图书公司1994年版，第159—176页。

养结合"。值得注意的是，中国近代养老服务更加规范化，政府颁布的一系列条例、法令规范养老的执行，与中国古代养老制度的变更相比，更具稳定性。

（三）现代社会的养老服务

从 1949 年中华人民共和国成立至今，中国养老服务经历了一系列现代化转型。这一时期的养老服务迅速发展，根据不同时期的特征主要分为三个阶段：第一阶段为 1949 年新中国成立至改革开放前；第二阶段为改革开放初期至 20 世纪末；第三阶段为 21 世纪初期至今。

1. 新中国成立到改革开放前

（1）物质供给从家庭养老服务中分离

1958 年，我国颁布了第一部户籍制度《中华人民共和国户口登记条例》，这一条例将所有个体分为"农业户口"和"非农业户口"两大类。从"农业户口"转向"非农业户口"有严格的限制条件，至此，城乡二元分割的状态形成。户籍不同带来的一个重要影响是与户籍制度相对应的福利待遇体系分割。

在我国农村地区，由集体为农民提供养老资源。中华人民共和国成立以来，我国实行了农业的社会主义改造，从初级农村合作社发展到高级农村合作社，农村的生产活动都是以集体的形式进行，农民将土地交给集体，然后共同劳作，所得成果进行分配。有劳动能力的老年人作为社员参加合作社劳动，按照劳动量的多少结合生产要素，获得劳动产品。针对老弱且暂时丧失劳动能力的社员，合作社也尽可能给予一定的救助，保证他们的基本生活需求。可见，这一时期，农村集体经济占主导地位，养老资源不再由家庭内部进行分配，而是由集体进行分配，这里的养老资源仅指物质资源，生活照料与精神慰藉尚未从家庭中剥离。

在我国城市地区，由单位为退休职工提供养老资源。而单位又分为企业和机关事业单位，实行不同的养老制度。1951年国务院颁布《中华人民共和国劳动保险条例》，随后进行修订。这一条例是针对城镇职工的劳动保险规定（包括养老保险），包括国有企业、公私合营企业、私营及合作社工厂等。条例规定劳动保险的全部费用均由资方负担，并明确规定，男工人或男职员年满60周岁，工龄满25年，本企业工龄满5年（女工人或女职员年满50周岁，工龄满20年，本企业工龄满5年），可退职养老，根据在本企业工龄长短，按月付给退职养老补助费，数额为本人工资的50%—70%，付至死亡为止。由此，单位负责的养老保险制度建立，城镇职工的物质性养老资源由单位而不是家庭成员承担。这一时期建立在单位基础上的劳动保险覆盖人群大幅扩大，从上一时期在个别市、个别行业中实施到这一时期在全国范围内实施，为社会保险的建立奠定了基础。1955年国务院颁发了《国家机关工作人员退休处理暂行办法》《国家机关工作人员退职处理暂行办法》和《关于处理国家机关工作人员退职、退休时计算工作年限的暂行规定》，规定了机关事业单位工作人员退休金从国家预算拨给各单位的行政管理费中提取。

从新中国成立到改革开放前，无论是农村还是城市，家庭养老都在发生变化，原先由家庭提供的养老物质资源在这一时期分离出来。在农村，养老物质资源由村集体提供；在城市，养老物质资源由企业或者国家机关提供。虽然户籍制度造成了养老待遇的差异，但依然有共同的特征，即都是由家庭之外的所属群体提供养老物质资源，养老资源不再局限于血缘关系，由业缘关系为依托的养老物质资源供给出现。然而，家庭依然是养老的重要载体，承担着生活照料等其他功能。

（2）国家与集体共同承担养老救助，救助对象与标准界定更规范

新中国成立后，民政部在全国大中城市创办了一批救济福利事业单位，并对国民党办的"救济院""慈善堂"，封建性质的"慈善堂""寡妇堂""教养院"及接受外国津贴的救济机构进行改造，成立了大批养老院和生产教养院，收养安置无家可归、无依无靠和无生活来源的老年人。由于生产教养院是救济性福利机构，1956年，内务部在《关于改善城市残老儿童教养院工作的通知》中，决定将老人和儿童从生产教养院中划分出来，单设残老院和儿童教养院，其性质为社会福利机构。这些社会福利机构的经费均由国家承担。在农村地区，要求合作社或公社从总收入中提取一定的公益金，用于发放贫困户的补助，如果集体经济薄弱，由国家给予适当的救济。到"文化大革命"时期，国家机关各部门受到重创，救济政策无法实施。此时城市养老救助由企事业单位实施，农村养老救助由农村人民公社开展。

这一时期，对救助对象和救助标准的界定进一步明确。在城市地区，教养院、养老院收养的老人均为"三无"老人，即无劳动能力、无生活来源、无赡养人或扶养人的60周岁以上的老年人。在农村，收养对象也是"三无"老人，救助标准是"五保"。1956年通过的《高级农村合作社示范章程》规定："农村生产合作社，对于缺乏劳动能力或者完全丧失劳动能力，生活没有依靠的老、弱、孤、寡、残疾的社员，在生产上和生活上给予适当的安排和照顾，保证他们的吃、穿和柴火供应，保证年幼的接受教育和年老的死后安葬，使他们生养死葬都有依靠。"由此形成了"保吃、保穿、保烧、保教、保葬"的农村"五保"制度，享受"五保"的农户被称为五保户。随

着农村基本生活需求的变化，"五保"演变为"保吃、保穿、保住、保医、保葬（或教）"。

2. 改革开放初期到 20 世纪末的养老服务

（1）由单位和村集体承担的养老物质资源转变为社会养老保险

随着改革开放，经济体制由计划经济向社会主义市场经济转变，计划经济体制下由单位包揽的制度难以适应国民经济发展的需要。国务院 1986 年发布的《关于改革劳动制度的四个规定的通知》中《国营企业实行劳动合同制暂行规定》明确指出："劳动合同制工人自参加工作之日起，企业和劳动合同制工人均要向当地劳动部门所属的社会保险机构缴纳养老保险基金。其标准为：企业缴纳的数额为本单位劳动合同制工人工资总额的 15% 左右，个人缴纳的数额为不超过本人标准工资的 3%。"该规定将原先由企业独自负责的养老物质供给转变为由企业和个人共同缴费的养老保险。1991 年，国务院颁布《关于企业职工养老保险与企业补充养老保险的决定》，确定了养老保险由国家、企业和个人三方负责的原则，单位负责制由此被打破，社会保险初步形成，社会养老金成为城镇老年职工的物质生活保障。

在农村地区，也实现了农村经济体制改革，家庭联产承包制是农村经济体制改革的产物，分田到户，以家庭为单位进行生产，并按时向国家上交定购粮和集体经济组织提留的粮款。这一时期，集体经济弱化，老年人的物质供给又转回到家庭。1986 年，国务院开始探讨在农村建立农村社会保险制度并于 1987 年在上海市开始试点。1992 年，民政部通过《县级农村社会养老保险基本方案（试行）》，自此，我国农村社会养老保险制度（由于后来国家又实施了新型农村社会养老保险，故此次实施的简称为"老农保"）诞生。参保对象为不由国家提供商品粮的农村人口，农民个人缴费、集体补贴，到 60 周岁可以按月领取养老金。这一制度起初覆盖了大量农村人口，直到

1999年，国务院下文停止了"老农保"，认为农村尚无实行社会养老保险的条件。在老农保实施期间，60周岁以上的农民领取到了养老金，为他们提供了物质补贴，但是由于没有国家资金支持，个人账户主要靠农民自己缴纳，积累少，领到的退休金无法维持基本生活。

（2）国家独立办社会福利机构变为多元化供给

以往，福利院、养老院、救济院绝大多数由政府设立，也有民间捐助，其收养贫困老人并为他们提供养老服务，不向被救助者收取任何费用。这一时期，养老机构的供给主体多元化，可以是国家、社会或个人。1984年11月，民政部召开全国城市社会福利事业单位整顿经验交流会，明确提出社会福利应由国家包办转变为国家、社会、个人一起办。1988年7月，民政部印发《关于支持和表彰个人办敬老院的决定》的通知，对全国19名义办敬老院的农民进行表彰，表明国家鼓励多种力量兴办社会福利事业，由国家独办福利事业的局面被打破。

从统计数据来看，1999年民政事业发展统计报告显示，截至1999年底，社会福利社会化局面已经形成，国有社会福利单位拥有床位21.2万张，占总数的19.5%，集体所有制福利单位拥有床位85.9万张，占总数的78.9%，民办福利单位拥有床位1.7万张，占总数的1.6%。可见，集体所有制福利单位所占比例最大，民办福利单位所占比例极小。

（3）社区养老服务兴起

1986年，为配合城市经济体制改革，民政部倡导在城市中开展以民政对象为主的社区服务业。1987年，民政部在武汉市召开全国城市社区服务工作座谈会，提出"建立和完善社区服务体系"的发展目标。1991年，民政部从理顺社区服务的关系，加强城市基层社会管理和基层组织建设的角度，提出在城市探索"社区建设"。社区建设的内容主要包括老年人活动中心、老年人综合服务站、街道敬老院、老年人婚姻介绍所等。老年活动中心是社区服务中必设项目，形式有老年活动中心、老年茶社、老年之家、寿星乐园等。街道老年人服务站是为满足老年人特殊需求而设立的服务机构，服务内容主要包括老年人生活用品的供应和调剂、老年服装剪裁和制作、咨询和培训等。老年人婚姻介绍所一方面为孤寡老人搭建桥梁，另一方面做其子女的思想宣传工作。1992年，国家计委以社区服务站为立项指标，将社区服务业纳入国家计划，20世纪90年代，社区服务工作在全国各地全面开展。

3.21世纪初期至今的养老服务

（1）人口老龄化社会到来，家庭养老服务面临困难

据2000年底第五次全国人口普查显示，我国60岁以上老年人口为1.3亿人，占总人口的10.2%；65岁以上老年人口为8811万人，占总人口的6.96%。按照国际标准，我国已进入老年型社会。此外，家庭核心化和小型化趋势明显，三人户是最普遍的家庭形式，占29.9%；两代户是最主要的家庭代际形式，占59.3%。① 而从年龄结构来看，0—14岁人口为28979万人，15—64岁人口为88793万人，老年抚养比为9.9%，少年抚养比为32.6%，总抚养比为42.5%。② 家庭核心化与小型化、老年抚养比上升造成家庭养老压力增加，以往由家庭为老年人提供养老服务的方式再度陷入困境。到2010年第六次全国人口普查，我国60岁以上老年人口为17765万人，占总人口的13.26%，65岁以上老年人口为11883万人，占总人口的8.87%，③

① 《2000年第五次全国人口普查数据》全国不同规模的家庭户类别，合计340、491、197户，三人户101、964、343户，二代户201、964、85户。
② 数据来源于《中国统计年鉴2001》。
③ 国家统计局：《2010年第六次全国人口普查主要数据公报》，2012年4月20日，见 http：//www.gov.cn/test/2012-04/20/content_ 2118413.htm。

并且老龄化呈现加剧趋势（如表 2-3 所示），家庭养老压力增加，老年抚养比提高，加上城镇化带来的人口流动增加，由家庭负责老年成员养老将越来越难以实现。

表 2-3 60 岁以上老年人口占全国总人口比重

指标	2010 年	2011 年	2012 年	2013 年	2014 年	2015 年
60 岁以上人口（万人）	17765	18499	19390	20243	21242	22200
比重（%）	13.3	13.7	14.3	14.9	15.5	16.1

注：数据根据民政部发布的社会服务发展统计公报整理而成。

（2）社会养老服务全面发展

这一时期机构养老大幅发展并面向全体老年人，社区养老规模不断扩大并完善，居家养老作为一种新的方式进入到探索期并不断规范。我国社会养老服务体系初见雏形。

第一，机构养老多元主体供给，面向全社会老年人。2000 年，国务院办公厅转发《关于加快实现社会福利社会化的意见》，明确规定："投资主体多元化，根据我国基本国情，推进社会福利社会化采取国家、集体和个人等多渠道投资方式，形成社会福利机构多种所有制形式共同发展的格局。""服务对象公众化。社会福利机构除确保国家供养的'三无'对象、孤儿等特困群体的需求外，还面向全社会老年人、残疾人，拓展服务领域，扩大服务范围和覆盖面，并根据服务对象的不同情况，实行有偿、减免或无偿等多种服务。"说明这一时期社会福利机构除了保留原先功能外，还呈现出供给对象多元化，向全社会老年人开放，并开始提供有偿服务等特征。

2010 年数据显示，全国养老机构中"三无"老人有 187.2 万人，自费人员有 43.4 万人，可见，选择机构养老的老年人数在养老机构收养老年人总数中占有一定比例。此外，养老机构也实现了功能转型，从原先主要救助"三无"老人到目前兼顾社会养老的功能。养老机构规模不断扩大，收养老年人数逐年增加，2010 年到 2014 年全国各类养老机构收养的老年人数分别为 242.6 万、260.3 万、293.6 万、307.4 万和 318.4 万人。

第二，社区养老服务进一步深化。2001 年 5 月，为贯彻落实《中共中央国务院关于加强老龄工作的决定》，建立健全社区老年福利服务体系，民政部决定在全国启动"社区老年福利服务星光计划"，该计划要求从 2001 年起，在 2 至 3 年内，从中央到地方，通过发行福利彩票筹集 80% 福利金，用于资助城市小区的老年人福利服务设施、活动场所和农村乡镇敬老院的建设。2001 年，在省会城市的社区建成了 7287 个"星光老年之家"；2002 年，在全国地级市的社区建成了 14943 个"星光老年之家"；2003 年，在县城镇和农村乡镇建成了 10269 个"星光老年之家"，与前一时期相比，"星光老年之家"的规模更大，辐射范围更广，进一步推进了社区养老服务。城市社区的建设完善带动农村社区建设的覆盖面不断扩大，社区服务中心、服务站、社区服务设施、便民网点逐年增加，截至 2009 年底，全国各类社区服务中心 17.5 万个。

第三，开启居家养老服务探索之路。2000 年 2 月，国务院转发民政部、国家计委等 11 个部门《关于加快实现社会福利社会化的意见》，指出："在供养方式上坚持以居家为基础、以社区为依托、以社会福利机构为补充的发展方向。"2001 年起，上海市探索在社区建立"居家养老服务中心"，依托福利院开设日托站，为老人提供日间照料和上门护理；2002 年，大连市沙河口去民权街道创办了"居家养老院"，老人在自己的家中就可以享受到社区的居家养老服务。在一些城市进行居家养老试点的基础上，2008 年，全国老龄工作办公室等 10 个部委联合下发了《关于全面推进居家养老服务工作的意见》,明确了居家养老的重要意义、基本任务和保障措施,指出居家养老是对传统家庭养老的一种补充和更新,依托于社区,是发展社区服务,建立养老服务体系的重要内容。这一工作意见为居家养老提供了制度保障。

(3) 养老服务规划丰富,养老服务体系初步形成

这一时期有关养老服务的规划的文件十分丰富,从《中华人民共和国国民经济和社会发展纲要》到《中国老龄事业发展规划》,再到《社会养老服务体系建设规划》,都对养老服务的发展进行了规划。2001 年,《中国老龄事业发展"十五"计划纲要》提出,建立以城市社区为基础的老年人管理与服务体系。2006 年,《中国老龄事业发展"十一五"计划纲要》指出要建立健全适应家庭养老和社会养老相结合的为老服务体系。同年,《中华人民共和国国民经济和社会发展第十一个五年规划纲要》提出要积极应对人口老龄化,积极发展老龄产业,增强全社会的养老服务功能,提高老年人生活质量,保障老年人权益。实施爱心护理工程,加强养老服务、医疗救助、家庭病床等面向老年人的服务设施建设。这些规划或针对社会养老服务的某一方面,或相对宏观,并未明确指出养老服务体系的具体内容,但反映了国家开始重视养老服务建设。

2011 年,《中华人民共和国国民经济和社会发展第十二个五年规划纲要》《中国老龄事业发展"十二五"规划》《社会养老服务体系建设规划》均对养老服务体系进行了明确的规划,指出养老服务体系由居家养老、社会养老和机构养老三个有机部分组成,建立以居家为基础、社区为依托、机构为支撑的养老服务体系;加快发展社会养老服务,加强公益性养老服务设施建设;拓展养老服务领域,实现养老服务从基本生活照料向医疗健康、辅具配置、精神慰藉、法律服

务、紧急援助等方面延伸。由此，养老服务体系初步形成，为我国养老服务业的发展提供了指导与方向。随着人口老龄化的进一步加剧，养老服务将不断发展与完善。

三、养老服务模式的转型规律

（一）养老服务载体的转型规律

无论是从人类社会养老服务的演进，还是西方社会养老服务发展状况，抑或是中国古代、近代、现代养老服务的推进状况来看，从家庭养老服务向社会养老服务转变是养老服务演进的最重要轨迹。

在传统的农业社会，以家庭为生产生活单位，生产与生活不分离。西方社会的"长子继承制"是一种家庭内部父母以放弃财产权以换取长子赡养的家庭养老方式，我国则是由多个儿子共同赡养父母及祖父母的大家庭多代式赡养模式，这两种模式均运行良好。随着经济发展与社会进步，农业社会向工业社会转型，劳动者的生产活动与生活相分离，无法实现对父母的日常照料。同时，农业社会对劳动力数量要求较高促使了高生育行为，工业社会机器生产对劳动力产生一定替代，对劳动力素质要求提高，促使人们生育更加理性。家庭小型化和核心化也使得家庭养老资源减少。工业社会对劳动力需求的下降导致了另一个后果，失业人员增多，他们失去收入无法满足自身最基本生存需要，更无法赡养父母，社会风险由此增加。

为应对家庭养老服务的部分失灵和日益积累的社会风险，由政府主导的社会养老服务应运而生。伴随人口老龄化加剧，社会养老服务地位逐渐上升，超越自然形态的家庭养老服务。社会养老服务形式多样，包括以现金给付为主要特征的社会养老保险，和以服务供给为主要特征的机构养老服务、社区养老服务、居家养老服务等，其不仅能为老年人提供物质保障，还提供生活照料与精神慰藉。从自然形态的家庭养老服务向政府主导的社会养老服务演进是与生产方式的变化相适应的，也是养老服务发展的趋势。

从机构养老服务向养老服务的去机构化转变主要是西方发达国家的经验。在大力发展社会养老服务之初，绝大多数发达国家都选择大力兴建养老机构，对老年人实行集中供养，为他们提供各种养老服务。然而随着人口老龄化的加剧，老年人口逐年增加，养老机构难以满足众多老年人的需求，加之经济波动使得政府福利方面的财政支出急剧增长，不堪重负。此外，养老院自身的缺陷也凸显，缺乏人文关怀影响了老年人生活质量。因此，20 世纪 70 年代以来，发达国家纷纷开始了养老服务去机构化的探索，让绝大多数老年人在家中或者附近的社区享受养老服务，从机构中回归家庭。但这并不意味着机构的淡出，养老机构依然存在，多为生活完全不能自理的老年人提供养老服务。居家养老、社区养老是一种更适合老年人的社会养老服务方式，既能让老年人不离开熟悉的生活环境，同时也能享受到高质量的服务。从机构养老服务到养老服务的去机构化是社会养老服务的一种进步，可为发展中国家提供借鉴。

（二）养老服务内容的转型规律

古代社会中，养老服务的内容较为单一，主要是由家庭向老年人提供的家庭养老服务（包括物质供给和生活照料）、政府为贫困老年人提供最基本生活需要（主要是物质供给）。近代社会的机构养老服务中增加了精神方面的供给。进入到现代社会，随着经济发展与社会进步，养老服务面向群体扩大，老年人需求也呈现出差异化特征。为应对这种变化，我国先后颁布了《关于加快实现社会福利社会化的意见》《关于加快发展养老服务业的意见》《关于全面推进居家养老服务工作意见》，将养老服务的内容丰富为医疗保健、精神娱乐、文化教育、情感关怀、法律服务等领域。养老服务内容的扩充丰富了老年人生活，满足老年人的多样化需求。从提供养老服务的方式上看，最初只有家庭养老服务和机构养老服务，随后出现了多种养老服务形式，如社区养老服务、居家养老服务等。

社会养老服务从基于社会稳定的救济服务开始，逐渐向基于个人权利而提供保险与福利式服务转变。早在汉朝，我国就出现了救助式养老服务，由政府为贫困老年人提供粮食、布帛等。从北魏起，历朝政府都建立了养老服务机构，提供救助式养老服务。这种社会养老服务是出于维护社会稳定的需要而开始的，为贫困老人提供了满足最基本生存需要的救济式养老服务。而到近现代，社会养老服务越来越多的是基于老年人个人权利的保险式或福利式服务，如民国时期工人保险服务，再到现代的机构养老服务、社区居家养老服务等。社会养老服务从低水平的救济式服务向普惠式服务及满足个性化需求的服务转变。

（三）养老服务主体的转型规律

在西方发达国家，自由经济时代将养老服务完全推向市场，即由居民个人或家庭为养老服务买单。20世纪30年代以来，在凯恩斯主义的指导下，政府开始成为养老服务的主要供给者，且养老服务的内容逐渐丰富，范围逐步扩大。20世纪70年代末期，发达国家遭遇经济危机，经济陷入"滞胀"阶段，政府负担过重，由政府负责的养老服务难以维系。20世纪80年代起，政府开始削减养老服务方面的福利，政府不再是提供养老服务的最重要主体，鼓励市场、非政府组织、社区、志愿组织积极参与到养老服务中，养老服务供给主体从单一向多元化转变。

我国古代社会，养老服务主要由家庭成员供给，家庭是提供养老服务的最重要主体，政府仅为极少数公职人员提供养老服务。近代以来，由政府提供养老服务的对象范围扩大，但仍是少部分老人。直到新中国成立后，由单位的公职人员、工人的养老服务全部由单位负责，即由单位的管理者——国家来负责。随着改革开放和经济体制由计划经济向社会主义市场经济转型，我国的养老服务呈现出社会化特征，个人、家庭、企业、社会团体、社区、政府等都成为养老服务的供给主体，养老服务供给主体呈现出多元化特征。养老救助服务的供给主体也经历了由单一向多元的转变，古代社会养老救助服务主要是由中央和地方政府出资供给，而近代社会中，养老救助机构有个人捐赠、西方教会捐助、企业家团体捐助等多种形式，到现代社会，有专门从事养老救助服务的社会团体，慈善组织等。

社会养老服务主体也经历了从单一到多样化的转变。养老机构最初主要是由政府主办，为贫困老年人提供救助式服务的机构。进入现代社会，政府开始鼓励市场力量参与发展养老服务，私有化养老机构逐渐增多，并针对老年人需要提供有偿养老服务。在面向全体老年人的社区养老、居家养老中，政府也整合多种社会力量，如民间组织、相关企业等，共同为老年人提供社会养老服务。养老服务供给主体呈现出政府主导，多元参与的局面。

养老服务中的政府角色从兜底向主导转变。在我国古代社会中，与自给自足的自然经济相适应的家庭养老服务是最主要的养老服务方式，政府基本没有介入到平民百姓的养老生活中。政府的介入仅仅是为贫困老年人提供养老救助，为他们发放生活必需品——粮食、衣物；建立养老机构，收容无家可归及病重的老年人，为他们提供养老服务。这一时期，政府在老年人养老服务中扮演的是兜底的角色，主要目的是为了维护政权稳定，仅为无法获得家庭养老服务的老年人提供最基本的生存需要。另外，政府为满足一定条件的官员提供养老资源，作为一种福利，这是较为特殊的一部分，不同朝代不尽相同。

进入到近代社会，政府开始越来越多地介入到居民的养老生活中。一方面，政府继续为贫困老年人提供救助式养老服务，并吸纳众多社会力量参与到养老救助服务中，提升了养老救助服务的水平。这一阶段的养老救助不仅给予老年人物质方面的供给，同时注重精神，实行"教养并重"。另一方面，政府为全体公职人员提供养老物质保障，并形成一种制度延续下来。同时，政府提倡为部分行业工人建立由政府制定政策、雇主和雇员共同承担保费的社会养老保险，保障他们退休后的生活。

现代社会中，政府在养老服务中占主导地位，并根据经济发展的不同阶段对养老服务政策进行调适。首先，国家主导养老救助服务，进一步明确了可以接受养老救助的对象，城市中的"三无"老人和农村中的"五保"老人。对于这两类老人，政府做到应保尽保。其次，政府分别在农村和城市颁布政策建立了社会养老保险，保障广大城乡居民养老的物质需求。最后，政府大力发展社会养老服务，推进机构养老服务、社区养老服务和居家养老服务，逐步形成以居家为基础、社区为依托、机构为支撑的养老服务体系。可见，在不同层次的养老服务中，政府都占有主导地位。从西方国家养老服务发展历程来看，政府从大力兴建养老院到鼓励回归家庭的社区照顾式养老都是与不同时期经济、人口状况相适应的方式。

（四）养老服务对象的转型规律

古代社会，国家提供养老服务仅仅面向生活缺乏基本保障的贫困老年人，以及满足"致仕"制度的官员和因国难而死子孙的父、祖。这三类全体都是极为特殊的群体，在全国所有老年人中所占比例非常小。到近代社会，国家供给的养老服务面向人群有所扩大，不仅包括贫困老年人，还包括所有公职人员及教师群体。此时公职人员的范围比古代大很多，而且颁布了《公务员退休法》，规范公职人员的养老。到现代社会，国家养老服务面向全体老年人，除了针对贫困老年人的救助式养老服务，公职人员的现金式养老保障，政府通过购买服务等方式向全社会老年人提供居家养老服务、社区养老服务等。同时，原先仅为贫困老年人提供养老服务的养老机构，进入到现代社会后也面向全体老年人开放。养老服务面向群体由特殊向一般转变，全体老年人都能享受到养老服务，养老服务由补缺式向普惠式转型。这种转变依赖于经济的快速发展，也是人口老龄化加剧的需要。

第三章　养老服务模式转型的经济推动因素

从历史发展脉络来看，养老服务从传统农业社会的家庭养老服务向现代工业社会的社会养老服务转变，社会养老服务从基于社会稳定的救济服务开始，逐渐向基于个人权利而提供保险与福利式服务转变。养老服务的转型是多种因素共同作用的结果，客观存在的风险和需求等社会因素决定了养老服务从家庭养老服务向社会养老服务转型；工业化推进与经济的快速发展决定了养老服务水平的高低，为养老服务转型奠定物质基础；政府的宏观调控能力决定了养老服务转型的进程；不同的文化传统与基因决定了养老服务转型后的落脚点，即养老服务模式的选择。

恩格斯说："一切社会变迁和政治变革的终极原因，不应当在人们的头脑里，在人们对永恒的真理和正义的日益增进的认识中去寻找，而应当在生产方式和交换方式的变革中去寻找；不应当在有关的时代的哲学中去寻找，而应当在有关的时代的经济学中去寻找。"[1] 养老服务属于生产关系的范畴，社会的经济结构是生产力和生产关系构成的矛盾关系体，在经济结构中起决定作用的是生产力[2]。养老服

---

[1]　恩格斯：《反杜林论》，人民出版社 1970 年版，第 264 页。
[2]　《马克思恩格斯选集》第 2 卷，人民出版社 1972 年版，第 82 页。

务经历了从家庭养老服务向社会养老服务的转型，工业化进程在养老服务转型过程中起到了至关重要的作用。经历了工业革命，各国的经济出现飞速增长，但与此同时，工业革命瓦解了家庭养老的社会基础，为社会养老服务的产生提供了社会土壤。本章先以西方发达国家——美国为例，分析工业革命前后养老服务的类型，并分析工业革命带来的经济增长在养老服务转型中的作用。然后以发展中国家——中国为例，运用宏观和微观数据分析经济因素对养老服务转型的影响。

一、工业化与养老服务模式转型

（一）工业革命与经济增长

工业革命极大地推动了生产力的发展，最终商品经济取代了自然经济，人类社会进入到现代社会阶段。英国是第一个进行工业革命的国家，从 18 世纪 60 年代以棉纺织业的技术革新开始，到 19 世纪 40 年代以机器制造业机械化的实现为基本完成的标志。工业革命带来了人口爆炸，以工厂为特征的制造业的飞速发展和快速的城市化进程，促进了经济的快速增长。如表 3-1 所示，1840 年英国人均 GDP 为 2521 美元，相比 1750 年增长了近 50%。西欧国家开始工业革命的时间稍晚于英国。德国于 19 世纪 40 年代开始工业革命，数据显示德国 1870 年人均 GDP 为 1800 年近两倍。亚洲的日本、中国在这一时期尚未开始工业革命，人均 GDP 保持低水平稳定状态，与欧洲国家相差甚远。

第二次工业革命以电力的应用为显著特征，从 19 世纪 70 年代开始，20 世纪初结束。美国和德国率先开始了第二次工业革命。数据显示，美国 1900 年人均 GDP 是 1870 年的 1.67 倍，德国 1900 年人均 GDP 是 1870 年的 1.62 倍，南美洲的阿根廷 1900 年 GDP 是 1870 年的 1.96 倍，这三个国家人均 GDP 的增幅远超过其他国家。美国与德国经济快速增长是因为它们率先开始了第二次工业革命。1900 年，美国人均 GDP 仅次于英国，达到 4000 美元以上，远超过德国、法国等。阿根廷经济快速增长一方面是因为其基数较小，上升空间很大；另一方面是因为阿根廷作为西班牙的殖民地也享受到工业革命的先进技术。亚洲的日本在 1900 年经济快速发展，日本是两次工业革命同时交叉进行的国家，在其还未开始第一次工业革命之时，第二次工业革命已在美德等国掀起。中国经济停滞不前甚至出现了倒退现象，主要是因为半殖民地半封建社会生产力发展受到了极大阻碍。新中国经历了一个由落后到腾飞的艰难历程，这一时期，人们的劳动方式与生活方式发生急剧变革，摆脱了传统观念的束缚，中华民族跻身于世界民族之林，创造了人类历史上前所未有的发展奇迹。

第三次工业革命于第二次世界大战后开始，是以原子能、电子计算机、航天技术、分子生物学的突破为标志开始的新的科学技术革命，从美国最先开始，向世界范围推广。得益于第三次工业革命，美国 1950 年人均 GDP 为 1900 年的 2.33 倍，成为世界上最富裕的国家。英国、法国、德国、瑞典、意大利、西班牙、阿根廷、日本经济发展迅速。

每一次工业革命都极大地推动了生产力的发展，考虑到经济发展与养老服务转型，主要是第一次工业革命和第二次工业革命时期，当国家步入工业化时，其生产关系（养老服务）也随之发生变化适应工业社会。第三次工业革命，各国经济发展水平达到更高层次，推动了养老服务的进一步发展。

表 3-1　各国不同时期人均 GDP

（单位：国际美元（1990 Int. GK $ ））

国家	1600 年	1700 年	1750 年	1800 年	1840 年	1870 年	1900 年	1950 年
英国	1082	1513	1695	2097	2521	3190	4492	6939
法国					1428	1876	2876	5186
德国	807	939	1050	986		1839	2985	3881
瑞典	761	1340	973	857	984	1345	2083	6739
西班牙	892	814	783	916	1212	1207	1786	2189
意大利	1336	1447	1533	1363	1537	1542	1855	3172
美国	587	900		1296	1690	2445	4091	9561
阿根廷				931	998	1468	2875	4987
中国						530	545	448
日本	574	629	598	641	681	737	1180	1921

数据来源：http：//www. ggdc. net/maddison。

（二）工业革命与传统养老服务模式

现代工业将大量人口从土地中解放出来，在城市聚集。而现代工业需要大量劳动力，在经济发展初期，工厂主运用大量强制性手段将农民从土地中驱赶出来，雇佣他们成为工厂工人。这些失去土地、为谋温饱、处于弱势地位的农民成了第一批工厂招募者。为了尽快聚集足够的劳动力，不同国家与地区采用了不同的措施，无一例外都是强制性政策。部分国家和地区采用直接强权方式，18 世纪到 19 世纪初，英国国会颁布圈地法案，将农民为维持生计种植农作物的一块块土地夺走，合并成一大片土地，由地主经营种植谷物供给城市市场。这就摧毁了中世纪的村庄，失去生产资料的农民不得不成为城市中新兴工业的雇佣劳动力。1834 年颁布的《新济贫法》也促进了失地农民到工厂工作，因为如果贫困农民不工作就会被送到劳教所，被当成流浪汉对待，失去一定的自由并被贴上懒惰的标签。东南亚的殖民者为了留住工人，采用带有严厉处罚条款的长期雇佣合同的方式，一旦工人没有履行，将无法获得任何收入。这种方式也被运用到葡萄牙所属的西非国家，随后，带有惩罚性的长期合同和当奴工偿还债务的方式被广泛用于拉丁美洲。另一部分国家和地区采用间接强权方式。人头税是出现在英属非洲的一种常见方式。因为人头税只能以现金的方式缴纳，当地农民只能通过被雇佣获得工资来缴纳人头税。在乌干达、北罗得西亚和新几内亚，人头税是招募矿业工人和农业劳动力的有效方式。推动当地人成为雇佣劳动力的另一种间接压力在于人口激增，食物供给无法满足新增人口的生存需要。

与工厂制度相对应的规章制度下形成的次级关系体系打破了以初级关系为基础的劳作体系，挑战了家庭养老模式。工业体系必然需要规章制度保证其运行，虽然通过各种强制性政策聚集了大量劳动力，然而让他们高效工作具有一定的挑战性，这就需要工作中强有力的监督，即明确的规章制度。机器可以不停运转，要求工人按照时间表，遵守工厂的规定，配合机器保质保量地完成工作。工业化产生规章制度将原本以初级关系（血缘关系）为基础、工作地点与生活地点一致的自由劳动耕作的农民变成以次级关系（业缘关系）为基础、工作与生活分离的工人。农民拥有自己的工具，由自己决定工作状态；而进入工厂的工人需要服从雇主的安排，使用雇主提供的机器工作。机器的不断更新换代形成了对劳动力的替代，要求工人不断提高工作技能以适应竞争。

（三）工业革命与现代养老服务模式

工业化推动了社会分工专业化，推动了专门提供社会养老服务机构与职业的产生与发展。一方面，工业革命要求人适应机器，工作任务细化和简化带来了社会分工的专业化。例如，在大头针制造的过程中，第一个人负责从电线中将铁丝抽出，第二个人负责将铁丝拉直，第三个人负责将拉直的铁丝切成一段一段，第四个人负责将切好的铁丝一头磨尖，第五个人负责将铁丝的另一头磨平。在将一个复杂工序分成一个个简单易学的过程中，工人的传统手艺会丢失，他们也将失去独立性和自力更生的能力。而且长时间从事同一种工序会产生厌倦感，降低工作满意度。工业化还带来了某些特定技能的过时。例如，马车被汽车取代，马车制造这一技术不再被需要，逐渐消亡。另一方面，社会分工专业化带来了职业多样化。在原始部落或农村中，家庭承担了经济、教育等多种功能，职业分类简单。随着工业革命，社会分工细化，各种功能从家庭中分解出来，为了承担这些功能，产生了新的职业。到 20 世纪 50 年代，美国大约有 3 万多种不同的职业，而且不同职业所占比例随着工业化的推进发生着微妙的变化。以美国为例，从 1910 年到 1956 年，农业劳动力比例大幅下降，而白领大幅增加（如图 3-1 所示）。传统白领主要有教师、销售员和公司文员，随着社会分工进一步专业化，增长的白领主要是新专业人员，如工程师、科学家、设计师、绘图员等。1910 年社会工作者为 5000 人，1950 年这一数字翻了 15 倍，为 75000 人。其中社会工作者中有一部分为老年社会工作者，专门为老年人提供各项养老服务。传统的专业人员（律师、教师、医生等）人数也在增长，但增长速度不如新型专业人员，从 1870 年到 1950 年增长了 6 倍。

工业化增加了流动性，削弱了家庭养老服务的基础。人们的工作地点与居住地点相分离意味着人们每天都要完成从家到工作地点的移动。工业化促使了各种形式的流动：从一个工作岗位到另一个工作岗位，从一个公司到另一个公司，一个住处到另一个住处，一个社区到

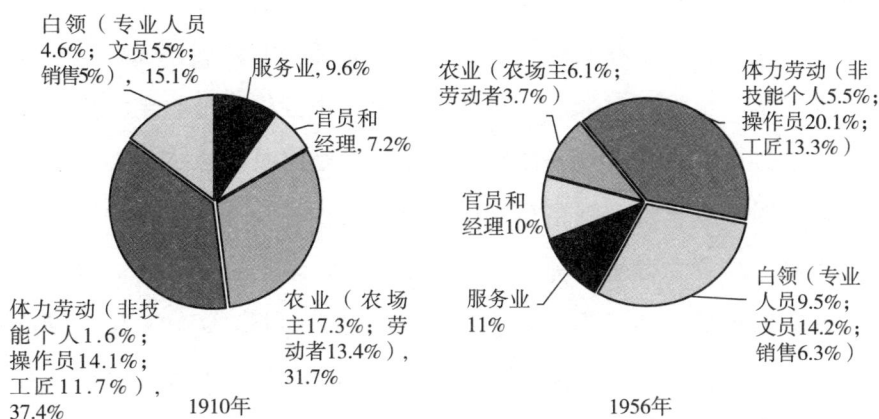

白领（专业人员4.6%；文员55%；销售5%），15.1%

服务业，9.6%

官员和经理，7.2%

体力劳动（非技能个人1.6%；操作员14.1%；工匠11.7%），37.4%

农业（农场主17.3%；劳动者13.4%），31.7%

1910年

农业（农场主6.1%；劳动者3.7%）

体力劳动（非技能个人5.5%；操作员20.1%；工匠13.3%）

官员和经理10%

服务业11%

白领（专业人员9.5%；文员14.2%；销售6.3%）

1956年

图 3-1　1910 年与 1956 年美国劳动力市场职业分布情况

注：1910 年数据来源于 Harper 等著的《美国劳动力》一书。1956 年数据来源于美国人口普查局发布的当前人口报告中劳动力系列表 15。其中 1910 年美国劳动力人数约为 36000000，1956 年美国劳动力人数约为 64000000，包括了正在工作或寻找工作的 14 周岁以上的人，军队力量未包括在内。

另一个社区，季节性职业流动等。总结起来主要是两种流动形式：一种是代际间流动，另一种是工作中的流动。大部分的流动是向上的，如贫穷的农民成为一个半熟练的工厂工人，体力劳动者转行建立自己的公司或者成为一个销售员，初级管理者变为高级管理者等，但有时代际间的职业流动是向下的。从工作流动来看，1950 年到 1955 年，美国劳动力人口中有五分之一的人住处与 12 个月前的住处发生变化，有二十分之一的人实现了搬迁到其他国家，在就业率较高的时期，人口迁移更为典型，平均每个工人在工作期间会搬 8 次家，其中有 2—3 次会改变生活的社区，搬家的频率和换车的频率相当。① 这种高频率的流动挑战了家庭养老服务，人们绝大多数时间和精力花在工作中，在频繁迁移的情况下，老年人很难适应，可能选择不与子女同时

---

① Bogue D. J., "Residential Mobility and Migration of Workers", in William Haber, ed., Manpower in the United States, New York：Harper, 1954, pp. 143-153.

迁移，此时就需要老年人居住的社区提供社会养老服务。

　　工业化改变了家庭结构。工业化对家庭结构的影响体现在以下几个方面：第一，生育率降低，家庭核心化、小型化。工业化需要大量劳动力，大量女性投入到工作中，其照顾家庭的时间减少。女性不愿将大量的时间投入到家庭生活中，这种自我牺牲精神的弱化导致了生育率下降。随着生育率下降，家庭规模缩小，呈现出小型化、核心化的特征。数据显示，1790 年，美国家庭平均人口数为 5.2 人（包括亲属、佣人等），1950 年这一数值下降到 3.2。工业化水平越高，家庭规模越小。第二，家庭的部分功能弱化。传统社会联合家庭中以初级关系为基础展开生产生活，家庭承担了经济功能、教育功能、娱乐功能等。工业革命后，传统家庭的部分功能被分离出来，如家庭的教育功能由专门的学校承担，经济功能也被削弱，不再以家庭为单位分配物质资料，个人独立性增强。随着经济发展，专门的娱乐场所如电影院、剧院出现，家庭的娱乐功能外移。在养老方面，养老机构的出现分担了部分家庭养老功能，如生活照料。但在养老中，家庭的情感功能难以替代。第三，代际关系发生微妙变化，婚姻关系成为家庭关系的核心。前工业时代，子女的谋生技能与生产资料要由父母赠予，父母年龄越大权威越高，越受到尊重。而工业革命后，子女需要接受工厂的一系列规则，习得新技能为自己职业生涯努力，由父母传递的技能已无法满足其谋生需要，子女与父母关系纽带松懈。子女更加独立，离开原生家庭，组建新家庭，婚姻关系成为家庭的核心关系。第四，老年人口大幅增加，生活陷入困境。老年人口增加的原因是工业化带来的生育率下降。以美国为例，1900 年美国人口是工业化前的两倍，但 45—65 岁人口是工业化前的三倍，65 岁以上的人口是工业化前的四倍。从世界范围来看，欠发达地区老年人口所占比例低于工业国家这一比例。经历了工业革命的国家与其工业革命前相比，老年人口持续增加。老年人在工业社会中很难跟上技术更新的步伐，在与年轻人的竞争中处于劣势，他们或被替代或选择退休。在前工业社会，父母的身份即是一份养老保险，而工业社会，父母身份已不再是一种养老保险，子女对父母的赡养仅仅是一种牺牲自我的行为。工业化带来的家庭结构的变化使家庭养老服务陷入困境。

工业化通过强制性措施聚集大量劳动力，并通过制定规章制度来约束工人。工业化带来了分工专业化，增加了劳动力的空间流动和社会流动。与传统社会相比，工业社会的不确定性增加，工人为了工作不得不频繁流动，不利于他们照料家中老年人，新的工作方式也使老年人的家庭权威地位动摇，年轻一代需要不断习得新技能谋生，而不是继承父辈的经验与技能，社会节奏加快让年轻人压力大增，家庭养老服务遭遇挑战，老年人生活境遇不容乐观，安全感下降。工业化带来的生育率下降，老年人口激增，使得养老服务成为一个亟待解决的重要问题。工业化瓦解家庭养老服务的同时，也为一种新的养老服务方式提供了社会土壤。一种新的应对老年照料风险的服务方式——社会养老服务应运而生。

二、养老服务模式转型的国外案例

（一）美国的工业革命及其影响

工业革命前，美国已经产生一些社会福利项目，主要是针对贫困人群的社会救济。美国殖民地济贫法规定 21 周岁以下青年必须同父母生活在一起。1675 年，亲属责任也被写入法律中，人们必须与家庭同时迁移，家庭成员遭遇疾病风险或者陷入贫困应当由家属来照料，充分强调家庭责任与家庭的重要性①。这一时期国家期待个人能为自己的各种风险负责，照料好自己，一旦个人无法完成时，这一责任转入家庭。老年风险是一种常见风险，需要生活照料，此时老年人由家庭承担照料责任，养老服务属于家庭养老服务，并通过法律形式加以确定。

美国的工业革命开始于18世纪末，1843年到1860年为美国经济高速发展时期②，1860年美国工业实力位居世界第四，仅次于英法德三国。1870年美国开始了第二次工业革命，开启了电气时代，20世纪美国经济逐渐成熟，并超越英法成为领头羊。1924年美国完成第二次工业革命。经过两次工业革命，美国经济飞速发展，经济的发展促进了美国养老服务模式的改变。1865年，美国南北战争结束后确立了联邦政府要为美国公民的社会福利承担责任，美国养老服务模式从家庭养老服务向社会养老服务转型，社会养老服务开始成为最主要的养老服务方式。

（二）美国的养老服务模式的转型

社会养老服务的产生有两种解释机制：一是剩余论。剩余论假设家庭和市场经济这两条天然通道能够满足老年人的需求。但是有时家庭分裂，经济萧条的情况出现，老年人的需求就难以得到满足，此时第三种满足老年人需求的机制——社会养老服务机制出现。剩余论认为，社会养老服务机制仅仅在家庭和市场出现问题的极少数情况下发

① June Axinn, Herman Levin, *Social Welfare: A History of American Response to Need*, 2nd ed. New York: Harper & Row, 1982, p. 19.
② ［韩］朴炳炫:《社会福利与文化——用文化解析社会福利发展》，高春兰、金炳彻译，商务印书馆2002年版，第153页。

挥作用，一旦家庭和市场恢复正常，社会养老服务应撤销。二是作为一种制度的社会养老服务。它的出现是为了提高老年人的生活质量，促进老年人潜能的发挥，提高他们的主观幸福感。这一制度是随着经济发展而产生，被认为是现代工业社会的一种必要的制度，满足个体的自我实现需要。此外，现代社会的风险增加，也需要一种稳定的制度来化解风险。美国社会养老服务的产生符合第二种解释机制，随着经济的发展成为一种制度。此外，某些特殊时期的社会养老服务可以用剩余论解释，如 20 世纪 30 年代经济大萧条时期社会养老服务（公共援助中包含社会养老服务）的大幅增长。

社会养老服务是社会福利的重要组成部分。在美国社会福利系统中，社会保险包含养老保险而被视为社会养老服务，公共援助和健康与医疗服务中均包含社会养老服务。下文将美国各级政府对社会福利的投入与当时的生产力水平相结合，通过分析社会福利各个部分占国民生产总值的比例来判断其重要性，不同财政年份政府社会福利支出占国民生产总值的比例（如表 3-2 所示）。其中 1934—1941 年为经济大萧条时期，1941—1946 年为第二次世界大战时期，1946—1950年为经济复苏时期，其他年份为独立财政年。可以发现，从经济大萧条时期到第二次世界大战，美国社会福利支出占国民生产总值的比重从 6.7% 下降到 2.9%，主要是因为经济大萧条时期大量工厂倒闭，需要社会救助的人群大幅增加，老年人作为弱势群体在工厂竞争激烈的情况下更容易被淘汰，社会养老服务需求增加。而二战期间全体居民进入战备状态，政府大量经费投入到战争中，对社会福利投入比例下降。二战后，社会福利占国民生产总值比重大幅上升，并保持相对稳定状态。1950 年后，除去退伍军人社会服务项目，社会保险（养老保险为最重要组成部分）迅速发展，其支出占国民生产总值比重逐年增加，而其他社会服务项目占国民生产总值比重保持稳定状态，进一步说明养老保险与服务是美国社会福利重要组成部分，伴随生育率降低与人口老龄化的来临，其地位越来越重要。

表 3-2　不同财政年份美国政府社会福利支出占国民生产总值的比例

财政年份	国民生产总值（十亿美元）	社会福利支出					
		总占比	社会保险	公共援助	健康与医疗服务	其他社会服务	退伍军人服务
1934—1941	87.9	6.7	0.9	4.3	0.8	0.1	0.6
1941—1946	188.4	2.9	0.8	0.9	0.5	0.1	0.6
1946—1950	247.5	5.8	1.4	0.8	0.7	0.1	2.8
1950—1951	311.8	5.1	1.5	0.8	0.8	0.2	1.8
1951—1952	336.8	4.9	1.7	0.8	0.8	0.2	1.4
1952—1953	358.4	4.8	1.8	0.8	0.8	0.2	1.2
1953—1954	360.6	5.2	2.3	0.8	0.8	0.2	1.1
1954—1955	373.1	5.8	2.7	0.8	0.9	0.2	1.2

数据来源：《社会保障公告》1955 年第 18 期第 9 页表 2；1956 年第 19 期第 8 页表 2。

从横向比较来看，美国社会福利支出占国民生产总值的比重较低。以 1950 年为例，新西兰社会福利支出占国民生产总值的比重为 13.18%，英国为 11.87%，加拿大为 7.99%，澳大利亚为 7.30%，美国为 5.52%[①]。美国这一比例相对较低的主要原因是美国私人福利项目快速发展，并成为社会福利的重要承担者，对公共社会福利项目形成一种补充。美国私人福利项目之所以发展迅速，一方面是因为工业化快速发展，工业财富的聚集有能力支持私人社会福利计划；另一方面与美国自由主义传统密切相关。私人福利计划相对社会福利计划而言，层次较高，具体到社会养老服务中，主要满足部分相对富裕老年

---

① Canadian Department of National Health and Welfare, Research Division, *Social Security Expenditures in Australia*, 1949-1950: *A Comparative Study*, Ottawa, 1954, Cited in Eveline M. Burns, Social Security and Public Policy, p. 5.

人的社会养老服务需求。相比而言，政府社会养老服务覆盖范围远大于私人社会养老服务计划。

（三）美国养老服务模式转型的经济因素

美国政府分为地方政府、州政府和联邦政府三个层次。工业革命以来，各种社会风险增加，家庭难以消解各种社会风险，社会服务成为回应各种风险的方式，各级政府都采取了相应的措施。美国的社会服务大部分借鉴了英国的方式，如颁布济贫法，为贫穷者、无家可归的人提供帮助。直到20世纪30年代经济大萧条，美国的社会福利开始改变，独具特色。

19世纪，社会服务主要应对工业革命以来城市增加、工厂成倍增长，人口迁移频繁等对人们生活状况的改变。州政府主导社会服务，在州政府财力支持下建立了一系列社会服务机构，并设立社会福利部门进行管理，如马萨诸塞州慈善会、新泽西福利部等。此时设立的社会福利并没有专门的养老服务，主要是为精神病人提供的收容所服务、面向退伍老兵提供的社会服务、少年管教所、公共医疗服务、失业保险与服务，其中公共医疗服务中有针对老年人的社会服务。社会服务的质量与城镇化水平、区域、富裕程度密切相关，其中农村地区、美国南部地区和贫穷地区的社会福利更落后，这些因素都与工业革命有着直接或间接的联系。地方政府在社会养老服务中所起的作用相对较小，特别是在农村地区，仅仅有提供给贫困老年人的社会救济式服务。从社会养老服务的供给情况来看，不同类型的社区养老服务供给不同。社区规模越大，社会养老服务的项目越丰富。城市的扩张规模也影响社会养老服务的供给，由于财政拨给社会养老服务的预算是一定的，因而人口稳定或下降的城市比人口快速增长的城市的社会养老服务更好①。社会养老服务最先于大城市、文化多元地区实施，在僻远地区，家庭主义盛行的地区，社会养老服务发展滞后。

美国联邦政府在社会服务上出场较晚，在独立战争后美国南北统一，联邦政府被要求为流离失所的人们提供统一的社会服务。直到1935年，最高法院宣布美国《社会保险法》通过，指出一个世纪前人们抗拒风险的需求在此时与一个国家的福祉紧密相连，只有国家力量（联邦政府）能够帮助人们实现这一切，即提供社会保险与社会服务②。联邦政府新成立了健康部、教育部和福利部，主要的社会服务项目有老年人、幸存者和残疾人保险；公共援助；儿童福利；职业康复；公共健康；退伍军人服务；失业保险与服务；住房项目；铁路工人收入保障。在这些项目中，前两个项目包含社会养老服务，公共健康中也覆盖了老年人的健康服务。老年人、幸存者和残疾人保险是由联邦政府独立承担的最大的项目，从1935年开始实施，覆盖了百分之九十的劳动者。公共援助中最重要的项目是老年人援助，即老年服务。数据显示，1950年至1951年，美国公共福利支出为150亿美元，其中联邦政府支出90亿美元，占60%。联邦政府的工作人员为74240人，其中从事社会福利的工作人员为2074人，由此可见联邦政府对社会服务的支持中财政投入多于管理方面的投入。

从美国1954—1955年的社会福利支出来看（如表3-3所示），联邦政府支出中老年人、幸存者与残疾人保险支出所占比例最高，公共部分雇员退休计划也是养老保险组成部分，联邦政府在养老保险这一项的支出占所有保险项目的一半。公共援助、健康与医疗服务中也

---

① Simon H. A., Donald W. Smithburg and Victor A. Thompson, *Public Administration* (New York, 1950), Simon Public Administration, 1950, pp. 188-201.

② Federal Security Agency, *Social Security Administration*, Social Welfare Administration in the United States of America, Washington, June, 1950, p. 2.

包含社会养老服务的内容，可见养老保险和社会养老服务在美国社会福利支出中所占比重最大，事实上美国社会福利支出的大部分花在老年人保险与服务上，这是工业化带来的核心家庭增加，社会变迁，人口老龄化的必然结果。

表 3-3 1954—1955 年按项目分类的美国社会福利支出

单位：百万美元

项目	总支出	联邦政府支出	州—地方政府支出
社会保险	9894		
老年人、幸存者与残疾人保险		4436	
铁路工人退休、失业与残疾保险		789	
失业保险与就业服务		801	565
公共部门雇员退休计划		354	1760
工人赔偿		51	919
州临时残疾人保险			219
公共援助	3002	1503	1499
健康与医疗服务	3334	298	3036
其他社会服务	1012	325	687
退伍军人退休金、健康、教育与福利	4370	4308	62
总支出	21612	12865	8747

数据来源：《社会保障公告》1956 年第 19 期第 3—10 页。

三、养老服务模式转型的国内案例

（一）中国经济体制改革及其影响

中国是世界上最大的发展中国家，也是世界上人口最多的国家。1949 年新中国成立以来，经济在探索中发展，既有曲折发展时期，也有稳定快速发展时期。中国现代工业经历了两个发展阶段，第一阶段为计划经济体制下的工业化道路。中华人民共和国成立后，国家对原外资企业、国民政府经营企业、民间私营企业以及手工业进行社会主义改造，建立了门类较为齐全的现代工业基础。随后，20世纪50年代的大跃进运动给经济发展带来了严重后果。20世纪六七十年代，现代工业在曲折中前进，这一时期在西南地区新建了一批重工业基地。第二阶段为改革开放以来中国特色社会主义工业化道路①。数据显示，1952年，第二产业在国内生产总值中所占比重为20.9%，1980年和2003年这一数值分别为44.2%和52.2%，说明我国工业化快速发展，到21世纪初，我国工业产值已占国内总产值50%以上。新中国成立以后我国经济稳定发展，从1952年到1966年，我国人均名义GDP翻了一倍，仅1961年和1962年人均名义GDP出现下滑，主要是受三年自然灾害影响（如表3-4所示）。1966年我国经济发展受到一定影响，从1968年后经济仍然稳定增长。从计划经济向市场经济过渡时期，人均名义GDP呈现曲折增长状态，在1981—1982年、1985—1986年出现下降趋势。社会主义市场经济体制形成后，人均名义GDP稳定增长，特别是2003年以后，出现了快速增长。

表3-4　中国历年人均名义GDP　　　　　（单位：美元）

年份	人均名义GDP	年份	人均名义GDP	年份	人均名义GDP
1952	54	1974	155	1996	703
1953	54	1975	167	1997	774
1954	55	1976	162	1998	821
1955	57	1977	186	1999	855

---

① 陈佳贵、黄群慧：《工业大国已是我国基本经济国情》，《中国社会科学院院报》2005年1月13日。

年份	人均名义GDP	年份	人均名义GDP	年份	人均名义GDP
1956	64	1978	222	2000	949
1957	64	1979	270	2001	1042
1958	77	1980	311	2002	1135
1959	83	1981	277	2003	1274
1960	83	1982	274	2004	1490
1961	75	1983	298	2005	1732
1962	70	1984	315	2006	2070
1963	74	1985	292	2007	2652
1964	85	1986	279	2008	3414
1965	98	1987	299	2009	3749
1966	103	1988	367	2010	4434
1967	96	1989	403	2011	5447
1968	91	1990	344	2012	6093
1969	99	1991	356	2013	6767
1970	112	1992	419	2014	7485
1971	118	1993	520	2015	8016
1972	131	1994	459	2016	8866
1973	154	1995	604		

注：根据中华人民共和国统计局数据整理而得。

（二）中国养老服务模式的转型特点

我国社会养老保险可视为社会养老服务的现金给付。1951年政务院颁布《中华人民共和国劳动保险条例》，建立了企业养老保险。这与中华人民共和国成立后大力发展工业紧密相连，工业兴起使得企业有实力为职工提供养老保险，改变了以往由家庭成员或自我储蓄养老的局面。改革开放以来，我国从计划经济体制向市场经济体制转轨，单位养老向社会养老转型，并从 1984 年开始社会养老保险试点，1997 年确定了全国统一缴费比例。养老保险的转型发生在经济体制转型时期，并在 1993 年经济体制转型完成后建立了全国统一的社会养老保险制度，可见养老服务的转型与经济发展紧密相连，经济发展推动了养老服务转型。此外，从 2005 年到 2015 年，国家连续 11 年统一上调企业退休人员养老金水平，这与经济快速发展密不可分。我国人均名义 GDP 水平从 2005 年起呈现快速稳定增长的状态，为社会养老保险水平的提高奠定了坚实的物质基础。

1984 年前，社会养老服务主要是机构养老服务，而且机构养老服务仅由国家提供，由国家建立社会福利院，为"三无"老年人提供救济式养老服务。从某种意义上而言，这并不属于真正的社会养老服务，而是社会救助的一部分。除了救济式社会养老服务，绝大多数老年人享受的是家庭养老服务。1984 年 11 月，民政部明确指出社会福利事业要由国家、企业、个人一起办。此后，民营养老院兴起，机构养老服务迅速发展。1986 年，民政部开始倡导社区服务，到 20 世纪 90 年代，社区服务在全国范围全面开展。到 20 世纪 90 年代，社会养老服务逐渐丰富。社会养老服务兴起于经济体制改革时期，并在经济体制改革完成之时全面展开，说明经济体制改革带来了生产力的解放，为养老服务的转型提供了动力，是促进社会养老服务转型的根本原因。21 世纪以来，社区养老服务和居家养老服务大力发展，到 2011 年，我国确立了建立以居家养老为基础、社区养老为依托、机构养老为支撑的社会养老服务体系。从 2011 年到 2016 年养老机构收养老年人数和享受社区居家养老服务的老年人数来看，呈现迅速增加的趋势，这与我国近几年人均 GDP 快速增长密不可分。到 2016 年，我国人均名义 GDP 为 8866 美元，接近 1 万美元，即将进入到中等发达阶段，国家的雄厚财力和经济的稳定快速发展推动了社会养老服务快速发展，社会养老服务体系初步形成。

（三）中国养老服务模式转型的经济因素

从上文分析得知，宏观经济发展促进了养老服务从家庭向社会的转型，但在微观层面，个体收入差异是否会影响其养老服务的选择？是否收入越高的老年人越倾向于选择社会养老服务模式？收入来源是否会影响养老服务模式的选择？同时，收入水平与来源是否会对社会养老服务具体项目的需求产生影响？

1. 养老服务选择与养老服务需求的分析

（1）数据来源

本书使用的研究数据来源于中国人民大学调研团队 2011 年完成的中国老年社会追踪调查（China Longitudinal Aging Social Survey，CLASS），该调查属于中国综合社会调查（China General Social Survey，CGSS）的一部分。调查采用多阶段分层抽样的方式，针对全国 60 岁及以上的老年人进行当面访谈，通过结构式问卷的方式收集数据，共收集有效问卷 1144 份，数据具有较好的代表性。

（2）养老服务方式的选择

当问及在家庭养老服务、社区居家养老服务和机构养老服务中最倾向于选择哪一种时，有 1006 名被访者回答了这个问题，其中 913 人选择了家庭养老的方式，占 90.8%；35 人选择社区居家养老服务，占 3.5%；58 人选择养老院提供养老服务，占 5.7%。可见，绝大多数被访者选择了服务方式，说明家庭养老服务在我国占有非常重要的地位；有近 10%的被访者选择了社会养老服务，说明社会养老服务开始被人们接受，有待进一步发展壮大。当被问及是否愿意在养老院养老时，有 135 名被访者愿意，占 13.3%，明显高于在三种养老服务方式中选择养老院提供养老服务的比例。

（3）社区居家养老服务项目的需求

从被访者社区居家养老服务的需求来看，被访者对社区居家养老服务项目的需求远高于他们对社区居家养老服务方式的选择。如表3-5所示，被访者对上门看病这一社区居家养老服务需求比例最高，为53.4%，其次是康复治疗需求，为38.4%。超过三分之一的被访者有上门护理、上门看病、聊天解闷等需求。综合来看，被访者对医疗健康类和精神慰藉类养老服务需求较高。

表3-5　社区居家养老服务项目的需求状况　　　　（单位:%）

社区居家养老服务项目	需要		不需要	
	频数	百分比	频数	百分比
上门护理	343	37	583	63
上门看病	500	53.4	437	46.6
聊天解闷	335	36	595	64.0
老年人服务热线	293	31.7	632	68.3
陪同看病	335	36.2	591	63.8
帮助日常购物	234	25.3	692	74.7
康复治疗	354	38.4	569	61.6
法律援助	267	28.8	659	71.2

注：每一项都有极少数的缺失值，且缺失样本数不同，每一项百分比采用有效百分比。

2. 收入水平对养老服务选择与需求的影响

（1）变量定义与赋值

自变量为被访者年收入数额及主要收入来源。从被访者的最主要收入来源来看，排在前三位的分别是离退休收入、劳动收入和子女或亲属的赠予性收入，其中328名被访者依靠离退休收入生活，占32.2%；311名被访者依靠劳动收入生活，占30.6%；225名被访者依靠子女或亲属的赠予生活，占22.1%，这三项共占84.9%。说明老年人的主要收入来源一方面是自己劳动所得，另一方面是社会养老保险或家庭成员的支持。除此之外，还有政府转移性收入（政府补贴、救助等）、财产性收入等。从被访者收入数额来看，被访者去年全年的平均收入为8547.98元。

控制变量为被访者的个体特征，包括被访者年龄的实际平均值（为70.523周岁）；个人年收入的实际平均值（8547.98元）；被访者子女数量的实际平均值（3.47个）；老年人最主要收入来源，"0"为依靠自己、政府等，"1"为依靠子女、亲属；婚姻状况，"0"为无配偶，"1"为有配偶；日常生活照料，"0"为需要照料，"1"为不需要照料。

表3-6　养老服务选择与需求的影响因素定义与赋值

变量	赋值	均值	标准差
养老服务选择	0. 家庭养老服务；1. 社会养老服务（包括养老院和社区上门服务）	0.092	0.290
年龄	实际数值	70.523	0.456
个人年收入	实际数值	8547.980	10847.703
子女数	实际数值	3.470	1.579
最主要收入来源	0. 依靠自己、政府等；1. 依靠子女、亲属	0.221	0.415
婚姻状况	0. 无配偶；1. 有配偶	0.706	0.456
日常生活照料	0. 需要照料；1. 不需要照料	0.840	0.364

（2）收入水平与来源对养老服务选择影响的多项Logistic回归结果分析

养老服务方式的选择有两个选项：家庭养老服务和社会养老服务（包括养老院和社区上门服务）。由于家庭养老服务与社会养老服务代表两个类别，因而应采用多项Logistic回归模型，即无序多属性反应变量的 Logit 模型（Multinomial Logit Model，简称 MNL 模型）来分析收入对社区居家养老服务项目需求的影响。

多项 Logistic 模型为：

$$\log it_k = \log it \frac{\Pi_k}{\Pi_n} = \beta_k^{'} X$$

此处，

$$\Pi_k = \frac{\exp(\beta_k^{'} X)}{1 + \sum_{k=1}^{n-1} \exp(\beta_k^{'} X)}$$

$$\Pi_n = \frac{1}{1 + \sum_{k=1}^{n-1} \exp(\beta_k^{'} X)}$$

将被访者的年龄、婚姻状况、子女数等个体特征纳入到模型中，从回归结果来看，控制老年人个体特征后，个人年收入与养老服务选择在 5% 水平上显著。老年人的个人年收入每增加 1000 元，其选择社会养老服务的可能性增加 1.7%（$e^{0.017} = 1.017$）。具体来看收入与养老服务选择的关系，我们根据收入的高低将其分为 13 个层次，看不同层次收入水平被访者的养老服务选择（如表 3-7 所示）。年收入在 6000 元以下的六个层次中有五个层次的被访者选择家庭养老的比例高于社会养老。说明收入较低的老年人更倾向于选择家庭养老服务，主要是因为社会养老服务需要通过支付货币来购买，需要一定的经济基础，因而收入水平较低的老年人缺乏购买社会养老服务的能力。年收入 6000 元以上的七个层次中，有六个层次老年人选择社会养老服务的比例高于家庭养老服务，其中，年收入在 15001—20000 元间的被访者选择社会养老服务的比例高于家庭养老服务 5.9%。年收入在 20000 元以上的老年人选择社会养老服务的比例高于家庭养老服务 3.2%。说明当老年人有经济实力购买社会养老服务时，其更倾向于选择社会养老服务而不是家庭养老服务。由此可见，收入水平越高，被访者选择社会养老服务的可能性越大。然而，最主要的收入来源与养老服务选择并无显著相关性。

表 3-7　不同收入分层被访者家庭养老服务与社会养老服务的选择

（单位：%）

收入分层	家庭养老服务		社会养老服务	
	频数	百分比	频数	百分比
低于 1000 元	207	20.6	21	21.6
1001—2000 元	133	13.2	7	7.2
2001—3000 元	93	9.3	9	9.3
3001—4000 元	55	5.5	0	0
4001—5000 元	45	4.5	3	3.1
5001—6000 元	38	3.8	2	2.1
6001—7000 元	18	1.8	3	3.1
7001—8000 元	16	1.6	4	4.1
8001—9000 元	15	1.5	2	2.1
9001—10000 元	32	3.2	2	2.1
10001—15000 元	82	8.2	9	9.3
15001—20000 元	75	7.5	13	13.4
20001 元以上	196	19.5	22	22.7

家庭子女数与养老服务选择在 1% 的水平上显著，且呈负相关关系，即子女数越多，老年人选择社会养老的可能性越小。子女数每增加一个，老年人选择社会养老的可能性是原来的 78.5%（$e^{(-0.242)}$ = 0.785）。主要原因是随着子女数增加，老人有更多的家庭养老资源，因而更倾向于选择家庭养老。当老人子女数很少，甚至没有子女时，他们不得不选择社会养老服务。

表 3-8　收入对养老服务选择的多项 Logistic 回归分析

	系数	标准差
截距	−3.861 ***	1.307
年龄	0.027	0.018
个人年收入（千元）	0.017 **	0.009
子女数	−0.242 ***	0.081
收入来源（子女、亲属为参照组）依靠自己、政府等	0.325	0.345
婚姻状况（有配偶为参照组）无配偶	−0.159	0.277
日常生活照料需求（不需要照料为参照组）需要照料	0.062	0.327
−2 倍对数似然值	577.163 ***	
Nagelkerke R^2	0.045	

注：**、*** 分别表示在 5% 和 1% 的水平上显著。进入模型的样本数为 984 个。

（3）收入水平与来源对社区居家养老服务需求影响的二项 Logistic 回归分析

社区居家养老服务分为上门护理、上门看病、聊天解闷、老年人服务热线、陪同看病、帮助日常购物、康复治疗、法律援助等八项内容，前文已对这八项需求进行了描述性分析。这八项社区居家养老服务项目均为二分变量，本书采用二元 Logistic 回归模型，分析个人收入与来源对社区居家养老服务需求的影响，生成八个模型，依次命名为模型 I 到模型 Ⅷ。二元 Logistic 模型为：

$$\text{logit}(\rho) = \ln\left[\frac{\rho}{1-\rho}\right]$$

其中，ρ 表示被访者需要某项社区居家养老服务的概率，$1-\rho$ 表示不需要的概率。回归结果如表 3-9 所示，模型 I、模型 II、模型 III、模型 V、模型 VI、模型 VII 中个人年收入都对社会养老服务项目需求有显著影响，这些项目分别为上门护理、上门看病、聊天解闷、陪同看病、帮助日常购物和康复治疗。其中个人收入对老年人热线服务和法律援助两个项目没有显著影响，可能的解释是老年人热线服务需要使用电话或手机等新型通信工具，这些工具多为政府直接购买项目，提供免费服务，因而个人收入对老年人热线服务影响不大。法律援助需求量较小，一旦有法律服务需求，可能无论费用如何都会承担，所以法律援助的收入弹性很小。模型Ⅰ中个人年收入与上门护理这项服务在1%的水平上显著，收入每增加1000元，其上门护理服务需求增加2.9%。模型Ⅱ中个人年收入与上门看病服务在1%的水平上显著，个人年收入每增加1000元，其上门看病需求增加4.1%。模型Ⅲ中个人年收入与聊天解闷这项服务在1%的水平上显著，个人年收入每增加1000元，其聊天解闷需求增加2.5%。模型Ⅴ、模型Ⅵ、模型Ⅶ中，个人年收入分别与陪同看病、帮助日常购物和康复治疗在1%的水平上显著，其中，个人年收入每增加1000元，其陪同看病、帮助日常购物和康复治疗需求分别增加3.4%、2.6%和2.8%。整体来看，个人年收入越高，社区居家养老服务项目的需求越高。

　　从控制变量来看，老年人的日常生活照料需求与多项社区居家养老服务需求项目显著相关，分别是上门护理、上门看病、聊天解闷、陪同看病和康复治疗。日常生活需要别人照料的老年人对这些社区居家养老服务项目的需求高于不需要别人照料的老年人。在这五个项目上，需要别人照料的老年人的需求要比不需要照料的老年人分别高出64.8%、83.9%、47.2%、29.4%和59.3%。其中，模型Ⅵ中，老年人的年龄与其帮助日常购物需求在5%的水平上显著，老年人年龄每增加一岁，其帮助日常购物需求增加2%。主要因为老年人随着年龄增长，其生活自理能力下降，帮助日常购物属于日常生活范畴，因此这一方面社区居家养老服务需求增加。

表 3-9　个人收入对社区居家养老服务项目需求的二项 Logistic 回归分析

变量	模型 I		模型 II		模型 III		模型 IV	
	系数	边际效应	系数	边际效应	系数	边际效应	系数	边际效应
年龄	−0.012	0.988	−0.008	0.992	−0.009	0.991	−0.001	0.999
个人年收入（千元）	0.029***	1.029	0.041***	1.041	0.025***	1.025	0.062	1.062
子女数	0.048	1.049	0.071	1.074	0.062	1.064	0.040	1.040
收入来源	0.245	1.277	−0.057	0.944	0.073	1.076	0.047	1.048
婚姻状况	−0.154	0.858	−0.044	0.957	0.062	1.064	0.074	1.076
日常生活照料需求	0.500***	1.648	0.609***	1.839	0.387**	1.472	−0.221	0.802
卡方值	25.268***		51.619***		19.343***		2.577	
R²	0.037		0.073		0.029		0.004	
	模型 V		模型 VI		模型 VII		模型 VIII	
	系数	边际效应	系数	边际效应	系数	边际效应	系数	边际效应
年龄	−0.008	0.092	−0.020**	0.980	−0.010	0.990	0.001	1.001
个人年收入（千元）	0.034***	1.034	0.026***	1.026	0.028***	1.028	0.007	1.007
子女数	0.072	1.075	0.082	1.086	0.060	1.062	0.075	1.078
收入来源	0.258	1.294	0.079	1.082	0.048	1.050	0.188	1.207
婚姻状况	0.014	1.014	0.001	1.001	−0.171	0.843	−0.060	0.942
日常生活照料需求	0.258***	1.294	0.143	1.154	0.466**	1.593	−0.250	0.779
常数	0.070	1.073	1.869**	6.482	0.468	1.596	0.745	2.107
卡方值	32.089***		14.382**		23.846***		6.294	
R²	0.048		0.023		0.035		0.010	

注：*、**、*** 分别表示在 10%、5% 和 1% 的水平上显著。

第四章 养老服务模式转型的
双重推力

　　按照生产力决定生产关系的理论[①]，工业化水平决定了养老服务的水平，由此推测，经济发展到一定阶段或工业化水平达到一定程度时，养老服务转型发生。然而，科利尔等研究了 59 个国家实施现代社会保险制度（从传统社会福利制度向现代社会保险制度转型）的时间，发现并不是工业化水平越高的国家，现代养老服务越早出现，养老服务转型发生更早。罗斯托夫将世界各国经济发展分为五个时期：传统社会的经济发展、经济高速发展的准备阶段、经济高速发展时期、经济成熟期和高消费期，其中后四个阶段属于工业社会经济发展状况，并将第二阶段归于第三阶段中，并给出了部分国家这三个阶段对应的年份。结合部分发达国家现代社会保险制度产生时间与工业社会经济发展各个阶段对应的年份，英国现代社会保险制度出现在经济成熟期，美国现代社会保险制度产生于高消费期，而德国、日本和瑞典现代社会保险制度产生于经济高速发展期（如表 4-1 所示）。由此可见，各个国家都是在工业化发展到一定时期出现的现代社会保险

---

　　① Collier D. & Messick R. E., "Prerequisites Versus Diffusion: Testing Alternative Explanations of Social Security Adoption", in *American Political Science Review*, Vol. 69, No. 4, 1975, pp. 1299-1315.

制度，但是各国现代社会保险制度的出现时间并不都是工业化发展某一特定阶段。从社会保险领域的转型（传统向现代）延伸到养老服务领域，可以发现，经济发展是现代养老服务产生（养老服务转型）的必要条件，但并不是充分条件。养老服务转型还受到政治、文化等其他因素的影响。

表 4-1　部分发达国家经济发展阶段与现代社会保险制度产生时期

	高速发展期	经济成熟期（开始年份）	高消费期（开始年份）	现代社会保险产生时间	现代社会保险产生阶段
英国	1783—1802	1850	1930	1908	经济成熟期
美国	1843—1860	1900	1920	1935	高消费期
德国	1850—1873	1910		1871	高速发展期
日本	1878—1900	1940	1940	1920	高速发展期
瑞典	1868—1900	1930	1955	1891	高速发展期

数据来源：W. W. Rostow, The Stages of Economic Growth, Cambridge University Press, 38, 59；[韩] 朴炳炫著：《社会福利与文化——用文化解释社会福利的发展》，高春兰、金炳彻译，商务印书馆 2012 年版，第 29 页。

政治因素对养老服务的影响主要体现在政治因素对社会福利的影响上，可从两个方面进行考察：一是不同形态国家（西方工业国家、前共产主义国家、第三世界国家）政府对社会福利的干预。伴随经济发展，政府推行包括养老服务在内的社会福利政策，会对一个国家养老服务及社会福利的发展产生重要影响。本节主要关注 20 世纪 50 年代后不同形态政府对社会福利的干预，梳理政府力量对养老服务的影响。二是工人运动对养老服务转型的影响。养老服务属于社会福利的一部分，社会福利制度转型也包含养老服务制度的转型。本节主要分析工人运动对社会福利制度转型的影响，主要包括两种不同的社会福利制度建立（从传统向现代转型）进程：工人运动与自下而上的社会福利制度进程；工人运动与自上而下的社会福利制度进程。

　　为便于研究，本书试图将世界上国家分为三种不同形态：西方资本主义国家、前社会主义国家和第三世界国家，不同形态国家政府对养老服务的影响有较大差异。

一、养老服务转型的政府推力

（一）西方资本主义国家的政府推力

　　国家主要包括西欧国家、日本、北美国家、澳大利亚、新西兰等。这些国家经济发达，人们生活水平位居世界前列，主要是由于这些国家经济快速发展和政府对社会福利的干预。经济发展与社会福利密切相关，然而经济发展本身并不是社会福利完善的充分条件，经济增长必须和社会政策有效结合起来才能确保社会福利的发展，而社会政策的制定者与执行者都是政府。资本主义和社会福利看似两股对立的力量，然工业国家政府在推动经济发展的同时亦推进社会福利政策，这是一种社会民主妥协或者称为福利一致性。

　　第二次世界大战后的 30 年，西方资本主义国家经济高速发展，政府推行了一系列社会福利项目，如养老金计划、养老服务项目、公共教育项目、健康照料、住房保障等。从 20 世纪 50 年代到 70 年代中期，工业国家经济增长率基本保持在 5% 以上，同时，社会支出保持稳定增长的趋势，占 GDP 的比重保持在 21% 左右。但 20 世纪 70 年代后期，西方工业国家受到经济危机影响，同时，因为部分社会服务项目收益甚微，政府缩减了社会服务开支，养老服务发展也受到影响，二战后丰厚的养老服务补贴转向强化个人责任与市场责任。正是因为西方工业国家政府在二战后增加社会支持，投资包括养老服务在内的社会服务项目，养老服务迅速发展，对于降低老年贫困率起到了重要作用。以美国为例，政府对养老服务的投入明显降低了老年人的贫困率，使其从二战前的50%以上降到1959年的35%，20世纪70年代，老年贫困率有所上升，随后20世纪90年代老年贫困率下降到13%，大大改善了美国老年人生活状况，将普遍的老年贫困变为极少数老年贫困者①。英国的研究显示，英国社会服务项目大幅降低了老年贫困，未实施社会服务项目前，英国家庭贫困率为30.4%，20世纪80年代初期，英国家庭贫困率仅为4.4%。20世纪80年代，工业国家政府承担社会服务主要责任的做法遭遇挑战，政府投入社会服务的收益甚微：美国大量的社会福利支出结果并不理想；英国有着高额的社会福利支出，但人们福利水平上升有限。20世纪七八十年代，西方工业国家的社会福利依然保持较高的水平，然而受到经济波动和对社会支出收益的质疑，西方工业国家政府削减社会开支，同时养老服务开支缩减，养老服务逐渐增加个人和市场责任，并从以费用相对较高的机构养老服务向节省型的社区居家养老服务转型。

（二）前社会主义国家的政府推力

前社会主义国家主要是指曾建立起社会主义制度，后解体的社会主义阵营国家，包括苏联和东欧国家（如捷克斯洛伐克、波兰、匈牙利等）。前社会主义国家依据马克思主义，强调集体力量，强调让集体中的每一份子享受社会福利。与马克思预测的社会主义国家首先在西欧产生不同，第一次社会主义革命出现在苏联。一战后苏联成为实际上第一个社会主义国家，社会主义将俄国人民从沙皇统治中解脱

---

① M. Charles, *Losing Ground*: *American Social Policy*, Basic Books, 1984, pp. 1950-1980.

出来。东欧国家在二战后受到苏联的影响，加入了苏联的社会主义阵营。因此，苏联和东欧等前社会主义国家在政府干预下建立起了覆盖绝大多数人的包括养老服务制度在内的社会福利制度，使居民的贫困状况得以改善，满足了居民的基本生活需要，但与西方工业国家相比，前社会主义国家无论是居民的生活水平还是社会福利水平都相对较低。

前社会主义国家的社会福利主要是与雇佣关系挂钩。社会主义国家中，共同劳动是一个核心要素，并确保全民都有工作。不同于西方工业国家建立失业保险来应对经济萧条时期人们的失业风险，而是为每位公民提供工作，共同生产社会产品，这一方式让绝大多数人脱离贫困。但到20世纪80年代，随着经济出现波动，对工人数量的需求下降，为保证绝大多数工人不失业，只能采用低工资策略维持工人的就业。此时，苏联约有20%的劳动力为属于低产出的劳动力。随着前社会主义国家的解体，保障绝大多数工人不失业以及与就业挂钩的相关社会福利也随之瓦解。很多低产出的企业倒闭，失业率直线上升，很多前社会主义国家投入大量资金用于失业津贴。①

前社会主义国家通过补贴的方式来支持养老服务，一方面以补贴在岗职工的方式补贴他们的家庭，为有工作的人们提供养老金及相应的服务设施，减轻家庭养老负担；另一方面通过补贴居民家庭来提高全民的生活水平。数据显示，20世纪80年代末，前社会主义国家居民家庭收入的很大一部分来自政府的补贴，其中匈牙利居民家庭收入的三分之一来源于政府补贴，苏联的这一比例为15%。然而，这种补贴给政府带来了沉重的负担。此外，前社会主义国家政府干预包括养老服务在内的社会服务提高了居民的物质生活水平，但并不意味着

---

① United Nations，*Report on the World Social Situation*，New York：Author，1993.

前社会主义国家居民生活水平令人满意。前社会主义国家追求经济发展有的是以牺牲公民福利为代价的，例如发展工业过程中大面积的环境污染，工厂安全标准低和保护措施的缺乏而造成的高事故率，都损害了公民的福利。在这种特定的意识形态下，政府对养老服务的影响嵌入到整个社会福利模式中，意识形态决定了养老服务的供给对象、供给方式甚至是养老服务模式，但随着前社会主义国家解体，养老服务模式也随之解体。

（三）第三世界国家的政府推力

第三世界国家主要是指发展中国家，包括亚洲、非洲、拉丁美洲国家，经济发展水平远低于西方发达国家。在第三世界国家中，亚洲国家的经济水平相对较高，非洲国家经济水平最低。第三世界国家政府推行社会福利政策，有的国家有积极结果，有的国家并未成功。20世纪五六十年代，很多发展中国家的政府开始将西方社会福利措施引进自己国家，尽管这种做法有利于发展中国家现代化转型，但照搬西方国家社会服务政策在某些发展中国家并不适用，也没有给大多数居民带来福利[1]。

20世纪五六十年代，发展中国家学习西方国家养老保险方案建立起养老保险制度，但西方养老保险制度是建立在现代经济中雇员的正常雇佣工资的基础上，发展中国家照搬西方国家养老保险制度，将绝大多数农民和部分城市非正式就业部门的工作人员排除在外，这一制度仅惠及小部分人群。数据显示，非洲国家中养老保险的覆盖率从冈比亚、尼日尔的1%到埃及的22%、突尼斯的24%不等。南美洲国

---

① MacPherson S., *Social Policy in the Third World*: *The Social Dilemmas of Underdevelopment*, Rowman & Littlefield Pub Inc., 1982.

家中，玻利维亚、哥伦比亚、厄瓜多尔、危地马拉、尼加拉瓜、秘鲁有三分之一居民被养老保险覆盖，多米尼加共和国、洪都拉斯、巴拉圭等国养老保险覆盖率低于 15%。同时，这些国家养老保险管理相对混乱，人员冗杂、效率低下，很多项目管理费用的支出占项目总支出的 10%，而这一数据在欧洲仅为 2%。在养老服务方面，发展中国家建立起了一些居住设施为小孩、老年人、残疾人服务，但昂贵的项目使得其仅仅惠及小部分弱势群体。

并不是所有发展中国家都照搬西方模式，部分发展中国家根据本国实际探索社会服务。在国际卫生组织的帮助下，部分发展中国家努力提高人们基本健康水平，政府强有力的干预满足了居民基本生活需求。在孟加拉国，1980 年仅有 42% 的居民饮用水是安全的，到 1995 年，这一数字提高到 92%。在经济落后的情况下，政府推行强有力的社会政策对社会福利的发展有重要作用，但由于财力有限，缩减政府开支对发展中国家社会福利会产生很大影响，甚至出现福利倒退的现象。

总体而言，第三世界国家和地区积极探索推行养老保险，只有少数国家和地区探索养老服务的推行。在非洲和南美洲国家，养老服务集中在建立养老服务设施上，惠及人群较少。由于经济极为落后，发展中国家政府财力有限，特别是非洲国家，重点集中在解决人们的基本生存需要上，对包括养老服务在内的社会福利的探索主要是学习西方发达国家的模式。

二、养老服务模式转型的社会推力

19 世纪，经济发展改善了工人的社会福利，但并没有改变社会环境，工人的工作环境依然较差，工资较低，经济萧条期失业率非常高，贫困人口较多，犯罪率高，这些情况在欧洲和北美很普遍。因此，工人们组成团体，要求改善工作环境，提高福利。在英国和斯堪的纳维亚国家，工人阶层运动给政府施加压力，自下而上推动了实施社会福利的政治程序，而德国是领导者担心社会动荡，自上而下推进实施社会福利的政治程序。

（一）工人运动及其影响

英国是世界上最早完成工业革命的国家，19世纪，英国工人被称为人数最多的社会群体，以往农民依靠丰收来获得安全感，工人的生存状态和命运与工业经济的波动息息相关。在遭遇解雇风险时，工人只能依靠教会救济或住进劳教所来维持基本生存需要，然而1834年《新济贫法》颁布后，救济条件更加苛刻，于是工人们不得不相互帮助渡过难关。英国的工人运动以工人自助组织为特征。工人自助组织不同于传统的救助方式，有三种形式：一是扩大"社会运动"的范围，在组织内部推行健康保险等，在组织内部为工人分担风险，受到工人欢迎，组织迅速壮大。二是贸易联盟运动，起初主要是为了争取更好的工作环境，对工作安全等提出要求，后来发展为英国下议院的工人代表，为工人们争取权利。三是合作运动，19世纪上半叶只是小规模的合作运动，19世纪40年代后，合作运动不断发展壮大。除此之外，工人自助组织还提供各种各项社会服务。

（二）自下而上的养老服务模式转型

英国和瑞典是两个典型的自下而上建立社会福利制度的国家，这两个国家的工人运动与工人团体对社会福利制度的建立产生了深远的影响。

19 世纪，英国工人自助组织的发展经历了三个阶段①：第一阶段为 19 世纪初到 19 世纪 30 年代，工人自助组织主要为地方性小型组织，包括疾病俱乐部、储蓄俱乐部和贸易联盟，但此时工人自助组织相对弱小，主要是遭遇了三方面的阻碍：一是工人自助组织未获得合法地位，不被法律承认；二是雇主敌视工人自助组织；三是政府的怀疑态度。第二阶段为 19 世纪 30 年代到 19 世纪 70 年代，工人自助组织成倍增长，并呈现出多元化特征。1842 年，英国掀起宪章运动，标志着英国无产阶级开始作为一支独立的政治力量登上历史舞台，开始同资产阶级进行权力斗争。英国宪章运动构成欧洲三大工人运动之一，这一工人运动推动工人自助组织的发展壮大。这一阶段有地方俱乐部、合作组织、土地互助团体、建筑互助团体、全国互助团体分部、协会、便士银行等，也有永久性的、部分全国性的贸易联盟形成，但仍然受到法律的限制和雇主的敌视。第三阶段为 20 世纪 80 年代到 1914 年，各领域贸易组织的壮大和持续性运动。这一阶段地方俱乐部、消费者合作组织、全国互助团体分部、全国性贸易联盟进一步发展，议会中有劳动者代表、劳动党，并形成了新工会主义，其中全国互助团体分部的扩大受到了政府福利立法的挑战，而新工会主义成为各方都能接受的一种方式，既获得立法支持、免费劳动力支持，还与雇主联合。从英国以工人自助组织为代表的工人运动来看，英国工人运动推动了社会福利进程，通过自下而上的方式，由地方性工人自助组织发展到全国性贸易联盟，从工人自助组织几项内部福利发展为立法承认的多样化的福利，将立法、雇主、政府三种阻碍因素转变为促进因素。

_____

① Porter J. H., Working-Class Self-Help in Nineteenth-Century England, Routledge, 1997.

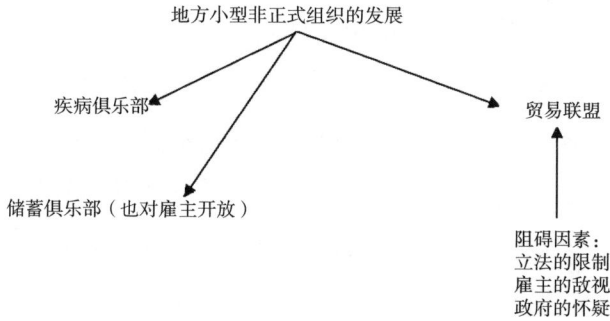

图 4-1　1800—1830 年地方小型非正式工人自助组织的发展

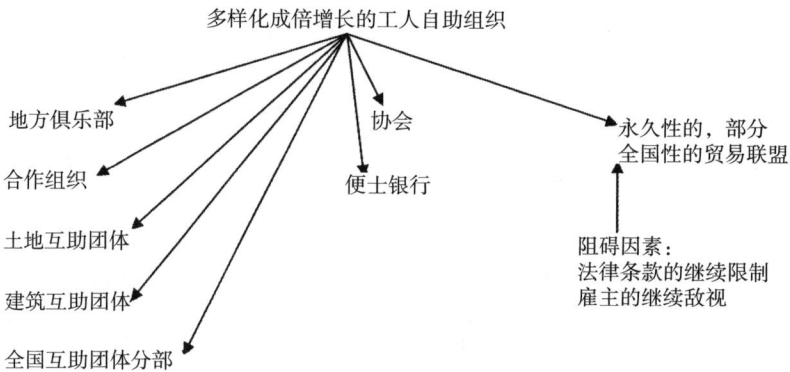

图 4-2　1830—1870 年多样化成倍增长的工人自助组织

　　瑞典"从摇篮到坟墓"的社会福利体系是在瑞典社会民主工人党执政时期建立的。瑞典社会民主工人党成立于 1889 年，最初是工人运动中的一个政治团体，保持着和工会的密切关系。瑞典工人运动的目标从一开始的普选权、组织工会的权利和言论自由权等发展为福利政策（包括基本医疗保健、教育、老年人护理），再到追求平等。瑞典社会民主工人党从领导工人运动到成为执政党，执政后将瑞典建设成福利国家，体现了自下而上的社会福利进程。工人运动贯穿着瑞

各个领域贸易联盟的壮大和持续性运动

地方俱乐部

消费者合作组织的发展

全国互助团体分部的进一步发展

政府福利立法的挑战

全国性贸易联盟的发展

议会中的劳动者代表

劳动党

新工会主义（联合主义）

促进因素：
雇主的联合
免费劳动力
立法支持

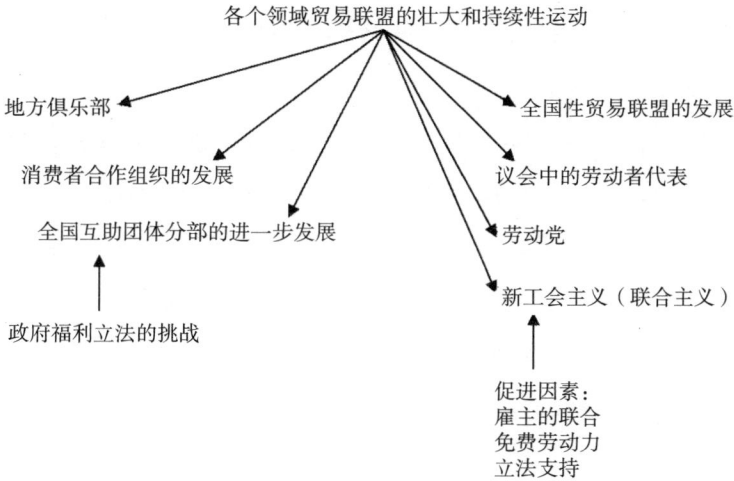

图4-3 1880—1914年各个领域贸易联盟的壮大和持续性运动

典建立福利国家的始终，并成为其建立福利国家的动因。

（三）自上而下的养老服务模式转型

德国是自上而下建立福利制度的国家。德国现代社会保险制度是由俾斯麦政府建立的，标志着德国社会福利从传统向现代转型，建立现代社会保险制度的初衷是平息工人运动，让工人找到在原有社会分层坐标中的位置，并防止工人运动向社会主义运动发展。

早在1844年，普鲁士王国所属的西里西亚纺织工人就进行了起义，虽然这一起义被镇压，但它极大地推动了工人运动的发展，无产阶级作为独立的政治力量登上历史舞台，并与英国宪章运动、法国里昂工人起义共同称为欧洲三大工人起义。随后，1871年巴黎公社运动将工人运动推向高潮，巴黎公社运动的影响波及整个欧洲地区，因此德国工人运动高涨，产生了工人阶级政党，要求资产阶级政府解决社会问题。同时，德国家长制的传统决定了俾斯麦政府以家长的态度来解决工人运动，通过自上而下推行社会福利政策达到维护统治的目的，而不是通过镇压的方式。

由此可见，英国、瑞典、德国等工人运动都促进了社会福利制度的产生与发展，工人运动作为政治因素的一部分，也是养老服务及社会福利制度转型的一个必要条件，但并不是充分条件。例如新西兰和澳大利亚工人运动虽然活跃，然而执政党却固守选择性福利国家战略。除了经济因素和政治因素，包括文化因素在内的其他因素也会对养老服务转型产生影响。

第五章　养老服务模式转型的
文化推动因素

一、文化模式与福利模式的选择

（一）文化模式

不同的文化传统与基因决定了社会保障模式的选择。在养老服务领域，不同文化传统决定了养老服务转型后的落脚点。养老服务属于社会保障的一部分，不同文化传统的国家社会保障制度各异。艾斯平·安德森在《福利资本主义的三个世界》中根据去商品化①程度、社会分层与就业的不同，将福利国家分为三种类型：自由主义福利体制、保守主义福利体制和社会民主主义福利体制。不同福利国家类型意味着不同的文化传统。道格拉斯的文化理论认为对人们影响最大的是他们与他人的关系，人们所处的文化背景是影响他们行为选择和生活方式的重要因素，人们的行为往往具有文化合理性②。

---

① "去商品化"是指公民在必要时可以自由地选择不工作、收入或一般福利。

② Wildavsky A., "A Cultural Theory of Expenditure Growth and (un) Balanced Budgets", Journal of Public Economics, Vol. 28, No. 3, 1985, pp. 349–357.

文化理论的维度主要基于"我是谁"和"我要做什么"这两个问题。第一个问题主要说明了身份认同，个人与集团的关系是强关系还是弱关系，个人的决定多大程度上受到集团的影响。第二个问题是行为问题，个人是否受到文化中规则的约束，约束是少还是多，是单一还是多样性的。根据对两个问题不同回答，道格拉斯将文化分为四种类型：宿命论文化、集体主义文化、个人主义文化和平等主义文化（如表5-1所示）。宿命论文化表现为集团界限弱、规则多且多样；集体主义文化表现为集团界限强、规则多且多样；个人主义文化表现为集团界限弱、规则少且相似；平等主义文化表现为集团界限强、规则少且相似。

表 5-1 文化的四种类型

规则的数量与多样化程度	集团界限的强度	
	弱	强
数量多且多样化	漠不关心型（宿命论）	等级分明型（集体主义）
数量少且相似	竞争型（个人主义）	平等型（平等主义）

注：来源于道格拉斯文化理论（Douglas，1970；Douglas，1982），由威尔达夫斯基总结（Wildavsky，1985）。

在宿命论文化中，社会成员所遵从的决定完全取决于外部，是一种控制型文化。社会成员不能决定他们所处的环境，只能遵从。集体主义文化有分明的阶层制度，需要一种制度化的权威。集体主义文化中有不平等的存在，将劳动力分为不同等级，让不同等级的人们和睦相处，并要求社会成员牺牲自己为集体做贡献，将不平等合理化。个人主义文化表现出竞争的特征，集团边界模糊，容易形成新的联盟。其社会目标是形成自我管理、公平竞争的局面，要求机会均等，将外界干预最小化。但是个人主义文化中的社会成员追求的是个性化，而不是千篇一律，因而为了缩减社会差距，也需要一种进行再分配的权威存在。平等主义文化中，社会成员遵从的规则数量少，他们在完全自愿的前提下达成一致，抗拒权威。平等主义文化中削弱各种差异：种族差异、收入水平、男女不平等、父母子女的差异、老师与学生的差异等。以上每一种文化中的社会生活方式都需要一些要素支撑其运行，如竞争型的个人主义文化需要高于谈判的法律或契约的存在；等级森严的集体主义文化需要管理无政府状态的个人主义者、缺乏权威的平等主义者和冷漠的宿命论者；平等主义文化需要批判不平等的竞争、不公平的等级制度和缺乏参与的宿命论者；宿命论文化需要强有力的外部力量来控制社会成员的行为方式。

（二）福利模式选择

在不同文化背景下，发展社会保障制度的可能性略有差异，并对社会福利制度的形成具有显著影响。宿命论文化中，政府的作用类似于奴隶主，因而只要社会秩序得以维持，制度性的社会保障难以形成，且社会成员也仅仅是服从各种规则，没有为自己争取各种社会福利的意识。个人主义文化中，社会成员通过与他人竞争来获得生活资源，出现社会问题的责任由个人承担，政府较少干预个人生活，社会成员崇尚自由，较难形成制度性社会保障制度或者形成社会保障制度时间相对滞后。集体主义文化具有父权制特征，社会成员之间等级分明且他们接受这种等级差异，集体归属感强，他们牺牲自己为集体做出贡献并期待从集体中获得回报，其发展由国家主导的制度性社会福利制度的可能性很大。在平等主义文化占主导的社会中，社会成员对集体有非常强烈的归属感，他们认为集体应该承担他们的社会福利，因为出现社会问题的责任不在个人，而在于国家或社会，极可能形成社会保障制度。

结合艾斯平·安德森在《福利资本主义三个世界》中对福利国家的分类，将文化理论的四种类型特征进行分析总结，并列出代表不同类型文化的典型国家（如表5-2所示）。由于宿命论文化中个人完全服从规则，依靠自身难以满足基本生活需要，缺乏形成社会福利意识的条件，因而难以发展社会福利体制，更难以形成具体的养老服务体系，因而在下文的具体分析中忽略宿命论文化这一类型；个人主义文化崇尚自由，强调在竞争中获得生活资料，要求政府尽可能少地介入到社会成员的生活中，以个人主义文化为主导的社会形成的是自由主义福利体制，代表国家为美国、英国；集体主义文化中等级分明，要求个人服从集体，由集体来承担个人遭遇的风险，认为政府干预社会成员的生活具有合理性，发展福利制度是解决社会矛盾，实现社会控制的有效方式，因而对应的是保守主义福利体制，拒绝用激进的方式解决社会问题，代表国家为德国、日本；平等主义文化强调由社会承担社会问题的责任，社会为其成员提供生活保障并非是因为社会成员为社会做出的贡献，而是基于社会成员的公民身份，由国家为其社会成员提供平等的社会福利，属于社会民主主义福利体制，代表国家为瑞典、丹麦。通过梳理不同代表国家的养老服务制度发展历程，尝试解释不同文化类型对养老服务制度的影响。

表5-2 不同文化类型对应的福利制度与代表性国家

文化理论分类	特征	福利国家分类	代表国家
宿命论文化	个人完全服从规则，并未形成社会福利意识		
个人主义文化	竞争性强，崇尚自由，由个人承担个人遭遇的风险，市场成为社会福利的主要承担者	自由主义福利体制	美国、英国

续表

文化理论分类	特征	福利国家分类	代表国家
集体主义文化	等级分明，集体利益高于个人，社会福利是社会控制的工具	保守主义福利体制	德国、日本
平等主义文化	社会承担社会问题责任，为个人提供保障，国家具有很强的再分配功能	社会民主主义福利体制	瑞典、丹麦

二、美国养老服务模式的文化特色

个人主义文化中规则数量少且相似，集团间界限弱。个人主义文化强调竞争的重要性，认为个人可以通过竞争获取自己想要的资源，个人是承担社会风险带来损失的责任主体，国家不应过多干涉到私人领域，应该为个人提供足够的自由。在个人主义、自由主义文化占主导的社会中，由国家建立的统一的社会保障制度相对困难，相对滞后。美国社会是以个人主义、自由主义文化为主导的社会，虽然美国经济领先于德国，但其现代社会保险制度比德国晚了近 50 年。

（一）美国社会的主流文化

艾斯平·安德森指出，美国是劳动力商品化程度最高的国家，美国的个人主义表现为自由主义，强调通过个人努力将个人利益合理化。20 世纪 80 年代，社会学家霍夫斯塔德对全世界 IBM 公司经营者进行调查，结果显示，被调查者中美国的个人主义倾向最高（如表5-3 所示）。

美国早在殖民地时代（1647—1776 年）就奠定了个人主义传统。

美国有广阔的土地，只要自己努力劳动，就能维持基本生活及获得进入上层社会的机遇。因而不同于英国，大批贫困者申请救济，美国鼓励国民通过自身努力改变自己的境遇。美国只有极少数经受战争、疾病风险及从英国迁移的贫困居民需要救助。虽然在殖民地时代，大部分居民生活状况较差，但申请救济的居民极少，他们认为贫困及其他社会问题是由个人性格上的缺陷造成，应该通过自己努力解决，否则应遭受惩罚。1776年，美国独立，作为一个移民国家，移民到美国的人民都希望摆脱自己原国家的宗教、社会枷锁，获得自由，使得美国成为一个崇尚自由的国家。在1800年选举中，托马斯·杰弗逊获胜，他强调弱化联邦政府作用，强化州政府和地方政府的作用，这一思想一直延续至今。1830年，托克维尔把美国的民族精神归结为个人主义①。19世纪哲学家赫伯特·斯宾塞将达尔文的进化论引入到社会领域，著名社会学家威廉姆·萨姆纳也极力推崇进化论思想，他们认为人类社会与自然界类似，需要通过竞争获取生存资源，在竞争中占有有利地位的人更容易适应社会，从而生存下来。如果政府对竞争中处于劣势地位的人实施保障措施，不符合优胜劣汰规则，违背规则将不利于社会正常运行②。这一思想对美国的个人主义、自由主义产生了重大影响。

伴随美国工业化进程，在经济快速发展的同时，各种社会问题凸显，建立社会保障制度成为一种趋势。1912年，主张"新自由主义"的威尔逊在总统选举中获胜，击败了主张建立政府主导的社会福利体系的罗斯福，说明这一时期，个人主义占绝对优势，人们对个人主义

---

① Rimingler G. V., *Welfare Policy and Industrialization in Europe*, *America and Russia*, John Wiely & Sons, 1971, p. 62.

② Rimingler G. V., *Welfare Policy and Industrialization in Europe*, *America and Russia*, John Wiely & Sons, 1971, p. 49.

深信不疑，认为建立政府主导的社会福利体系就会失去独立的人格①。在 1935 年之前，美国引入的社会保险制度中只有工伤保险制度取得了成功（健康保险、失业保险、老龄年金均以失败告终），主要原因是工伤保险制度保障了雇主利益，有利于保护人力资本，提高效率，也是个人主义的一种体现，并非出于社会连带责任。经历了1929—1933 年大萧条，美国居民处于恐慌之中，1935 年《社会保险法》的颁布，才得以建立起现代保险制度。但随着社会保障的发展，个人主义和自由主义依然影响着美国的社会保障制度。

表 5-3　世界主要国家或地区个人主义的价值取向（以 1980 年为基准）

排序	国家（地区）	个人主义分数
1	美国	91
2	澳大利亚	90
3	英国	89
4/5	加拿大/荷兰	80
6	新西兰	79
7	意大利	76
8	比利时	75
9	丹麦	74
10/11	瑞典/法国	71
15	德国（西德）	67
21	印度	48
22	日本	46
26	阿拉伯地区	38
39/41	西非国家、新加坡、泰国	20
43	韩国	18
44	中国台湾地区	17

数据来源：Hofstede, Culture and Organization, New York：MacGraw-Hill, 1997：53。

---

① Rimingler G. V., *Welfare Policy and Industrialization in Europe*, *America and Russia*, John Wiely & Sons, 1971, pp. 65-66.

宗教也在美国文化中占有重要地位。1776 年美国建国时仅有17% 居民有宗教信仰；1850 年，信仰宗教的居民翻倍；20 世纪初，信仰宗教的居民超过一半；目前，这一数据达到 60%。这与美国历史密切相关，美国作为移民国家，美利坚合众国成立之初居民宗教信奉率低，主要是因为他们为了摆脱原有的宗教束缚，追求自由。同时，美国的建国者在法律中规定了居民享有宗教自由，联邦政府和州政府不得干预教会组织。在美国社会保障，特别是社会救助中，教会一直发挥着重要作用，在应对工业化带来的危机之初，美国坚持着个人主义传统，由慈善组织来进行社会救助，其中，宗教机构是从事慈善活动的重要团体，虽然各个教派观点不同，但救济贫困一直是各个教会提供社会服务的重点。

在美国的社会保险发展早期，社会保险与社会救助是分离的两个体系，养老服务被纳入到社会救助体系中。虽然早在 19 世纪末，美国就出现了一些非营利性组织，如天主教慈善会、路德会、美国红十字会等，为贫困者提供养老服务。直到 20 世纪 60 年代，政府才开始给予这些非营利组织部分资助。此后，非营利组织迅速增加，直到 70 年代经济危机。20 世纪 90 年代，政府进行福利改革，减少了对贫困者的现金救助，增加社区养老服务。美国布什、克林顿、奥巴马总统都对非营利机构供给养老服务给予资金支持。除了非营利组织外，营利性企业也是养老服务的供给主体，与非营利机构进行竞争。

美国政府对养老服务干预相对较少，而且水平较低，主要受美国个人主义文化影响，提倡个人自由和有限的政府。与经济发达国家相比，美国政府在社会福利方面的公共支出占 GDP 比例远低于其他发达国家。表 5-4 列出了 2012 年到 2016 年间部分 OECD 国家社会福利方面的公共支出占 GDP 比重。美国的社会支出占 GDP 比重低于

OECD 平均水平，也低于英国、德国和瑞典。

表 5-4　2012—2016 年部分 OECD 国家社会福利方面的
公共支出占 GDP 的比重　　　（单位:%）

国家/年份	2012	2013	2014	2015	2016
美国	18.79	18.82	18.81	18.95	19.32
德国	24.56	24.76	24.85	24.96	25.29
英国	22.50	21.87	21.58	21.5	21.49
瑞典	26.70	27.39	27.14	26.68	27.06
OECD 总	20.97	21.12	21.07	21.00	21.03

注：数据来源于 https：//data. oecd. org/socialexp/social-spending. htm#indicator-chart。

（二）美国社会的文化特色与养老服务模式的发展

1. 20 世纪 60 年代前美国养老服务

20 世纪 60 年代前，美国养老服务是由教堂、民间慈善组织与非营利组织构成的私人养老服务供给体系。

早在殖民地时代，美国的养老服务主要由教堂、非营利组织（包括大学、医院）来提供，主要是救济贫困、患病且没有家人照料的老年人，主要目的是济贫。在地方教堂、非营利组织的养老服务中，政府很少给予资金支持，特别是联邦政府几乎不干预，主要依靠教堂、非营利组织自身制定各项政策，资金来源于私人捐款、收费及极少的公共部门补助。早期需要申请老年服务救助的老年人相对较少，养老服务以机构养老服务为主，运转良好。19 世纪初，美国开始工业化进程，工业化带来了社会转型与家庭结构的变化，贫富差距拉大，贫困老年人数量增加。随着更多女性进入劳动力市场以及离婚率的增加，造成家庭照料资源减少，社会养老服务需求增加。此时，美国慈善组织迅速发展，应对工业化带来的老年照料风险。美国的慈善组织的出现受到了英国的影响，1877 年美国牧师格尔庭（Gurtee）在考察了英国慈善组织后，在美国建立起第一个慈善组织，随后，慈善组织在各个城市建立。慈善组织协会有三个假设：一、贫困的原因是贫民自身道德或性格缺陷，而不是社会结构的矛盾；二、认识自身性格缺陷并努力矫正是解决贫困的途径；三、需要多种慈善组织协作才能完成脱贫的目标①。慈善组织无差别地提供公共救济，认为应该根据老年人的不同给予不同的帮助。伴随工业化的推进，慈善组织发展壮大，并在 19 世纪末兴盛起来，这也将养老服务引向由民间组织负责的道路。从 20 世纪 40 年代开始，美国进入了老龄化社会，到 20 世纪 60 年代，美国的老龄化加速②。随着老年人口增多，养老服务需求激增，全部由教堂、非营利组织承担的养老服务面临困境。

直到 20 世纪 60 年代，美国的养老服务仅仅局限于为贫困老年人提供养老服务，而欧洲福利国家已建立起待遇丰厚的由政府主导的福利体系，与欧洲国家相比，美国福利发展落后。美国个人主义和自由主义文化影响了美国养老服务模式，强调个人自由、有限的政府，因而既没有建立起由政府主导的救助体系，政府也没有给予非营利组织丰厚的资金支持，奠定了美国早期养老服务以民间救济为主的模式。慈善组织、非营利组织相对于欧洲由国家主导的养老服务体系而言，属于个人主义方式应对养老服务。而从美国政府对养老服务的支持来看，主要表现为政府出资建立了一些精神病院，既为精神病患者提供治疗，也接受部分贫困老年人。精神病院救济的贫困老年人十分有

---

① ［韩］朴炳炫：《社会福利与文化——用文化解析社会福利发展》，高春兰、金炳彻译，商务印书馆 2012 年版，第 81 页。

② Stone, Leroy O., Fletcher Susan, "Demographic Variations in North America", in North American Elders: United States and Canadian Perspectives, Edited by Eloise Rathbone-McCuan and Betty Havens, Westport, CT: Greenwood Press, 1988, pp. 9–36.

限，而且是将贫困老年人视为有缺陷的人对待。1935 年《社会保险法》通过后，联邦政府停止资助公共养老机构，1950 年取消了联邦政府停止资助的规定。美国慈善组织的假设中明确提出，贫困是因为个人道德或性格缺陷所致，凸显了美国个人主义文化。此外，宗教对美国早期的养老服务也产生了重要影响。从殖民地时代开始，教堂是提供机构养老服务的重要来源，主要受到了宗教济贫教义的影响。随着美国独立，"拼命捐款"的思想促进了教堂救济的进一步发展，为教堂提供了丰富的物质资源。

2. 20 世纪 60 年代到 80 年代末美国养老服务体系

该时期内美国以机构养老服务为主，分为公共资助与个人支付双重体系，政府投入增加，营利性企业进入养老服务领域并占有重要地位。

联邦政府资助增加。从 20 世纪 60 年代开始，肯尼迪政府和约翰逊政府从联邦政府的层面进行改革，增加联邦政府的社会支出，社会服务快速发展并形成一定的体系，包括社区精神照料中心、新儿童福利中心、法律援助服务、家庭照料服务中心、毒品与酒精治疗中心等。其中，家庭照料服务中心主要为老年人提供养老服务。这些机构的大部分资金来自联邦政府，同时也要求州政府和地方政府予以配套①。之后，联邦政府的社会支出持续增加，而很多非营利社会福利组织的资金来源中私人捐款所占比例下降，20 世纪 60 年代以前以志愿主义为根基的非营利组织的特征发生变化②。尽管后来各届联邦政府都努力缩减对社会服务的资助，但公共资助仍然呈现持续增加的趋

---

① Bixby A. K., *Public Social Welfare Expenditures*, Fiscal Year 1995, Soc. Sec. Bull., 1999, pp. 62, 86.

② Smith S. R., Gronbjerg K. A., *Scope and Theory of Government-nonprofit Relations*, The Nonprofit Sector: A Research Handbook, 2, 2006, pp. 221-242.

势，直到 2008 年金融危机，这一趋势才发生改变。

服务方式以机构养老服务为主。1965 年，美国联邦政府推行了一个针对中低收入人群的健康照料项目——医疗补助计划（一）（Medicaid），Medicaid 的资金来源主要是税收，提供的相关养老服务有居家养老服务和临终养老院。同年，美国通过了老年人的医疗保险法案——医疗保险计划（Madicare），这一计划主要针对 65 周岁以上老年人，但在老年人长期护理服务方面资助极少，1988 年数据显示，Medicare 项目 789 亿美元的总支出中，只有 34 亿美元用于长期护理服务，占总支出的 4%。Medicare 不覆盖监视服务，无论是在家还是在机构，失能老年人不能被这一计划覆盖，只有 65 岁以上虚弱地、被确定需要专业护理并符合条件的老年人才能享受相应的服务。在 20 世纪 70 年代，社区居家养老服务就呈现出多种形式。但从养老服务支出来看，Medicaid 和 Medicare 对社区居家养老服务的资助都相当有限，从 1988 年的数据来看，Medicaid 和 Medicare 用于社区居家养老服务的资金分别为 33 亿美元和 26 亿美元，共 59 亿美元，而这两项计划中用于长期护理的费用为 259 亿美元。这一时期之所以对居家养老服务资助较少，主要是因为联邦政府的政策导向，联邦政府更倾向于资助机构养老服务，在美国历史上的诸多社会问题，包括贫困问题，都是采取机构服务的方式解决。在公共资助出现以前，机构照料是针对贫困者、无家人照料的残疾老年人的最主要方法，在 20 世纪 80 年代以前的几十年中，人们将长期照料的概念等同于护理院。

在机构养老服务的双重体系中，公共计划下的护理院养老服务质量较差。这一时期，美国养老服务形成的双重体系是依赖个人资源的机构养老服务和依赖公共支持的护理院。但正式的养老院照料价格非常昂贵，绝大多数普通老年人的收入无法支付养老院的费用，即便有机构养老服务需求，也无法实现，只有极少数富裕的老年人才有能力支付。而贫困的老年人需要由政府补贴才能进入护理院享受机构养老服务。政府补贴主要由联邦政府资助 Medicaid 支持，州政府和地方政府为了将费用转移到联邦政府，将老年人和精神病人从州资助的精神病院转移到护理院或者 Medicaid 支持的私人养老院中①。20 世纪 80 年代以前，Medicaid 下的机构养老服务资助仅仅针对非常少的一部分贫困老年人，当计划实施了 20 年后，需要这项服务的老年人数量激增，中等收入家庭的老年人先住进养老院将自己的收入花掉，让自己处于贫困状态，再申请 Medicaid 继续享受机构养老服务。而养老服务的质量与价格息息相关，由公共部门提供的救济式的机构养老服务通常服务质量很差，大多数机构难以为居住者提供满足基本健康和安全需要的服务，也难以达到联邦政府、州政府规定的照料的最低标准。这一时期，美国提供机构养老服务的护理院，被称为"死亡的仓库"，几乎所有的护理院都有严格的管理制度，绝大多数人没有基本的自由，70% 以上的人没有自己的隐私，禁止个人的任何选择，包括何时起床、休息，不允许拥有私人物品，每个人手腕上必须佩戴贴有自己姓名的手环。美国的护理院是一种医院式或者监狱式的环境，焦点集中在监护管理上，并不提供社会活动、心理治疗和改造式服务。为了管理护理院的老年人和其他人员，75% 以上的护理院居住者被使用治疗精神病的药品②。老年人进入救济式养老机构后，生理、心理都呈现更糟糕的状态。直到 1987 年，作为综合调和法案（Omnibus Reconciliation Act）的一部分，国会通过了护理院改革方案。护理院改革包括严格限制使用化学药品及人身控制，改善服务人

① Moss, Frank, Halamandaris, Val J., *Too Old, Too Sick, Too Bad: Nursing Homes in America*, Germantown, MD: Aspen Systems Corp, 1977, p. 107.

② Arluke A., Peterson J., *Accidental Medicalization of Old Age and Its Social Control Implications.* Dimensions: Aging, Culture, and Health, 1981, pp. 271-284.

员培训，保障居住者权益，提高机构养老服务质量等。由于以前护理院的规则并没有被推翻，这些改革方案难以奏效，直到1991年，这些方案都没有实施。

营利性企业进入机构养老领域并处于重要地位。20世纪60年代，其他国家由营利性机构提供养老服务几乎可以忽略不计，但在美国营利性机构提供养老服务非常普遍。由于政策支持和养老院的高利润，它逐步成为一些大型企业的投资热点，20世纪60年代末，大型商业机构投资养老院，成为最热门的投资项目。越来越多养老院被大型商业机构兼并或收购，20世纪80年代，大型公司已控制五分之二的养老机构，1985年，养老机构总利润的一半以上被排名前50的养老院获得，这50家养老院由两家大型企业控制。截至1989年，美国16000多家养老院绝大多数都是由营利性组织运营，为150万老年人提供机构养老服务。大型养老院功能多样化，包括诊疗、健康照料与家政服务。为了追求利润最大化，养老院更愿意提供价格昂贵的服务，而这些服务项目难以满足数以百万计慢性病老人的需求。养老院所需资金中，大约有一半来自政府，来自政府的部分中绝大多数来自Medicaid，而Medicaid中有63%用于资助养老机构的床位。然而这些机构如同超市一样，按照市场规则，主要是满足股东利益最大化原则，而不是满足老年人和其家庭的需要，最终影响了养老服务的质量、可获得性与可支付性。

从20世纪60年代到90年代，美国联邦政府和州、地方政府增加了对养老服务的资助，改变了之前主要由教堂、民间慈善组织与非营利组织构成的私人养老服务供给体系。这一时期，联邦政府建立了Medicaid和Medicare，分别覆盖贫困老年人的养老服务和65岁以上参保且身体虚弱的老年人的养老服务，资助的重点是机构养老服务。这一时期，机构养老服务呈现出双重体系，一部分是由公共财政资助的机构养老服务，以护理院为代表；另一部分是由个人付费的养老院服务。其中，护理院提供的养老服务质量差，类似于监狱式管理；而个人付费的养老机构提供的养老服务根据价格不同质量也有差异。此后，营利性企业进入养老服务领域，特别是大型企业在养老服务领域占有重要地位，但基于利润最大化原则，其更倾向于提供价格昂贵的高端养老服务，而这类养老服务难以满足绝大多数老年人的养老服务需求。公共养老服务质量差，越来越多的贫困老年人需要机构养老服务，使得 Medicaid 计划资金压力大，大型企业提供的高端个人付费养老服务难以满足绝大多数老年人养老服务需求，这些问题成为下一阶段养老服务改革的重点。

从这一时期养老服务的特点来看，主要受到了个人主义文化的影响，一方面，护理院监狱式管理，将住进护理院的贫困老年人当成是有缺陷的个体，剥夺了他们的自由，在护理院的生活必须完全服从安排。这一管理方式源于个人主义假设，即贫困是因为个性的缺陷，而不是社会的原因，因此，当个人无法承担生活所需时，会被当作病态的个体来对待，剥夺他们自由。另一方面，个人主义文化强调竞争，20 世纪 60 年代起，美国营利性企业进入养老服务领域，与非营利组织进行竞争，并且大型营利性企业在养老服务市场占有重要地位，通过市场化的方式供给养老服务，同一时期其他发达国家营利性企业供给养老服务非常少见，可见，个人主义文化影响了美国养老服务的供给方式。

3. 20 世纪 90 年代至今美国养老服务

美国社会养老服务体系主要包括护理院养老服务（Nursing Home）和社区居家养老服务（Home and Community-based Services），这些养老服务的资金来源主要由个人或家庭支付、医疗保险计划（Medicare）或医疗补助计划（Medicaid）、私人养老保险计划（Occupational Pension Plan）等。1997 年数据显示，在护理院养老服务中，个人或家庭是最主要的资金来源，其次是医疗补助计划。而在社区居家养老服务中，医疗保险计划是最主要的资金来源，承担了一半以上社区居家养老服务的费用。Medicare 是美国联邦政府医疗保险计划，主要负责 65 周岁以上老年人的医疗费用，资金主要来源于参保人的缴费。而 Medicaid 是联邦政府和州政府的合作计划，主要负责贫困家庭的医疗费用。由此可见，随着社会保险和养老服务的发展，两者有融合的趋势，医疗保险也承担部分养老服务费用（如表 5-5 所示）。从老年人需要照料的时间来看，养老服务分为短期照料和长期护理服务，相对而言，长期护理服务带来的资金压力较大。2014 年数据显示，医疗救助总支出为 4966 亿美元，其中近 25% 用于长期护理服务；在长期护理服务中，有 53% 用于社区居家养老服务①，说明联邦政府在对贫困老年人长期护理方面进行救助时，更倾向于选择社区居家养老服务。而护理院养老服务，即机构养老服务，首先由老年人个人或家庭承担相应的费用，如果老年人处于贫困状态，承担不起相应的费用，可以申请医疗救助计划。

表 5-5　1997 年美国养老服务的资金来源　（单位：亿美元）

	护理院养老服务	社区居家养老服务
Medicaid	242	43
Medicare	84	143
个人或家庭（自费）	300	55
其他联邦政府支持	7	17
州和地方政府支持	6	5
私人保险项目	4	3
总数	644	265

数据来源：House Ways and Means Committee，1998，Green Book：Background Material Programs under the Jurisdiction，p. 1057。

① 数据来源于 https：//www. medicaid. gov/medicaid/hcbs/index. html。

　　20 世纪 90 年代后，机构养老服务向社区居家养老服务转型，更加强调服务质量。20 世纪 80 年代末，由于越来越多老年人申请 Medicaid 计划，护理院床位紧张，Medicaid 面临财政危机。为节省费用，并尽可能满足需要养老服务的贫困老年人的需求，联邦政府开始从重点资助机构养老服务转向资助社区居家养老服务。1980 年，国会通过了长期护理改革项目，开始在 10 个地方进行以社区居家养老服务为主的长期护理服务试点，由老年与健康照料委员会（AoA & HCFA）[1] 给予资金支持。对社区居家养老服务的探索与政策支持的变化带来了 20 世纪 90 年代以来养老服务中心的转变，机构养老服务比重大幅下降，社区居家养老服务成为重点。数据显示，精神健康服务、社区养老服务支出从 1981 年仅占所有公共支出的 33% 到 2005 年占所有公共支出的 70%[2]。

　　政府补贴标准从费用转向质量。这一时期，各级政府对非营利性组织和营利性企业的合同资助不再是按费用进行补贴，而是质量导向型。各级政府与非营利组织和营利性企业签订养老服务资助合同，要求这些组织或企业必须达到特定的服务质量目标[3]。这对基于志愿主义的小型非营利组织而言是巨大的挑战，由于非营利组织主要依靠志愿者提供服务，很难满足提供养老服务的"职业标准"，在与大型企业进行竞争时处于劣势地位。但为了得到各级政府的资金支持，非营利组织也在不断提高服务质量以满足合同要求。

　　加强对养老服务从业人员培训，提高养老服务质量。从养老服务的从业人员来看，营利性企业需要花更低的成本雇佣养老服务人员，

---

① AoA：*Administration on Aging*，HCFA：*Health Care Financing Administration*，2012.

② NASMHPD（National Association of State Mental Health Program Directors），*FY 2005 State Mental Health Revenue and Expenditure Study Results*，2007.

③ Behn R. D.，Kant P. A.，*Strategies for Avoiding the Pitfalls of Performance Contracting*，Public Productivity & Management Review，1999，pp. 470–489.

降低成本以提高自身的竞争性。当各级政府的资助重心转向社区居家养老服务后，非营利组织和营利性企业雇佣更多的兼职服务人员（Part-time）以降低成本。养老服务人员工资待遇相对较低，超负荷工作且难有晋升机会。数据显示，20世纪80年代，有75%的养老服务工作人员是没有进行过技能培训的。在护理院和社区服务中心，有90%以上的服务人员为黑人女性。20世纪90年代起，由于政府补贴标准从费用向质量转变，无论是营利性企业还是非营利性机构都对服务人员进行了专业培训，提高养老服务的供给质量。在提供专业技能培训时，营利性企业更具优势，因为规模大，培训时更节省成本。

　　总的来说，这一时期，各级政府为节约成本，将资助中心从机构养老服务转向社区居家养老服务。为了保证养老服务的质量，各级政府将资助方式从基于费用转向基于质量，从而增加了非营利性组织和营利性企业的竞争，也对养老服务从业人员提出了更高的要求。此外，基于个人主义文化鼓励竞争的特点，通过鼓励非营利性组织和营利性企业竞争来争取政府资助合同，力图用最低的成本获得优质的养老服务质量。

4. 美国养老服务体系的发展

　　美国的养老服务体系早期是由教堂、民间慈善组织与非营利组织构成的私人养老服务供给，主要受到个人主义文化和基督教的影响。20世纪60年代，政府开始资助养老服务，并实施Medicare和Medicaid计划。但与其他发达国家相比，美国政府介入养老服务事业较晚，而营利性组织进入养老服务领域较早，主要是受到个人主义文化中鼓励竞争、减少政府干预思想的影响。此时，养老服务以机构养老服务为主，呈现双重体系特点，分别是由个人付费的养老院服务和由公共财政支持的护理院服务。护理院是美国独具特色的养老服务机构，由于个人主义文化认为出现贫困是个人缺陷所致，而不是社会问题，因而在护理院中实行监狱式管理，老年人被剥夺人身自由，进入护理院的老人被当作在市场竞争中失败的个体对待。到 20 世纪 90 年代，由于公共资助机构养老服务需求的激增，各级政府为节省开支，增加了对社区居家养老服务的资助，养老服务的重心从机构养老服务转向社区居家养老服务，并且强调服务质量。非营利性组织和营利性企业通过在服务质量方面竞争以获得政府的资助合同，这同样打上了个人主义的烙印，强调竞争和效率。

三、德国养老服务模式的文化特色

集体主义文化（阶层主义文化）中规则数量多且具有多样性，集团间界限强。在阶层主义文化中，社会成员的集体归属感强，集体成员遵循集体的规则，并期待集体为社会成员提供一定的保障，因而形成制度性社会保障的可能性很大。在阶层主义文化为主导的社会中，阶层分明，秩序明确，容易形成基于不同职业、地区差异化的带有组合主义特征的社会保障制度，这种社会保障制度具有不平等的特征。德国社会是典型的以阶层主义文化为主导的社会，同时，德国社会深受天主教影响，加之特定的历史背景，其养老服务制度嵌套在特定的文化背景中。

（一）德国社会的主流文化

德国经历了漫长的封建社会，在封建社会中形成了鲜明的等级制、父权制。在德国封建社会中，容克贵族制度极具代表性，反映了当时德国社会的特征。容克贵族起源于 16 世纪，在二战后消亡。容克贵族泛指普鲁士贵族和大地主，在这一制度中遵循长子继承权，只有家族的长子才能继承家族的封地和爵位，长子继承家业后，其他兄弟只能去寻找其他土地并通过决斗方式获得土地，并向普鲁士皇帝申请封号，在家族中形成长幼有序的状态。在容克庄园中，容克贵族中父亲、长子、次子等都是农场主身份，而雇农处于半农奴地位。雇农只要遵循与地主约定的规则，地主就会对雇农提供一定的保护。在德国封建社会中，君主具有绝对权威，臣民服从君主，雇农服从雇主，阶层分明有序。

1894 年颁布的《普鲁士市民法》中规定：（1）对不能独立维持生计的市民提供帮助和救济是国家的责任；（2）对不能拥有维持自己和家庭生存所必需的手段和机会的人，应该针对其所拥有的优点和能力，提供适当的工作岗位；（3）懒惰或正常性格的人，当其拒绝接受雇佣时，应该通过适当的控制方法，对其实施强制性或处罚性劳动；（4）所有地区的警察机构应该救济不能维持生存的贫民和陷入困境的人①。这些条款反映了普鲁士政府对贫民的态度，同时也反映了德国社会保障的特点：国家是社会保障制度的责任主体，国家有为贫民提供救助的责任，同时国家对居民进行社会控制，实施社会保障制度的主要目的是实现社会控制，维持社会秩序。

（二）德国的社会保险与社会服务

伴随着 1883 年颁布的《医疗保险法》，1884 年颁布的《工伤事故保险法》，1889 年颁布的《老年及残疾保险法》，德国成为第一个建立现代社会保险制度的国家，而英国和美国分别在 25 年和 50 年后

---

① G. V. Rimingler，*Welfare Policy and Industrialization in Europe*，America and Russia：John Wiely & Sons，1971，p. 94.

才建立现代社会保障制度。俾斯麦政府推动建立社会保险制度主要是解决工业革命后出现的新兴的阶级——工人阶级的问题，促成社会保险旨在应对工业社会的风险。随着工业革命兴起，工人力量日益强大，面对贫困、分配不公等社会问题，工人掀起工人运动，并演化为社会主义运动，俾斯麦政府（Bismarck）建立社会保险制度一方面为了抑制社会主义力量，另一方面为了安抚劳动者的不满情绪。因为德国社会保险制度的建立主要是出于社会控制的目的，自上而下建立的，为了将新兴的工人阶级置入原有的阶层体系中。因此，德国现代社会保险制度的建立受到了阶层主义文化影响。

19世纪80年代俾斯麦政府进行社会改革后，德国的社会保险与社会服务是一分为二的。现代社会保险制度的建立并不包含社会服务，主要原因是俾斯麦政府需要通过建立社会保险制度来解决工人问题，而社会服务的对象并不是工人，而是穷人和需要帮助的人，这部分人群并不是俾斯麦政府主要关注的人群。因此，德国的社会福利体系呈现出分离式的特征：建立之初社会保险由联邦政府负责，而社会服务则由地方政府负责；社会服务在早期是由非营利的社会服务机构来提供。因而，德国的社会服务是双重体系，将公共的或政府的力量与私人非营利社会机构紧密结合起来。在双重体系中，非营利服务机构占有非常重要的地位：（1）通过法律保护非营利服务组织，禁止商业型组织进入社会服务领域；（2）无论是公共组织还是非营利性组织，根据需要来确定财政补贴；（3）社会服务的管理体制是一种社团主义的方式，政府组织与非营利组织共同商定服务质量，报销水平等，即公民社会中的组织化利益参与到国家决策中；（4）辅助性原则确保了非营利社会组织在德国社会服务体系的重要地位。[1] 德国

---

[1]　Zimmer A., Smith S. R., *Social Service Provision in the US and Germany：Convergence or Path Dependency?* German Politics，Vol. 23，No. 1-2，2014，pp. 1-25.

社会服务的内容主要包括三个部分：婴幼儿服务、养老服务、健康照料。下一部分主要梳理德国养老服务发展历程及文化对其的影响。

德国养老服务主要依靠家庭，强调家庭是救济的第一提供者，如果家庭可以提供养老服务，则政府不予干预①。直到 20 世纪 80 年代，有 80%—90% 的老年人依靠家庭养老服务，主要由配偶或女儿提供照料②。随着人口老龄化加剧，离婚率上升，越来越多的女性进入工作领域，家庭养老服务遭遇挑战。德国的社会养老服务分为机构养老服务和居家养老服务。机构养老服务在 1961 年前主要是自愿福利机构为病残贫困且无家庭支持的老年人提供低质量的养老院服务。1961 年德国通过《社会福利法案》，对机构养老进行改革，鼓励在社区建养老院，养老院数量大幅增加。20 世纪 70 年代，由州、地方政府，福利组织和自愿机构共同出资着力改善养老院条件，除了救济部分贫困老年人，还为老年人提供有偿服务，由老年人支付服务费用。早期除了自愿福利机构为贫困老年人提供机构养老服务外，还有护士为贫困老年人提供居家养老服务。随后，自愿福利组织主要负责居家养老服务③。机构养老服务在有限的程度上缓解了家庭养老服务的压力，而居家养老服务在很大程度上缓解了家庭养老压力。1995 年，德国推行护理保险，用保险的方式实现养老服务，并且将养老服务与治疗分开，将参与医疗保险的所有群体纳入到护理保险中，让绝大多数老年人有能力支付养老服务。

---

① ［韩］朴炳炫：《社会福利与文化——用文化解析社会福利发展》，高春兰、金炳彻译，商务印书馆 2012 年版，第 153 页。

② Thiede R., *Die besondere Lage der älteren Pflegebedürftigen: Empirische Analysen und sozialpolitische Überlegungen auf der Basis aktuellen Datenmaterials*, Sozialer Fortschritt, Vol. 37, No. 11, 1988, pp. 250-255.

③ Dahme H. J., Hegner F., *Wie Autonom ist Der autonome Sektor? Zum Verhältnis von Staat und Freigemeinnütziger Wohlfahrtspflege bei der Umstrukturierung Ambulanter Pflegedienste*. Zeitschrift für Soziologie, Vol. 11, No. 1, 1982, pp. 28-48.

（三）德国社会的文化特色与养老服务模式发展

1. 19 世纪末到 20 世纪 20 年代德国养老服务

（1）19 世纪末到 20 世纪 20 年代，德国养老服务以非营利性组织和地方政府为主体的双重体系

德国现代养老服务制度可以追溯到 19 世纪末，出现了公共领域的地方政府与私人领域的非营利组织合作的特征。在新兴的工业中心，有一批慈善家、宗教领袖和中上阶层的人们建立了诸多自愿组织为贫困者及弱势群体提供服务，早期自愿活动大多安排在教堂中。这些早期的非营利组织奠定了社会服务私人供给的地方文化[1]。个人无法维系自身基本生活时，首先由小型社会团体介入，依靠民间自愿组织给予援助。同时，地方政府对贫困问题也非常重视，通过设定社会工作项目和成立针对健康、老年人、青少年的部门，来降低工业化带来的消极影响。可见，地方政府管理包括养老服务在内的社会服务的出发点依然是维持社会秩序与社会稳定。德国养老服务的主体是非营利社会组织，伴随它们不断发展壮大，其参与到地方社会政策制定和实施中。

早期德国养老服务乃至社会服务具有以下两方面特征，奠定了后期养老服务的发展与改革的基础：一是由地方政府这一公共部门和私人非营利性社会服务机构共同负责养老服务，其中，地方政府主要负责规划、管理等，具体服务主要由私人非营利性社会服务机构提供，并未让市场上营利性商业组织参与到养老服务中，与非营利性机构和地方政府形成竞争状态。无论是政府部门还是私人非营利性组织，都

---

[1] Zimmer A., Smith S. R., *Social Service Provision in the US and Germany*：*Convergence or Path Dependency? German Politics*, Vol. 23, No. 1-2, 2014, pp. 1-25.

同样可能获得财政补贴，保障其运营。二是社会政策的制定与实施采用法团主义的方式，地方非营利社会服务组织联合组成德国自由福利协会，参与到地方政府养老服务政策的制定过程中，逐渐发展成为主要养老服务供给者。德国自由福利协会与地方非营利性自愿组织的关系是垂直关系，即上下级关系，分工明确。德国自由福利协会为众多地方非营利性自愿组织提供保护，他们主要负责参与政府政策的制定、游说活动和与政府谈判，为非营利性自愿组织争取更多资源，而地方非营利性组织主要负责整合社会资源和提供养老服务。

这一时期，以民间自愿组织为主体的非营利性社会服务机构是最初的养老服务供给团体，地方政府在最初并未直接参与到养老服务的供给中。随着民间自愿组织的发展及养老服务（社会服务）需求的增加，地方政府开始参与其中，主要负责社会服务计划的制定、社会服务基础设施建设与资金资助。地方政府的加入主要是应对工业革命带来的各种社会问题，特别是贫困问题。德国政府介入社会服务的时间晚于建立社会保险的时间，主要是因为工业革命带来的最突出的问题是工人问题，且工人这一群体数量庞大，具有一定的威胁性。贫困问题相对而言并没有工人问题急迫与突出，因而政府介入相对滞后，而且由地方政府先介入。同为进行社会控制的手段，政府社会保险与社会服务有差异，且政府级别有差异。随着养老服务的发展，民间自愿组织发展壮大后形成了德国自由福利协会，作为非营利社会服务组织的代表参与到地方政府的社会政策制定过程中，这符合法团主义特征。

德国社会服务的双重体系，将以营利为目的的市场主体排除在外，排除了商业机构与地方政府部门和非营利组织的竞争，反映了德国不同于以美国为代表的充满竞争的自由主义文化。德国是保守主义文化，坚持阶层有别，上下有序，自上而下形成社会政策，认为国家有责任为公民提供保护，不同于美国鼓励公民通过竞争获取所需资源，解决社会问题的主体主要是个人。保守主义文化接纳其他文化较为困难，也相对较慢。德国经历了漫长的封建社会，其个人主义薄弱，主要遵循父权制、阶层制传统。包括养老服务的社会服务体系最初是由民间自愿组织负责，随后国家行政主体——政府（地方政府）进入社会服务领域，商业组织是被排除在外的。

（2）20 世纪 20 年代，联邦政府加入养老服务

20 世纪 20 年代，养老服务供给的双重体系升级到联邦政府层次，联邦政府设立福利机构管理养老服务，自由福利协会发展壮大，与联邦政府和地方政府共同制定养老服务政策，进行谈判商定待遇标准等，为非营利组织提供保护，争取更多资源。随着养老服务的发展，联邦政府介入是一种趋势，有利于从更高层次上整合养老服务资源。联邦政府并没有过多干预自由福利协会的工作，自由福利协会扮演着联邦政府设立的福利机构的合作伙伴的角色，双重体系的两大主体分工明确，在养老服务供给上履行自身职责[1]。德国养老服务体系如图 5-1 所示。

2. 20 世纪 20 年代至 70 年代初期德国养老服务

20 世纪 20 年代至 70 年代初期，德国养老服务扩张与"地方福利"模式开始奠定。

第二次世界大战结束后，很多国家建立了新的福利制度，如英国建立起了福利国家，德国在 20 世纪 50 年代也酝酿了社会改革，很多法案由于党派间无法达成一致而失败。这一时期在养老领域，仅通过了 1957 年养老金改革法案，引入现收现付制，并将养老金与工资增

---

① Heinze R. G., Olk T., *Die Wohlfahrtsverbände im System Sozialer Dienstleistungsproduktion：zur Entstehung und Struktur der Bundesrepublikanischen Verbändewohlfahrt*（in German），1981.

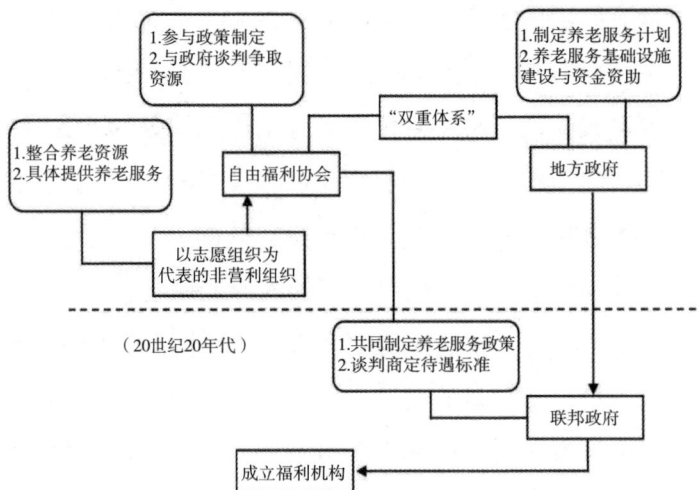

```
┌─────────────┐            ┌──────────────┐
│1.参与政策制定│            │1.制定养老服务计划│
│2.与政府谈判争取│           │2.养老服务基础设施│
│  资源        │           │  建设与资金资助 │
└─────────────┘            └──────────────┘
```

图 5-1　非营利组织和地方政府为主体的"双重体系"

长挂钩，提高了老年人的生活境遇。养老服务的改革在 20 世纪 60 年代末 70 年代初拉开。

20 世纪 60 年代末 70 年代初是德国社会福利扩张的全盛期，其中包括养老服务在内的社会服务是这场社会福利扩张的核心内容。19 世纪末现代养老服务发展之初地方政府就是养老服务的主要供给者，而到 20 世纪 60 年代末 70 年代初，得益于经济稳步增长，联邦政府、州政府都为社会服务的扩张提供了充分的经济资源，并不断发展地方政府主导的社会服务体系。1961 年，联邦社会救助法案颁布，奠定了"地方福利"模式的法律基础。

1965 年到 1974 年，联邦社会救助法案经过数次修订。在 1974 年联邦社会救助法案第三次修订案中，明确规定了提高养老服务待遇标准，放宽享受养老服务人群资格标准。这一时期的改革对提供养老服务人员进行培训，提高了养老服务人员的素质。1967 年，新的护工标准设定，对从事养老服务行业的护工提出了新的要求，并扩展到对社会工作者的标准设定，设立了专门的社会工作者学院，对社会工作者进行专业技能培训。此外，地方政府对养老服务的管理进行改革：首先，将养老服务管理人员分为室内的行政管理人员和户外的社会工作者。室内的行政管理人员主要负责处理养老服务的待遇标准等，社会工作者具体负责提供养老服务。这方面改革主要是为了提高社会工作者的社会地位，让他们在工作中发挥更多的自主权。其次，将部分养老服务管理机构设在社区，增进养老服务管理者和养老服务消费者的联系。最后，通过引入一般社会服务方法和整合社会管理机构不同分支的协作来改革注重案例导向的方法。

通过提高养老服务待遇标准，扩大服务享有人群；设立养老服务人员准入标准，并对养老服务从业者进行培训等改革措施，养老服务供给主体的地位发生了变化：地方政府在养老服务中所占比重上升，而自由福利协会的比重下降。地方政府通过设定养老服务标准和规划来限制自由福利协会的自治权①。享受养老服务人群扩大对自由福利协会的发展有利，但社会服务人员专业化要求的设定使得自由福利协会招募志愿者的难度增加，从而更加依赖政府的资助。自由福利协会也融入到"地方福利"体系中。

这一时期养老服务乃至社会服务的扩张主要依赖于经济稳步发展和主要党派、不同层次政府间达成一致。凯恩斯主义者"需求创造供给"带来了经济形势好转，20世纪60年代末，德国经济已位列世界第四，经济实力雄厚。1967年财政联邦主义改革提高了地方政府的财政地位，充足的财政支持也缓解了地方政府与自由福利协会之间

---

① Bönker F. & Wollmann H., *Incrementalism and Reform Waves: the Case of Social Service Reform in the Federal Republic of Germany*, Journal of European Public Policy, Vol. 3, No. 3, 1996, pp. 441-460.

的关系，地方政府给予福利协会大量资金支持。这一时期养老服务改革与其他国家特别是发达国家社会福利迅速发展密切相关，一方面，德国为了追赶其他经济合作组织（Organization for Economic Co-operation and Development，OECD）国家社会福利的发展；另一方面，其他国家社会福利的发展为德国改革提供了借鉴。这一时期养老服务改革主要借鉴了美国的经验，一是成立社区管理机构，二是培训社会工作者策略。

"辅助性原则"影响着这一时期养老服务改革，确保"地方福利"，当地方政府能够处理好养老服务发展时，联邦政府和州政府尽量减少干预，仅提供法律和经济支持。虽然保守主义文化对德国有深厚影响，在保守主义文化主导的社会中，是否接纳他国文化取决于该国文化的开放性程度。20世纪60年代末，德国已开始借鉴其他国家养老服务管理经验，打开了养老服务乃至社会服务改革的一扇窗，但依然深受保守主义文化影响。这一时期德国借鉴的仅仅是美国养老服务的管理经验，而非美国的自由竞争文化，直到20世纪90年代，德国才将营利性市场主体引入到养老服务领域。

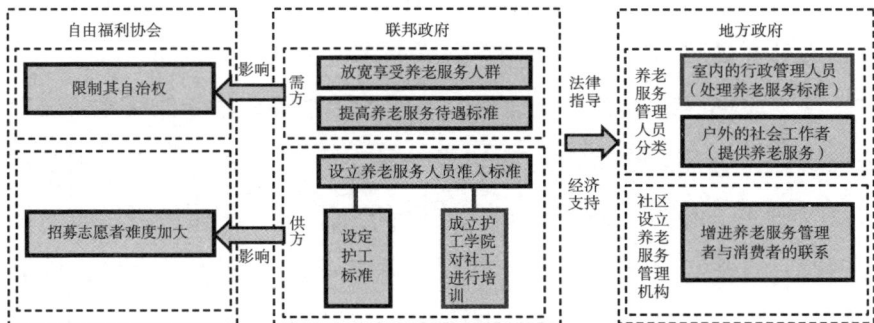

图 5-2　20 世纪 20 年代至 70 年代初德国养老服务的"地方福利"模式

3. 20 世纪 70 年代中期至 80 年代末期德国养老服务

20 世纪 70 年代中期至 80 年代末期，经济危机与政党执政致使养老服务扩张改革搁浅。

1975 年，德国颁布了《预算结构法案》，开启了预算紧缩时期，养老服务补贴大幅下降，预示着从 20 世纪 70 年代中期开始，包括养老服务在内的社会服务扩张政策中止。主要原因有两方面：一方面是由于受到 1973 年石油危机的影响，德国经济发展减缓；另一方面，联邦政府、州政府、地方政府关于资源分配的矛盾以及不同党派之争。从 20 世纪 70 年代中期起，养老服务享受对象标准更严格，养老服务待遇增长幅度不及平均工资增长水平，甚至在 1978 年至 1983 年间养老服务待遇下降，直到 1985 年新的养老服务待遇标准出台才提高待遇标准。

在面对财务压力的情况下，联邦政府、州政府和地方政府都希望将负担转移，其中养老服务最重要的承担者——地方政府坚决反对养老服务扩张。20 世纪 70 年代中期就提出的建立护理保险法案，但直到 1994 年才通过，也取决于这一时期不同政府层级和不同党派利益不一致。德国基督教民主联盟（the Christian Democrats，CDU/CSU）主张进行养老服务市场化改革，而德国自由民主党（the Free Democrats，FDP）则希望维持由政府组织和非营利自愿组织运营养老服务的局面。在此情况下，养老服务改革搁浅，发展停滞不前。

地方政府在面临财政危机和养老服务标准提高的双重压力下，重申"辅助性原则"①，希望将养老服务供给的主要责任委托给福利协会。20 世纪 80 年代，德国自助团体大幅增加。据估计，到 20 世纪 80 年代末，德国约有 2 万—4 万个提供养老服务的非营利性自助团体出现，地方政府给予经济及其他资源支持。同时，地方政府鼓励建立

---

① Bönker F., Wollmann H., *Incrementalism and Reform Waves: the Case of Social Service Reform in the Federal Republic of Germany*, Journal of European Public Policy, Vol. 3, No. 3, 1996, pp. 441-460.

社会服务中心，试图停止对虚弱老年人昂贵住院治疗服务的补贴，将他们安置在社会服务中心进行疗养。因此，社会服务中心快速增加，从 1977 年的 400 个增加到 1990 年的 2000 个。

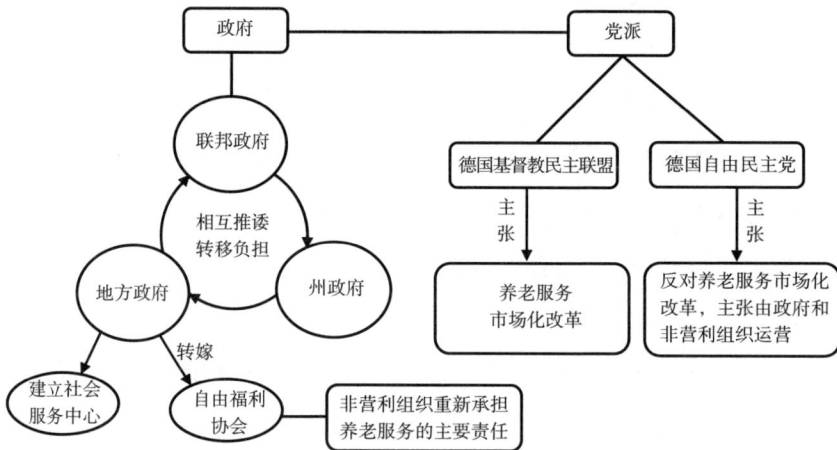

图 5-3 　"地方福利"模式解体与非营利组织重担养老服务最主要责任

4. 20 世纪 90 年代至今德国养老服务

20 世纪 90 年代至今，德国养老服务实行护理保险引入与营利性机构准入，养老服务供给主体多元化。

20 世纪 90 年代，德国养老服务进行了两项重大改革：一是 1994 年 5 月《护理保险法案》通过，护理保险成为德国社会保险的第五大支柱，于 1996 年 7 月 1 日实施；二是允许营利性企业进入包括养老服务在内的社会服务领域。这两项改革改变了德国养老服务格局，使得德国养老服务供给从过去的各阶级合作的社团主义结构向多元主义结构转变。

虽然在 20 世纪 70 年代中期，建立护理保险就被提上议程，但由于党派间意见分歧，直到 1994 年才达成一致。护理保险的实施将护理保险与养老服务结合起来，因为从 19 世纪 80 年代俾斯麦政府建立各项社会保险制度到 20 世纪 90 年代，仅在 20 世纪 80 年代出现了医疗保险基金可用于医疗服务，其余的社会保险项目都与社会服务项目严格区分。护理保险采用强制性保险的方式，用于抵御需要长期护理人群的财务风险，其中高龄老年人、失能老年人是护理保险的主要需求人群。护理保险仅用于支付护理费用，不包含医院治疗费用、床位费等，也不包括机构养老人群的衣食费用。护理保险要求参与医疗保险的人群必须参与护理保险，护理保险的给付采用实物给付与现金给付相结合，受益人可以在实物给付和现金给付间进行选择。护理保险的推行表明了养老服务发展扩张，它改善了需要照料老年人的生活境遇，同时，养老服务的需求也会随护理保险的实施增加。

现代德国养老服务从 19 世纪末发展到 20 世纪 90 年代，由地方政府和福利协会组成的"地方福利"模式一直占主导地位，随着营利性企业进入养老服务领域，这一模式被打破，养老服务供给主体呈现多元化特征：众多非营利性社会服务机构的上级组织福利协会丧失了原有的特权——"地方福利"模式中养老服务最主要最直接的供给者。随着营利性企业进入，福利协会需要与营利性企业竞争，其地位变为养老服务主要供给者之一。20 世纪 80 年代自助团体发展迅速，在 1990 年《儿童青少年救助法案》中，自助团体的身份得到了官方认可，自此自助团体也可以获得各级政府的资金支持并提供养老服务。随着营利性企业在养老服务中所占份额逐渐增加，地方政府控制养老服务能力被削弱。从 2001 年至 2009 年，无论是居家养老服务还是机构养老服务中，非营利组织和营利性企业所占比重较高，政府部门养老服务机构所占比例持续下降，非营利性养老服务机构也呈现下降趋势，而营利性企业所占比例上升（如表 5-6 所示）。在居家养老服务中，营利性企业是最主要的供给者，到 2009 年，营利性企业占 61.5%，政府部门所占比例极小。在机构养老服务中，非营利组织是最主要的供给者，占一半以上份额。

表5-6 居家养老服务三大供给方的描述性分析

年份	政府部门		非营利组织		营利性企业	
	数目	百分比	数目	百分比	数目	百分比
2001	204	1.9%	4897	46.2%	5493	51.8%
2005	193	1.8%	4457	40.6%	6327	57.6%
2007	191	1.6%	4435	38.5%	6903	59.9%
2009	195	1.6%	4433	36.9%	7398	61.5%

数据来源：Statistische Bundesamt（Pflegestatistik-Deutschlandergebnisse）；Liebig 2011：51ff，（in German）。

表5-7 机构养老服务三大供给方的描述性分析

年份	政府部门		非营利组织		营利性企业	
	数目	百分比	数目	百分比	数目	百分比
2001	749	8.2%	5130	60.0%	3286	35.6%
2005	702	6.7%	5748	55.1%	3974	38.1%
2007	635	5.8%	6072	55.1%	4322	39.2%
2009	624	5.4%	6373	54.8%	4637	39.9%

数据来源：Statistische Bundesamt（Pflegestatistik-Deutschlandergebnisse）；Liebig 2010，（in German）。

（四）不同时期德国的养老服务体系

德国是一个具有阶层主义文化传统的国家，俾斯麦政府在19世纪80年代推行现代社会保险制度，使得德国成为世界上最早建立现代社会保险制度的国家。但德国建立社会保险制度受到了阶层制、父权制文化的影响，认为国家应当为本国居民提供保障，提高他们抵御风险的能力。这一时期建立社会保险制度主要是将工人阶级这一新兴的阶级置入原有的阶级体系中，达到社会控制的目的。俾斯麦政府在建立社会保险制度之时并没有建立养老服务制度，德国的社会保险制度与包括养老服务在内的社会服务是严格区分的。

德国现代养老服务可以追溯到19世纪末，最初是由自愿性非营利组织负责，主要受到"补偿性原则"的影响：当个人可以实现自身目标时，其他组织不予以干涉；当个人无法实现自身目标，由小型组织先介入，以此类推。此后，地方政府进入养老服务领域，关注老年贫困问题，其出发点是维护社会秩序与稳定，体现了德国父权制文化特征，政府扮演家长的角色。随着自愿性非营利组织不断增加，德国自由福利协会得以成立，并作为众多自愿性非营利组织的上级机构与地方政府进行博弈，共同制定养老服务政策。由此，地方政府与领导众多自愿性非营利组织的自由福利协会构成了德国养老服务的"双重体系"。"双重体系"的形成是"辅助性原则"和父权制文化共同作用的结果。20世纪20年代起，州政府和联邦政府也参与到养老服务供给中，但直到20世纪70年代，一直维系着"地方福利"模式，在养老服务供给中，地方政府和福利协会是最重要的主体，依然是受到"辅助性原则"的影响。20世纪70年代中期起，受到经济危机和政党之争的影响，养老服务扩张计划中止。

德国阶层主义文化具有保守主义特征，养老服务发展近百年都保持了地方政府和非营利性组织提供养老服务的局面，并未引入营利性企业，说明德国缺乏饱含竞争精神的个人主义文化土壤。从20世纪70年代起，德国开始学习美国养老服务管理经验，引入社会工作者培训制度等，直到20世纪90年代，才将市场竞争机制引入养老服务领域，营利性企业与非营利性组织进行竞争，营利性组织在养老服务领域的市场份额不断扩大，成为养老服务领域最主要的供给者（如图5-4所示）。20世纪90年代德国养老服务的另一项重要改革是实施护理保险，将社会保险与养老服务结合。相对而言，德国是较晚将市场竞争机制引入养老服务领域的国家，主要是因为保守主义文化与具有竞争性的个人主义文化之间的冲突，但最终引入市场竞争机制是大势所趋，迫于养老服务需求不断增加带来的巨大的财政压力，营利性主体通过竞争降低了养老服务价格，提高了养老服务的质量与效率。

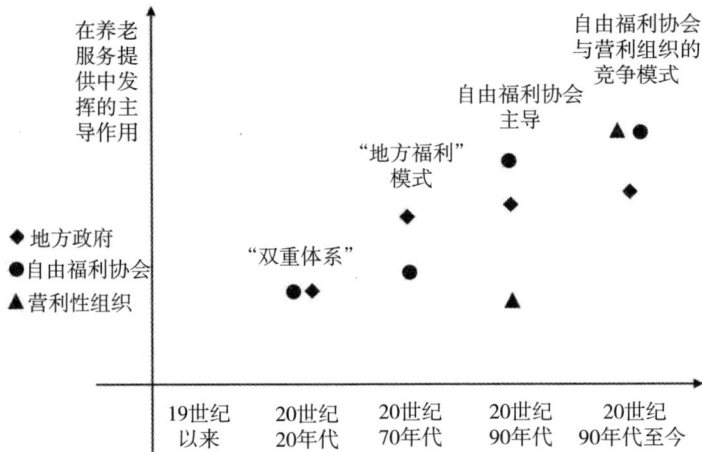

图5-4　不同时期德国的养老服务管理机制

四、瑞典养老服务模式的文化特色

平等主义文化中规则的数量少且相似，集体界限强。在平等主义文化中，社会成员是在自愿的前提下达成一致，他们对集体有非常强烈的归属感，抗拒权威，认为出现社会问题的责任不在个人，而在于社会自身矛盾，因而集体应该承担他们的社会福利。在平等主义文化中形成由国家主导的社会保障制度的可能性最大，且社会保障制度是基于全体社会成员的公民身份统一建立的。瑞典养老服务制度具有两个特征：一是普遍性，由公共财政提供给所有老年公民的养老服务。二是去家庭化，强调家庭成员保持高度的独立性。

（一）瑞典社会的主流文化

瑞典与其他国家相比更加平等，瑞典的平等主义文化可追溯到200年前的一系列平等分配的政策。早在18世纪晚期，瑞典进行了土地改革，从18世纪末开始，斯堪尼亚一小块一小块分散的土地被集中起来成为农场，19世纪初整个国家都发生了相似的变化。土地改革确定了土地拥有者的所有权，同时也确定了缴税主体，改变了原来农民向贵族承租土地的局面，防止租金上涨而引起的农民无法承担的情况出现。这次土地改革让每个农民都能分配到大约相同数量的土地，为更多的农民创造机会参与到经济生活中，通过平均分配土地增加了资源分配的公平性。土地改革提高了农业生产力，帮助贫困农民摆脱贫困。数据显示，1840年后瑞典农业部门的储蓄稳定增加[1]。19世纪初，瑞典耕作的土地是原来的两倍[2]。土地改革是瑞典平等主义文化的体现，并且通过土地改革提高了农民在土地分配和收入上平等性。

贸易联盟的出现增加了瑞典社会的平等性。19世纪末，瑞典开始出现贸易联盟，影响力最大的是瑞典雇主联盟（Svenska Arbetsgivare，SAF）和瑞典工会联盟（Land Sorganisation，LS），贸易

---

① Soltow L., *The Rich and the Destitute in Sweden*, 1805 - 1855: *A Test of Tocqueville's Inequality Hypotheses*, *The Economic History Review*, Vol. 42, No. 1, 1989, pp. 43-63.

② Olsson M., Svensson P., *Agricultural Growth and Institutions*: *Sweden*, 1700-1860. European Review of Economic History, Vol. 14, No. 2, 2010, pp. 275-304.

联盟作为一个集体代表雇员与雇主进行谈判，帮助缩小工资差距。一个国家贸易联盟运动越强大，其收入更平均，同时，一个国家贸易联盟越强大，其相对贫困水平更低①。瑞典的蓝领联盟的参与率在 20 世纪前 50 年迅速增长并达到 80%，白领联盟发展略有滞后，在 20 世纪 70 年代白领中有 80% 是白领联盟的会员。瑞典贸易联盟的出现与发展壮大促进了贸易联盟成员收入的平等性，从而推动了瑞典社会成员收入的均等性，促进了社会平等。

20 世纪 50 年代以来，瑞典社会福利扩张，并且实行积极的劳动力市场政策，鼓励居民就业，不仅对失业者提供培训，还进行劳动力在职培训和职业转移培训，预防失业，目标是实现充分就业。在积极劳动力市场政策的影响下，女性的劳动参与率大幅提高：1960 年瑞典女性劳动参与率为 34%，处于 OECD 国家的平均水平；1987 年，瑞典女性劳动参与率达到 48%；到 20 世纪 90 年代，女性劳动参与率达到 80%，是西欧国家的最高水平。女性的劳动参与率提高不仅促进了性别平等，同时推动了收入平等和社会平等。

瑞典的收入更加平等。基尼系数是反映收入分配公平程度的指标，数值越接近 0 表示越公平，瑞典从 1805 年到 1921 年基尼系数一直呈现下降趋势，Soltow 测算了 1805 年、1845 年、1879 年和 1921 年瑞典基尼系数，这一系数从 0.70 下降到 0.58。根据收入所得税来看，瑞典社会 10% 最高收入者的收入在 20 世纪前 80 年大幅下降，他们收入所占份额要低于其他国家的这一比例②。Rauhut 对瑞典 1918 年至 1997 年社会保障分配进行研究，认为这一时期社会保障分配有利于

① Bradley D., Huber E., Moller S., Nielsen F., Stephens J. D., (2003), *Distribution and Redistribution in Postindustrial Democracies*, World Politics, Vol. 55, No. 2, 2003, pp. 193-228.

② Roine J., Waldenström D., *The Evolution of Top Incomes in An Egalitarian Society*: *Sweden*, 1903-2004, Journal of Public Economics, Vol. 92, No. 1, 2008, pp. 366-387.

帮助最低收入群体缓解贫困。最高收入群体收入的减少和低收入群体贫困的缓解让瑞典社会收入更加平均，中等收入群体（中产阶级）与其他国家相比更多。Pressman 计算了 11 个西方发达国家中产阶级所占比例，平均值为 37%，其中美国和英国分别为 29% 和 32%，瑞典为 47%①。比较瑞典和美国 1960 年至 2010 年基尼系数，瑞典的基尼系数低于美国，从 1960 年到 1980 年持续下降，随后基尼系数上升的速度与美国类似（如图 5-5 所示）②。但总体而言，瑞典的基尼系数一直处于较低水平，2004 年至 2005 年，瑞典在 OECD 国家中是收入不平等水平排名倒数第二的国家，仅次于丹麦；2009 年至 2010 年，丹麦、斯洛伐克、奥地利的成人可支配收入的不平等性都要低于瑞典。无论是从近 200 年来瑞典实施的各项政策还是目前瑞典社会的状况来看，瑞典都受到平等主义文化影响，并且是一个相对平等的社会。

（二）瑞典社会的社会保险及其特点

瑞典政府早在 1891 年就建立了工伤保险制度，规定雇主为雇员的工作伤害负责。1913 年建立了国民年金制度，此时建立国民年金制度具有重要意义，瑞典 65 周岁以上的老年人占总人口的比例从 1850 年的 4.8% 增长到 1900 年的 8.4%，步入老龄社会。1916 年，瑞典通过了工业伤害保险，提供收入保障，按照收入损失的一定比例进行赔偿。1955 年，建立了全民疾病保险。人们误以为瑞典的社会保

① Pressman S., （2007）, *The Decline of the Middle Class: an International Perspective.* Journal of Economic Issues, 41 (1), 181-200.

② Gottschalk P., *Income Distribution in Sweden & the US*, Paper Presented at the Conference "Labor Market Policy and Job Creation: Swedish and US Experiences", organized by the US Embassy, Stockholm, 20 1997, May.

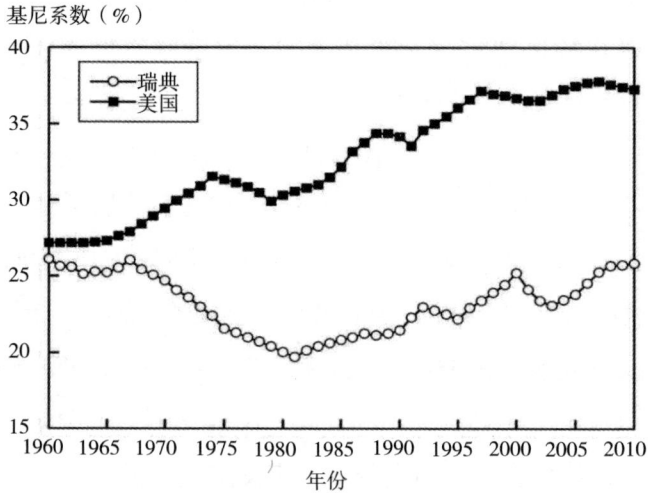

图 5-5 1960—2010 年瑞典与美国家庭可支配收入的基尼系数

数据来源：SWIID 4.0，Solt（2008）。

险制度是在 20 世纪 30 年代到 40 年代随着瑞典模式建立起来的，其实瑞典早在与德国俾斯麦执政同期就建立了社会保险制度，与德国不同的是，瑞典各项社会保险制度建立的时间前后相差 60 年，而德国的社会保险制度是集中建立起来的。

北欧模式又被称为斯堪的纳维亚模式，社会民主主义福利国家，主要是指瑞典、挪威、芬兰、丹麦等国实施的惠及全民的福利制度①。瑞典模式，既遵循北欧模式的特征，又具有一些独特之处，其中包括：混合经济制度、法团主义和雷恩—迈德纳劳动力市场模式。混合经济制度，即瑞典的经济制度是资本主义经济和计划经济的混合体。法团主义是一个领域内的组织通过协商达成一致，而其他国家大多是通过立法来实现，例如瑞典的劳动力市场组织就最低工资标准和

---

① Bergh A., *The Universal Welfare State*：*Theory and the Case of Sweden*，Political studies，Vol. 52，No. 4，2004，pp. 745-766.

工作环境达成一致。雷恩—迈德纳模式，是 1951 年以瑞典贸易联盟的两位经济学家的姓（Rehn-Meidner）命名，这一模式基于凯恩斯主义财政政策、工资增长政策、积极的劳动力市场政策和国家干预政策，建立随生产力发展而相应增长的工资制度，通过一系列社会福利政策，提高居民的信心以增加购买力，刺激需求增加，促进充分就业，并且通过税收政策进行收入再分配，促进收入平等。这一模式的目标是低通货膨胀率、充分就业、高经济增长和收入平等。

瑞典的养老服务政策受到瑞典模式影响并且也构成瑞典模式的一部分。瑞典的社会保险起初受到德国缴费式社会保险制度的影响，并且在 19 世纪 80 年代瑞典政体中，自由主义处于优势地位，社会保险制度只惠及南部有能力的劳动者，引起农民的强烈反对。1913 年瑞典通过《年金法》，养老保险制度惠及全民，并成为世界上第一个建立惠及全民年金制度的国家[1]。瑞典的全民年金制度与养老服务制度是分离的，全民年金制度出现得更早。受到平等主义思想的影响，瑞典的养老保险和养老服务都是基于公民身份的普惠型。瑞典的养老服务也具有代表性，被认为是提供普遍的、广泛的、平等的服务。

（三）瑞典社会的文化特色与养老服务模式发展

养老服务是瑞典的一项重要市政工作，是一项专门的照料服务。1918 年，新贫困法规定瑞典地方政府有为老年人提供服务的责任，这是瑞典社会养老服务的起点，随后发展经历了四个阶段逐步演变：第一阶段为 1918 年以前，第二阶段为 1918 年至 1949 年，第三阶段为 1950 年至 1989 年，第四阶段为 20 世纪 90 年代至今。其中 1950 年

---

① ［韩］金仁春：《瑞典模式——垄断资本和福利国家共存》，三星经济研究所，2007 年，第 39—40 页。

和 1990 年是两个重要的节点，瑞典的养老服务框架主要由其公共财政和人口条件决定，这四个阶段的每一个阶段都受到前一阶段影响，有一定的路径依赖，达到一个节点即转入一种新的路径。

1. 1918 年以前：家庭成员是最主要的养老服务供给者，地方政府负责贫困老年人的养老服务

在 1918 年之前，瑞典的养老规范是，成年子女在父母无能力实现自身赡养时提供相应的照料。当地政府负责没有家属的贫困老年人的照料，主要由减贫委员会负责。这一时期，农村养老服务主要有四种供给方式：一是由地方政府为老年人提供住处和食物服务；二是地方政府将老年人集中起来，由一部分为另一部分提供服务，并给予他们最低标准的生活需要；三是轮流服务，需要服务的老年人要从一个照料者家中搬到另一个照料者家中，每个照料者只提供一段时间照料服务；四是将贫困老年人安排到救济院或者贫民院，这里居住着各种类型不同年龄的贫困者，既有年轻人也有老年人，有慢性病患者也有精神病患者，酗酒者或者孤儿。总体而言，只有极少一部分老年人能享受公共养老服务，主要针对贫困老年人，而且提供的服务也属于低标准的。

20 世纪初，瑞典约有四分之三的人口居住在乡村。随着老龄化进程加快，越来越多的老年人需要公共养老服务。从 1850 年到 1900 年，瑞典 65 周岁以上的老年人从占总人口 4.8% 增长到 8.4%，同一时期，欧洲的英国和德国 65 周岁以上的老年人仅占 4% 以下。农村社区的财政负担越来越重，政府开始关注公共养老服务，并提出建立国民年金的预案。1913 年，瑞典国会决定建立全民年金制度，覆盖全体公民，从而成为世界上第一个建立惠及全民的养老保险制度的国家。由此，地方政府减贫的财政负担减轻。伴随全民年金制度的建立，新的养老服务政策呼之欲出。

　　这一时期的养老服务主要是家庭养老服务，只有无家属的贫困老年人由政府负责。这种养老服务模式与其他发达国家相似。而全民年金制度的建立受到了瑞典平等主义文化的影响，在瑞典，养老保险乃至社会福利是基于公民身份，只要是瑞典公民，都有权利享有。这一点与其他发达国家有显著差别，更加说明了在瑞典，应对社会风险的主体是政府或国家。

2.1918 年至 1949 年：老年之家的建立与发展，机构养老服务为主，养老服务覆盖全体居民

　　1918 年，新济贫法规定，当地政府有责任为老年人提供居住场所，居住场所必须符合一定的标准，类似私人房屋。其主要原因是 1913 年的全民年金制度缓解了地方政府济贫负担，地方政府有财力建设老年之家。老年之家主要为老年人提供食物、住宿和照料，即为老年人提供了避难场所。建设老年之家起初的主要障碍是，众多老年之家规模有限，难以为不同需求的照料者提供不同的照料，例如既有患有慢性病的老年人，又有患精神疾病的老年人，他们需求的服务有差别。另一个障碍是在许多小城市，老年之家居住的老年人很少，需要聘用专人来管理照料他们，这在劳动力流出的城市是非常困难的。

　　瑞典的持续城市化进程发生在内战期间，给老年之家的运营带来了更多困难。20 世纪初，全国四分之三的居民居住在农村，到 1940 年，城市居民超过一半，农村居民成为少数，有接近一半的农村只有少于 1000 名居民。1947 年，瑞典国会通过了老年之家的新的指导原则，改变了原先老年之家仅为贫困老年人提供服务的局面，规定老年之家为所有需要照料的老年人提供养老服务，不论老年人经济状况如何。另外，规定了老年之家的基本规模，不能少于 25 位老人居住，这样可以改善工作环境，招募到全职工作人员。在老年之家居住的老年人从接受政府救济的老年人变为需要养老服务的老年人，绝大多数老年之家的老年人都能住上单人间，条件得到改善。随后，国会规定，慢性病人的照料不再是地方政府的责任，而是由郡县一级委员会提供。

这一时期，瑞典的养老服务以机构养老服务为主，即老年之家。老年之家从 1918 年建立之初主要是为贫困老年人提供养老服务，到 1947 年国会颁布的老年之家新的指导原则将其服务群体扩大到所有需要养老服务的老年人，经费由地方政府负责。至此，瑞典不仅建立了覆盖全体公民的全民年金制度，还建立起覆盖全民的养老服务制度，社会福利范围不断扩大，并由政府买单，这体现了平等原则。此外，这一时期养老服务以机构养老为主，并没有引入社区居家养老服务，这与瑞典的传统息息相关。在瑞典农耕社会，除家庭养老服务外，机构养老服务根深蒂固。瑞典农村地区人口密度低，20 世纪 30 年代中期，伴随内战的发生，农村人口密度继续下降。大部分农村老年人居住在非常简陋的房屋中，甚至没有电和水，在这样的条件下，招募居家养老服务者非常困难。同时，大部分年轻人都进入城市劳动力市场，大量农村女性流入城市，加之瑞典的低生育率，农村家庭照料资源减少，居家养老服务者更难招募。因而在 1947 年改革中，并未提出发展居家养老服务的建议。1918 年至 1949 年瑞典的养老服务以机构养老服务为主是由其独特的社会背景决定的，也是当时最适合瑞典社会的一种养老服务方式。

3. 1950 年至 1989 年：居家养老服务成为最主要的养老服务方式

随着 1947 年老年之家的改革，需要养老服务的老年人数激增，而老年之家都是 20 世纪 20 年代至 30 年代修建的，难以为需要养老服务的老年人提供高质量的服务，养老服务的质量受到影响。20 世纪 40 年代后期，瑞典机构养老服务陷入困境，研究者开始关注这一问题，并认为只有老年人自己的家才能给他们真正的人生价值。1950

年，瑞典乌普萨拉市红十字会组织开始提供居家养老服务。居家养老服务解决了机构养老服务面临的三大难题：一是引入居家养老服务后，机构养老服务（老年之家）的需求下降；二是中年家庭主妇在劳动力市场竞争力较弱，但适合养老服务业，随着居民居住条件的改善，招募家庭主妇为老年人提供兼职服务解决了养老服务人力资源的难题；三是老年人满意度提高，与老年之家相比，济贫式养老服务的污名消除，在家中接受养老服务更便利，也更容易满足老年人需求。这一时期，养老服务的重心开始从机构养老服务向居家养老服务转移。

20世纪60年代中期，瑞典政府建立了一项特殊的补贴支持居家养老服务，从1969年到1978年，居家养老服务的享受人数呈上升趋势，且在1978年达到最高值（如表5-8所示）。瑞典居家养老作为一种新的养老服务形式流行起来，主要得益于低价雇佣家庭主妇为居家养老提供大量劳动力。到20世纪70年代中期，随着居家养老服务的需求量增加，对居家养老服务照料者的能力和受教育水平的要求提高，居家养老服务市场中家庭主妇的竞争越来越激烈，同时工资待遇有所提高，造成居家养老服务的价格上涨。

表5-8　1969—1987年瑞典享受居家养老服务人数

年份	人数
1969	223，557
1972	292，448
1975	328，552
1978	352，466
1981	346，543
1984	313，453
1987	314，204

来源于：Statistisk asbok 1972，1980，1987，1994，（in Swedish）。

与机构养老服务相比，居家养老服务是一种更节约的养老服务方式。虽然居家养老服务的价格随着其发展有所上涨，但政府给予居家养老服务的补贴较多，享受居家养老服务的老年人居住在自己家中，养老服务费用较低，住房补贴可以保证他们房屋的租金。然而，享受老年之家服务的老年人需要支付较高的费用，包括住宿、膳食和服务费，占退休金的 70% 以上。瑞典的机构养老服务有两种：一种是老年之家，另一种是护理院。老年之家由政府负责，而护理院由地方委员会负责。护理院仅维持低标准的养老服务，但由于护理院中员工密度更高，劳动力成本更高，与老年之家同样属于高成本。无论对于老年人还是地方政府而言，居家养老服务都比机构养老服务更经济。20世纪 80 年代，部分养老机构无法维系，终止提供养老服务，地方政府将需要服务的老年人从养老机构转移到他们自己家中，居家养老服务稳定发展并成为瑞典最主要的养老服务方式。20 世纪 80 年代享受居家养老服务的老年人数有下降趋势，但养老服务的内容更加丰富。

4. 20 世纪 90 年代至今：地方政府成为养老服务的主要承担者，"消费者选择" 有助于提供居家养老服务质量

20 世纪 80 年代末，随着居家养老服务价格上涨，费用越来越高，公共财政压力增加，同时，需要居家养老服务的老年人数剧增，居家养老服务面临挑战，各级政府致力于解决居家养老服务中出现的矛盾。第一步是允许老年之家的居住者申请国家补贴和住房补贴。郡政府对于老年之家和居家养老服务则持中立态度，地方政府（区政府）在组织养老服务方面有更大的灵活性与更多选择，仅由政府提供养老服务的时代结束。与之前规定不同的是，在 20 世纪 80 年代末，政府允许营利性企业进入养老服务市场，供给养老服务。

1992 年，瑞典实施了养老服务改革，规定政府是所有养老服务的唯一责任主体；地方政府负责在医院住院但没有治疗需求的老年人的费用；55000 名郡县委员会的工作人员成为政府雇员并承担养老服务的额外费用。从 20 世纪 90 年代起，瑞典养老服务进入新的时代，地方政府拥有更多责任，同时也意味着地方政府有更大的自由空间。

但瑞典高龄人口增长迅速，给地方政府财政带来较大压力。1990年瑞典 80 岁以上的高龄老年人较 1980 年增长了 40%，预计到 2020年，1940 年出生的一批人达到 80 岁时会出现高峰。65 岁以上的老年人平均余命会延长，对养老服务需求增加，需要养老服务的年限会延长，养老服务需求呈现持续增加趋势[①]。从 20 世纪 90 年代，地方政府负责养老服务以来，地方政府的财政非常困难。地方政府通过削减服务项目和制定更加严格的需求评估方案来减轻财政负担。在这种情况下，购买市场化养老服务的老年人增加。

20 世纪 90 年代以来，大约有 30 个市政府采用"消费者选择"的方式管理居家养老服务，提高了居家养老服务的质量。"消费者选择"意味着由享受养老服务的老年人自由选择养老服务的供给者，而不是由地方政府选择养老服务供给者。这样形成养老服务供给者之间的市场竞争，不是价格上的竞争，因为地方政府按照每小时相同的金额支付给居家养老服务供给者，主要是供给质量的竞争。为了吸引新的消费者和维护老客户，供给者需要满足消费者多样化的需求，同时，供给者需要按照约定的服务小时数要求提供服务，建立良好的信誉。"消费者选择"的方式具有瑞典特色。

总的来说，1918 年前，瑞典的养老服务是以家庭养老服务为主，地方政府只负责贫困老年人的养老服务。1918 年，新济贫法颁布，瑞典建立了覆盖全体公民的养老服务制度，建立老年之家提供机构养

---

① Fries J. F., The *Future of Disease and Treatment*：*Changing Health Conditions*，*Changing Behaviors*，*and New Medical Technology*，Journal of Professional Nursing，Vol. 2，No. 1，1986，pp. 10–19.

老服务，养老服务是基于公民身份的公民权利。这一时期养老服务方式以机构养老服务为主是由当时的社会背景决定的，20 世纪初，瑞典的城镇化还未兴起，大部分人口居住在农村，条件简陋，不具备推广居家养老服务的条件。到 20 世纪 40 年代末，需要养老服务的老年人数激增，老年之家难以满足老年人的需求，服务质量也不尽如人意。1950 年，瑞典乌普萨拉市红十字会组织开始探索居家养老服务，由此，居家养老服务成为瑞典最主要的养老服务方式。到 20 世纪 90 年代，中央政府和郡政府将养老服务的责任转嫁给地方政府（区政府），地方政府探索并推广"消费者选择"的居家养老服务管理方式，促进居家养老服务供给者间展开竞争，满足了老年人多样化的养老服务需求，提高了居家养老服务质量。

（四）不同时期瑞典养老服务体系的发展

瑞典深受平等主义文化的影响，养老服务是基于公民身份的一种公民权利，因而瑞典的养老服务是覆盖全体公民的。从瑞典养老服务的发展历程来看，其养老服务经历了以家庭养老服务为主到以机构养老服务为主，再到以居家养老服务为主的转变；社会养老服务责任主体从地方政府到中央政府再到地方政府。20 世纪 90 年代，瑞典开始探索"消费者选择"的居家养老服务管理方式，与其他发达国家相比，瑞典更加尊重公民权利，让老年人自由选择自己需要的养老服务，这一方式通过刺激养老服务供给者竞争而促进居家养老服务质量的提高（如图 5-6 所示）。

总体而言，瑞典的养老服务主要由各级政府负责，市场化主体进入养老服务市场较晚，20 世纪 80 年代末营利性企业才进入养老服务市场。1947 年伴随新济贫法的实施，瑞典养老服务覆盖全体公民，

養老服务方式

| 个人与家庭养老服务为主政府负责贫困老年人的养老服务 | 以"老年之有"为代表的机构养老为主 | 居家养老服务为主 | 居家养老与机构养老服务共同发展，营利性企业进入养老服务领域 |

解决的问题

| 保障所有老年人最低的养老服务需求 | 机构养老服务全覆盖。由仅为贫困老年人提供服务转向为有养老服务需求的所有老年提供服务 | 养老服务需求激增，机构养老服务难满足；机构养老服务人员难招募机构养老质量难保障 | 养老服务价格上涨，地方政府财政压力大。养老服务质量参差不齐 |

| **1918** | 1947 | **1950** | **1990** | 1992 |

| 新《济贫法》修订 | 国会颁布"老年人之家"新的指导原则 | 瑞典乌普萨拉布红十字会组织开始提供居家养老服务 | "消费者选择"居家养老管理方式运行 | 养老服务改革政府成为所有养老服务的唯一主体 |

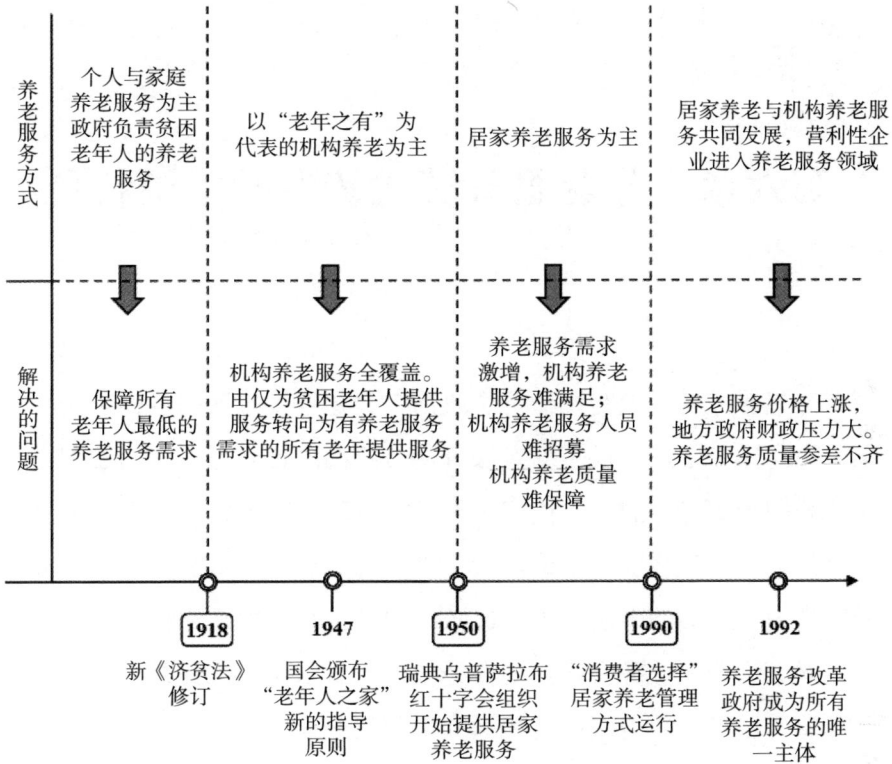

图 5-6　基于平等主义文化的瑞典养老服务的演进

相对其他发达国家，瑞典养老服务全覆盖时间较早，主要受到平等主义文化的影响。

第六章　养老服务模式转型的中国特色

养老服务的转型受到经济、政治、文化等多方面因素的影响。目前，发达国家已经完成了养老服务从传统向现代转型，作为发展中国家，我国于20世纪90年代实现了经济体制从计划经济向社会主义市场经济转型，经济发展迅速。近年来，国家加大了对社会养老服务的补贴力度，社会养老服务迅速成长。但受传统家本位文化影响，我国居民对家庭养老服务有强烈的路径依赖。我国城乡二元社会经济发展水平悬殊较大，养老服务转型面临不同的局面。本章将分别对我国城市和农村养老服务转型进行分析。

一、中国城市养老服务模式的转型特色

（一）城市养老服务模式转型的政策推力

20世纪80年代以来，支持我国城市养老服务模式转型的政策开始出现，到今天，国家出台了大量政策为我国城市养老服务模式转型指引方向。

1983年，第八次全国民政会议指出："社会福利事业国家可以

办，社会、团体可以办，工厂、机关可以办，街道可以办，家庭也可以办。"1984 年，全国城市福利事业单位改革整顿经验交流会议提出"四个转变"，即国家办的福利机构要进一步由国家包办向国家、集体、个人一起办的体制转变，由救济型向福利型转变，由供养型向供养康复型转变，由封闭型向开放型转变。1986 年，民政部正式提出"社会福利社会办"的概念，调动社会各界投入社会福利事业。1987年开始倡导社区服务，服务对象逐步实现社会化。1996 年出台了《中华人民共和国老年人权益保障法》，进一步指出国家要鼓励和扶持社会组织或个人兴办老年福利院、敬老院、老年公寓、老年医疗康复中心和老年文化体育活动场所等设施[①]。这些政策与措施立足于转变政府包办社会福利的状况，鼓励社会力量参与到社会福利事业中，主要从供给主体上推动包括养老服务在内的社会福利转型。但这些政策和措施尚未直接提及养老服务社会化的相关措施。

进入 21 世纪后，我国出台了一系列政策推动养老服务模式转型。2000 年，《关于加快实现社会福利社会化的意见》颁布，明确提出了社会福利社会化，要求投资主体多元化、服务对象公众化、服务方式多样化。到 2005 年，民政部颁布《关于开展养老服务社会化示范活动的通知》，明确指出了养老服务社会化。2000 年国务院颁布《中共中央国务院关于加强老龄工作的决定》，指出今后一个时期我国老龄事业发展的主要目标是：建立家庭养老为基础、社区服务为依托、社会养老为补充的养老机制；逐步建立比较完善的以老年福利、生活照料、医疗保健、体育健身、文化教育和法律服务为主要内容的老年服务体系。直到 2006 年，全国老龄办公室等 11 部委联合颁布《关于加快发展养老服务业的意见》，指出逐步建立和完善以居家养老为基

---

① 王小春、陈立文：《社会养老服务体系建设研究——以京津冀地区为例》，知识产权出版社 2017 年版，第 27—28 页。

础、社区服务为依托、机构养老为补充的服务体系。该文件定下了我国社会养老服务体系的基调，阐明了居家养老、社区养老和机构养老在我国社会养老服务体系中的地位和未来发展格局。

2008 年，第一个专门针对居家养老服务的文件出台，在此之前，政策文件主要关注机构养老服务。《关于全面推进居家养老服务工作的意见》颁布，指出居家养老服务是破解我国养老难题的重要出路，要贯彻落实支持居家养老服务的优惠政策整合资源，建立和完善社区居家养老服务网络，积极培育和发展居家养老服务组织，对居家养老服务中能够与政府剥离的服务职能都要尽可能交给社会组织和非营利机构去办，交给市场和企业去办。2011 年，国务院办公室颁布《中国老龄事业发展"十二五"规划》，定义了中国特色的新型养老模式。家庭养老与社会养老相结合，充分发挥家庭和社区功能，着力巩固家庭养老地位，优先发展社会养老服务，构建居家为基础、社区为依托、机构为支撑的社会养老服务体系。重点发展居家养老服务，大力发展社区照料服务，统筹发展机构养老服务，优先发展护理康复服务，切实加强养老服务行业监管。

2011 年至 2015 年，社会养老服务的相关政策更细致，主要集中在以下三方面：第一，出现了一系列制定社会养老服务相关标准的政策文件。2012 年，民政部颁布了《社会养老服务发展监测指标体系》，从人口数据、福利补贴、服务保障、资金保障、队伍建设等五方面建立了监测指标体系。同年，民政部颁布了《养老护理员国际职业技能标准》，对不同级别养老护理员的要求和标准进行了说明。2013 年，民政部颁布了《养老机构设立许可证》，对养老机构设立的条件和程序、许可管理等方面进行了说明。2014 年，民政部等五部门颁布了《关于加强养老服务标准化工作的指导意见》，加快完善养老服务基础通用标准、服务技能标准、服务机构管理标准、居家养老服务标准、社区养老服务标准、老年产品用品标准等。这些政策的颁布，规范了我国养老服务领域的相关事项，推动我国社会养老服务向标准化迈进。第二，出现一系列推动医养融合发展的政策文件，表明医养结合是未来社会养老服务的发展方向。2013 年，国务院颁布的《关于加快发展养老服务业的若干意见》指出，要推动医养融合发展，各地要促进医疗卫生资源进入养老机构、社区和居民家庭。同年，国务院颁布《关于促进健康服务业发展的若干意见》，指出要推动医疗机构与养老机构等加强合作。在养老服务中充分融入健康理念，加强医疗卫生服务支撑。同时要发展社区健康养老服务。2014 年，国家发展改革委员会等 10 部门颁布《关于推进健康与养老服务工程建设的通知》，指出健康与养老服务工程重点要加强健康服务体系、养老服务体系和体育建设设施建设，大幅提升医疗服务能力，形成规模适度的养老服务体系和体育健身设施服务体系。2014 年，财政部和国家发展改革委颁布《关于减免养老和医疗机构行政事业性收费有关问题的通知》，鼓励医养机构的发展。2015 年，国务院办公厅颁布《国务院办公厅转发卫生计生委等部门〈关于推进医疗卫生与养老服务相结合指导意见〉的通知》，指出到 2020 年，符合国情的医养结合体制机制和政策法规体系基本建成，建立健全医疗卫生机构与养老机构合作机制，支持养老机构开展医疗服务，推动医疗卫生服务延伸到社区、家庭，鼓励社会力量兴办医养结合机构，鼓励医疗卫生机构与养老服务融合发展。第三，出现一系列经济优惠政策鼓励各方力量进入养老服务领域。2015 年，民政部等 10 部委颁布《关于鼓励民间资本参与养老服务业发展的实施意见》，鼓励民间资本参与居家和社区养老服务、参与机构养老服务、参与养老产业发展。2015 年，民政部、国家开发银行颁布《关于开发性金融支持社会养老服务体系建设的实施意见》，指出国家开发银行贷款支持五类养老项目。这些政策从经济上支持了养老服务业的发展。

2016 年以来，相关社会养老服务政策主要关注以下方面：一是开始关注社会养老服务的质量。2017 年，民政部等六部委颁布《关于开展养老院服务质量建设专项行动的通知》，指出 2020 年底，基本建立全国统一的养老服务质量标准和评价体系，养老院服务质量总体水平显著提升，所有养老院能够以不同形式为入住老年人提供医疗卫生服务。2019 年，民政部等 4 部委颁布《关于做好 2019 年养老院服务质量建设专项行动工作的通知》，指出在 2019 年底全面清除养老机构已排查出的重大风险隐患。二是大规模的开展各种社会养老服务试点工作，并对试点进行评估。2016 年，民政部办公厅和国家发展改革委颁布《关于以公建民营为重点的第二批公办养老机构改革试点工作的通知》；同年国家卫生计生委办公厅和民政部办公厅颁布了《关于确定第一批国家级医养结合试点单位的通知》；2017 年，民政部和财政部颁布了《中央财政支持居家和社区养老改革试点补助资金管理办法》；2019 年，民政部办公厅和财政部办公厅颁布《关于开展第三批居家和社区养老服务改革试点成果验收与报送居家和社区养老服务改革试点经验的通知》，这些文件确定了试点城市，对试点的资金支持方法及对试点的评估与经验分享。三是建设养老服务标准体系。2017 年，民政部和国家标准委颁布了《关于印发〈养老服务标准体系建设指南〉的通知》，从老年人自理能力、养老服务形式、服务、管理等四个维度确定养老服务标准体系因素，并从通用基础、服务提供、支撑保障三个体系构建养老服务标准体系框架。

总体而言，在我国家庭养老服务模式向社会养老服务模式转型的过程中，政策支持发挥了重要的作用，可以分为五个阶段：第一阶段（1983—1999 年）社会福利国家办到社会福利多元主体的转型；第二阶段（2000—2005 年）确定了我国社会养老服务体系是居家养老为基础、社区服务为依托、机构养老为补充的服务体系；第三阶段（2006—2010 年）定义了中国特色的新型养老模式是家庭养老与社会养老相结合，充分发挥家庭和社区功能，着力巩固家庭养老地位，优先发展社会养老服务，构建居家为基础、社区为依托、机构为支撑的社会养老服务体系；第四阶段（2011—2015 年）推动医养融合发展，制定有关社会养老服务标准体系，经济政策激励社会养老服务发展；第五阶段（2016 年至今）关注养老服务质量，建设养老服务标准体系，扩大试点范围。

（二）城市养老服务发展的现状评价

养老服务转型即从以家庭养老为主的养老服务模式向以社会养老服务为主的养老模式转型。对中国养老服务模式转型的可能性进行评估，主要考虑目前的经济水平能否满足购买社会养老服务的需要：如果能够满足购买社会养老服务的需要，说明我国城市养老服务模式有实现转型的可能性；如果无法满足购买社会养老服务的需要，说明我国城市养老服务暂不存在转型的可能性。

1. 评估假设

为了让评估具有操作性，进行如下假定：

传统养老服务为家庭养老服务，现代养老服务主要为社会养老服务。本书运用两种最主要的社会养老服务形式来测量社会养老服务：机构养老服务和居家养老服务。

机构养老服务的价格即为养老院（敬老院、老年公寓、福利院等）一个床位的收费价格。虽然政府对养老院床位有一定补贴，养老院在定价时已经考虑政府补贴因素，因此此处忽略政府补贴。居家养老服务价格假设居家养老服务是雇佣一个人专门在家照料老人，主要考虑两个指标：一是服务行业平均工资水平，二是当地最低工资标准。当购买价格高于当地最低工资水平时，就可能雇佣到一个居家养老劳动力；当购买价格高于服务行业平均工资水平时，一定能够雇佣到一个居家养老劳动力。

假定城市老年人都是企业退休职工，其收入为城镇职工养老金平均水平。因为机关事业单位老年人养老金收入高于城镇职工养老金收入，而城镇居民养老金收入低于城镇职工养老金收入，本章取养老金收入水平处于中位数的城镇职工养老金收入，并假定老年人无其他收入来源。

2. 数据来源与处理

城镇职工养老金收入来源于《中国统计年鉴 2015》表 24—表 30 分地区城镇职工基本养老保险情况。机构养老服务的价格来源于养老网对全国 31 个省份 24685 家养老院收费情况的分省份总结，取每个省份养老院床位收费的中位数，代表该省机构养老价格。居家养老服务两个相关指标分别来源于《中国统计年鉴 2015》和各省市相关政策文件的总结。其中，服务业平均工资来源于《中国统计年鉴 2015》表 4—表 16 分地区按行业分城镇私营单位就业人员平均工资，取居民服务、修理和其他服务业的平均工资；各个省份最低工资来源于各个省份相关政策文件的总结。需要说明的是城镇职工平均养老金、服务业平均工资水平和各省市最低工资水平均使用 2014 年数据，机构养老价格使用 2015 年数据。

3. 四个指标的描述性分析

（1）各省市城镇职工日平均养老金

城镇职工平均养老金是一个收入指标，反映老年人购买养老服务的能力。2014 年全国月平均养老金为 2531.6 元，而各省市城镇职工平均养老金相差悬殊（如表 6-1 所示）。总体来看，北方地区、东部省份城镇职工月平均养老金高于全国平均水平；东北三省由于退休人数较多，养老基金压力较大，其城镇职工月平均养老金低于全国平均水平；中部地区、西南地区城镇职工月平均养老金水平也低于全国平均水平；西藏城镇职工月平均养老金最高，可能和政策倾斜有关；青海、新疆均高于全国平均水平。

表6-1 2014年城镇职工月平均养老金

地区	基金总支出（亿元）	离退休人数（万人）	月平均养老金（元）
全国	21754.7	8593.4	2531.6
北京	841.7	228.9	3677.2
天津	491.7	175.3	2804.9
河北	953.1	353.6	2695.4
山西	555.9	190.9	2912.0
内蒙古	486.1	192.7	2522.6
辽宁	1477.9	601.9	2455.4
吉林	516.9	261.1	1979.7
黑龙江	1028.3	443.4	2319.1
上海	1505.5	452.4	3327.8
江苏	1584.2	637.6	2484.6
浙江	1220.0	468.8	2602.4
安徽	519.9	232.3	2238.1
福建	378.9	140.2	2702.6
江西	444.6	221.1	2010.9
山东	1557.7	511.5	3045.4
河南	830.7	342.2	2426.8
湖北	950.6	419.2	2267.7
湖南	730.4	349.0	2092.8
广东	1289.1	445.9	2891.0
广西	412.4	180.3	2287.3
海南	138.5	59.9	2312.2
重庆	573.8	293.3	1956.4
四川	1313.2	648.1	2026.2
贵州	207.8	87.1	2385.8

续表

地区	基金总支出（亿元）	离退休人数（万人）	月平均养老金（元）
云南	288.2	118.7	2428.0
西藏	14.9	3.7	4027.0
陕西	542.9	200.3	2710.4
甘肃	258.6	105.0	2462.9
青海	90.8	28.8	3152.8
宁夏	118.3	44.2	2676.5
新疆	426.1	149.1	2857.8

数据来源：《中国统计年鉴2015》，表中月平均养老金的计算公式为：城镇职工月平均养老金收入＝基金支出/城镇职工离退休人数/12。

（2）养老机构服务价格

养老机构提供养老服务的价格，即每个床位的价格，不同地区、不同养老机构根据入住老人需求不同，定价相差很大，既有床位费为6万元的豪华机构养老服务，也有床位费为400元的仅满足基本生存需要的机构养老服务。本书依据养老网给出的各省份养老机构数据，对不同省份养老机构价格进行排序，选取处于价格中位数的价格作为该省机构养老服务的平均价格。北京、上海养老机构床位的平均价格最高，分别为每月4500元和4000元，西藏、甘肃、青海、宁夏养老机构床位的平均价格最低，为每月1000元（如表6-2所示）。

表6-2　各省市区养老机构服务价格与数量

省份	价格区间（元/月）	平均价格（元/月）	养老机构数量（个）
北京	1500—20000	4500	853
天津	1800—20000	2500	437
河北	800—6000	1800	1070
山西	800—10000	2000	500
内蒙古	700—6000	1500	403
辽宁	1080—18000	1800	1430

续表

省份	价格区间（元/月）	平均价格（元/月）	养老机构数量（个）
吉林	800—10000	1800	1054
黑龙江	800—8800	1800	1062
上海	2080—20000	4000	882
江苏	800—15000	2500	1845
浙江	1000—30000	2500	1474
安徽	800—15000	2000	1751
福建	1100—10000	2200	626
江西	800—8800	1800	1966
山东	800—10000	2000	1651
河南	600—10000	1800	1108
湖北	800—13800	1800	819
湖南	660—10000	1800	753
广东	1000—13800	2500	1111
广西	800—8000	1800	389
海南	1000—60000	2000	146
重庆	500—7000	2000	626
四川	900—9000	1800	542
贵州	600—8000	1500	236
云南	1200—8000	1800	355
西藏	500—2000	1000	94
陕西	1000—8000	1800	390
甘肃	800—4500	1000	358
青海	400—3090	1000	64
宁夏	600—5000	1000	52
新疆	900—5000	1200	199

注：数据来源于养老网。

（3）服务业月平均工资收入

居家养老服务假设为雇佣一个劳动力为老年人提供服务，服务业平均工资选取全国统计年鉴中居民服务、修理和其他服务业的年平均

工资，计算出各省份服务业月平均工资。全国服务业月平均工资为
2548.3元，服务业月平均工资最高的三个省市分别是北京市、重庆
市和广东省，分别为3205.3元、3143.4元和2903.7元；服务业月平
均工资最低的三个省市为甘肃省、山西省、黑龙江省，分别为
1631.3元、1742.8元和1778.8元（如表6-3所示）。

表6-3　2014年全国各省市区服务业年平均工资、月平均工资

省份	年平均工资（元）	月平均工资（元）
全国	30580	2548.3
北京	38463	3205.3
天津	33683	2806.9
河北	27185	2265.4
山西	20913	1742.8
内蒙古	26889	2240.8
辽宁	27875	2322.9
吉林	26137	2178.1
黑龙江	21346	1778.8
上海	28273	2356.1
江苏	40699	3391.6
浙江	32057	2671.4
安徽	22125	1843.8
福建	29575	2464.6
江西	25931	2160.9
山东	39085	3257.1
河南	24484	2040.3
湖北	25190	2099.2
湖南	30917	2576.4
广东	34844	2903.7
广西	27315	2276.3
海南	27237	2269.8
重庆	37721	3143.4
四川	30133	2511.1
贵州	21816	1818.0

续表

省份	年平均工资（元）	月平均工资（元）
云南	29506	2458.8
西藏	/	/
陕西	25713	2142.8
甘肃	19572	1631.3
青海	26238	2186.5
宁夏	25939	2161.6
新疆	29672	2472.7

注：数据来源于《中国统计年鉴2015》。

（4）各省市最低月工资水平

本书根据各个省市公布的最低工资文件，整理各个省市最低月工资标准。由于不同省市根据自身经济发展水平的差异制定了不同的最低工资标准，本书根据不同省份给出的该省几个不同档次的最低工资标准，计算出平均值代表该省的最低工资水平。全国最低月工资水平最高的三个省市为上海市、天津市和北京市，分别为1820元、1680元和1560年；最低月工资水平最低的省份为贵州省，为943.3元。如果能够支付得起最低工资，就有可能雇佣到劳动力为老人提供居家养老服务。

4. 评估结果

本书将全国各省市城镇职工月平均养老金与养老机构床位月平均价格进行比较，如果该省城镇职工月平均养老金高于养老机构月平均价格，意味着该省具备从家庭养老服务向机构养老服务转型的可能性；如果低于养老机构月平均价格，说明不具备从家庭养老服务向机构养老服务转型的条件。居家养老服务运用三个指标进行测量，其中服务业月平均工资和月最低工资水平是居家养老服务的价格指标，如果城镇职工月平均养老金高于服务业月平均工资，那么可以雇佣一个劳动力照料老年人，具备从家庭养老服务向居家养老服务转型的条件；如果高于月最低工资水平，且低于服务业月平均工资水平，说明具备从家庭养老服务向居家养老服务转型的可能性。

（1）我国具备从家庭养老服务向机构养老服务转型的条件

将各省城镇职工月平均养老金与养老机构平均床位价格进行比较，发现 31 个省市区中，仅有 4 个的城镇职工月平均养老金低于养老机构平均床位价格，分别是北京市、上海市、江苏省和重庆市，其中北京市和上海市差距较大，而江苏省和重庆市基本持平；其他 27 个省市区城镇职工月平均养老金均高于养老机构平均床位价格，说明绝大多数省份城市老年人依靠自己的养老金能够购买机构养老服务（如图 6-1 所示）。从宏观层面来看，我国绝大多数省份具备从家庭养老服务向机构养老服务转型的可能性。

从城镇职工月平均养老金高于养老机构平均床位价格的省份来看，大部分省市城镇职工月平均养老金与养老机构平均床位价格相差较小，意味着老年人在购买机构养老服务后，可支配收入会非常少。但西部西藏、青海、新疆、宁夏、甘肃、陕西、贵州、内蒙古等地城镇职工月平均养老金远高于当地养老机构平均床位价格，主要原因可能是，这些地区经济发展水平相对较低，养老机构平均床位价格也较低，一方面是因为劳动力价格成本低，另一方面是政府补贴力度相对较大。此外，这几个省份城镇职工月平均养老金与大多数省份相差不大，而西藏的城镇职工月平均养老金为全国最高，这与国家政策向西部地区倾斜相关。两个指标相差较大说明这几个西部省份老年人有能力购买机构养老服务，同时还有一定结余。因此，如果仅考虑经济因素，这些省市养老服务从家庭向机构转型的条件更有利。

（2）我国具备从家庭养老服务向居家养老服务转型的条件

将城镇职工月平均养老金与最低工资进行比较，发现所有省份城

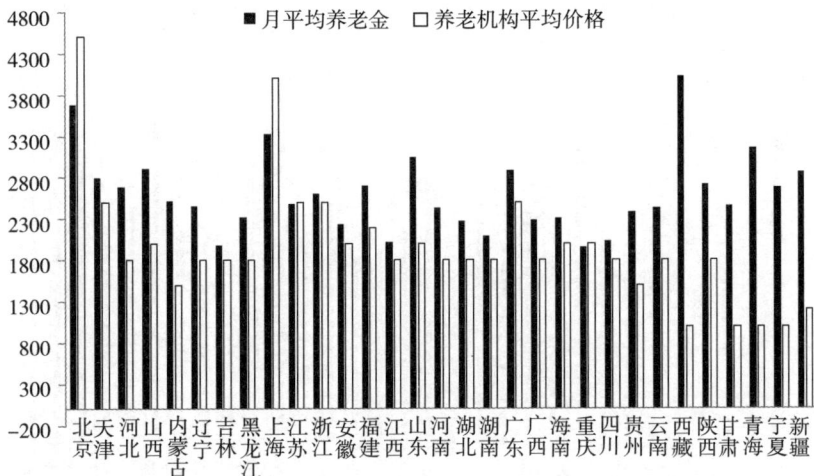

图6-1 各省城镇职工月平均养老金与养老机构平均床位价格

镇职工月平均养老金均高于该省份最低工资标准，说明所有省份城镇
老年人都有可能雇佣一个劳动力在家照料他们，但这仅为可能性，高
于最低工资标准可能雇佣到一个劳动力，但这取决于不同行业劳动力
价格。

　　此外，还发现吉林省、江西省、江苏省、山东省、湖南省、重庆
市、四川省7个省市城镇职工月平均养老金明显低于服务业平均工
资，说明在这些省份依靠月平均养老金雇佣一个服务业劳动力有一定
困难。而天津市、广东省、广西壮族自治区、云南省和海南省城镇职
工月平均养老金与服务业月平均工资较为接近，说明这5个省份老年
人的养老金基本可以雇佣一个服务业劳动力。除西藏服务业平均工资
无数据外，其余18个省份老年人的养老金可以支付一个服务业劳动
力月工资（如图6-2所示）。

　　综合而言，全国所有省份都具备了从家庭养老服务向居家养老服
务转型的理论可能性，大部分省份具备了现实可能性。但需要考虑的

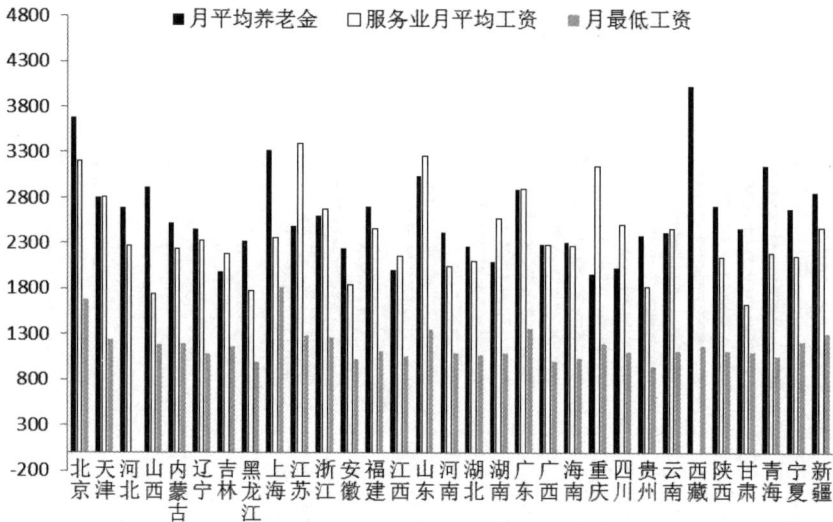

图6-2　各省市自治区城镇职工月平均养老金、服务业月平均工资与月最低工资

一个问题是，居家养老服务与机构养老服务不同，机构养老服务中的床位价格包含了基本生活所需，而居家养老服务中，无论是最低工资标准还是服务业平均工资，仅代表劳动力价格，还需要支付基本生活费用，因而只有养老金高于平均工资的省份具有从家庭养老服务向居家养老服务转型的可能性。

（三）城市老年人的养老服务模式选择

1. 数据来源

本书使用的研究数据来源于中国人民大学调研团队 2012 年完成的中国老年社会追踪调查（China Longitudinal Aging Social Survey，CLASS），这一调查属于中国综合社会调查（China General Social Survey，CGSS）的一部分。调查采用多阶段分层抽样的方式，针对全国

60 岁及以上的老年人进行当面访谈，通过结构式问卷的方式收集数据，数据来源于全国 16 个省市，共收集有效问卷 1126 份，数据具有较好的代表性。

2. 城市养老服务模式选择的描述性分析

从被访者选择机构养老服务的意愿来看，仅有 25.6% 的被访者愿意到养老院养老，74.4% 的被访者不愿意选择机构养老服务。进一步细分，要求被访者从家庭养老服务、机构养老服务和居家养老服务中选出自己最喜欢的养老服务方式，其中选择家庭养老服务的占 82.8%，选择居家养老服务的占 12.5%，选择机构养老服务的占 4.7%。

将 16 个省份与老年人养老服务进行交叉表分析，发现 P 值为 0.807，卡方值为 125.363，因为 P 值大于 0.05，未通过显著性检验，说明不同省份老年人的养老服务选择没有显著差异，16 个省份有 15 个为家庭养老服务占绝对多数（如表 6-4 所示）。此外，部分省份家庭养老服务所占比例为 100%，这与该省样本数量较少也有直接关系。这 16 个省份中既有经济发达的现代化大都市——上海，也有西部地区相对贫困的甘肃、宁夏，但结果显示，并不是经济越发达的地区，老年人选择社会养老服务的比例就越高。

表 6-4 各省市家庭养老服务、机构养老服务与居家养老服务的选择

（单位:%）

省市	家庭养老服务	居家养老服务	机构养老服务
吉林	0	100.0	0
黑龙江	83.8	5.1	11.1
上海	82.4	1.4	16.2
江苏	82.0	4.5	13.5
浙江	68.6	7.8	23.6

省市	家庭养老服务	居家养老服务	机构养老服务
安徽	79.4	8.4	12.2
福建	100.0	0	0
江西	78.4	8.2	13.4
山东	90.9	2.0	7.1
河南	100.0	0	0
湖北	100.0	0	0
湖南	100.0	0	0
广西	89.2	2.9	7.9
重庆	88.2	1.8	10.0
甘肃	83.8	2.0	14.2
宁夏	79.8	7.1	13.1

（四）城市养老服务模式转型的对策建议

从以上的分析中可以得知：我国绝大多数省份城镇职工月平均养老金高于该省养老机构床位平均价格；同时我国所有省份城镇职工月平均养老金高于该省月最低工资标准，且大多数省份城镇职工月平均养老金高于当地服务业月平均工资。由此可以说明，依目前我国各省份的经济水平，已经具备了从家庭养老服务向机构养老服务和居家养老服务转型的可能性。然而，从现实选择来看，我国绝大多数省份的老年人选择了家庭养老服务，仅有少部分老年人选择机构养老服务，而极少部分选择了居家养老服务。

从社会变革角度来看，从传统社会到现代社会，家庭养老服务都是我国最重要的养老服务方式。20 世纪 90 年代，我国经济体制转型后，虽然加大了社会养老服务的发展力度，但由于家庭养老服务有很强的路径依赖，家本位等文化因素影响了我国养老服务的转型。伴随人口老龄化加剧，家庭结构核心化，未来我国对社会养老服务的需求会逐步增加，但这并不意味着家庭养老服务模式的瓦解，而是两者的发展寻求一个动态平衡点，从而逐步达到社会养老为主、家庭养老为辅，符合我国文化特征的养老服务模式。

因此，针对我国城市养老服务的转型，本书提出以下三点建议：

第一，政府需加大对城市社会养老服务，特别是居家养老服务的补贴力度。居家养老服务是一种更接近家庭养老服务的形式，可以满足老人在自己家中养老的需求，也是发达国家养老服务发展的方向。从实际情况来看，目前我国城镇职工退休金与服务业平均工资相比，仅有 18 个省份城镇职工退休金高于服务业平均工资，但与机构养老不同的是，居家养老服务不仅要支付劳动力的工资，还需要购买老年人生活所需。从目前的退休金水平来看，在不降低老年人生活水平的前提下普遍实现居家养老有一定困难，因而政府应该加大对居家养老服务的补贴力度，同时培训居家养老服务从业人员，让其能够提供更专业的服务，从而增加社会化养老服务的比重。

第二，公办养老机构要做好基础的、普惠式的养老服务，民办养老机构可以定位中高端，尝试个性化定制服务。数据显示，绝大多数省份城镇职工月平均养老金与该省养老机构平均床位费相当，说明很大部分老年人只能选择平均水平的机构养老服务。因而公办养老机构要着眼保基本，做好基础性的机构养老服务，保证入住的老年人享受高性价比的服务。随着经济社会的高速发展，老年人的需求也丰富多样，部分老年人有能力也有愿望购买高端养老服务，这部分养老服务应交给民办养老机构，交给市场去完成，由市场提供丰富多样的个性化定制式养老服务，满足老年人日益增长的美好生活需要。

第三，大力推动医养结合养老服务和智慧化养老服务的发展。自2013 年起，推动医养融合养老服务的政策不断涌现，发展医养结合养老服务是一种趋势，有助于提升老年人的安全感和幸福感。健康问题是老年人普遍面临的难题，将便捷高效的医疗卫生服务发展成为日常养老服务的一部分，是提高老年人生活质量的强有力保障。随着大数据和"互联网+"的快速发展，智慧养老成为未来养老服务的发展趋势，鼓励企业开发智能化养老设备，提升老年人生活品质，同时减轻护理人员的工作负担，提高护理人员的工作效率。

二、中国农村养老服务模式的转型特色

（一）农村养老服务模式转型的政策支持

21 世纪以来，我国出台了一系列政策文件，支持我国农村养老服务模式的转型。2001 年，民政部颁布《"社区老年福利服务星光计划"实施方案》，提出运用福利彩票等福利金建设一批乡镇敬老院，主要为农村五保①老人提供养老服务。2001 年，国务院颁布的《中国老龄事业发展"十五"计划纲要（2001—2005 年）》明确提出，要重视农村老龄问题和农民的养老问题，并指出农村乡镇敬老院覆盖率要达到 90%。这两个文件都是针对乡镇敬老院的，分别从资金方面

---

① 五保老人是中国农村集体经济组织或街道办事处经济组织供养的、实行"保吃、保穿、保住、保医、保葬"五保措施的老人。一般是基本丧失劳动能力的、无子女、无依靠、无生活来源的鳏、寡、孤、独老人，绝大部分生活在农村。现阶段中国农村对五保老年农民的赡养，主要有三种形式：（1）集体供养，分散赡养。凡生活尚能自理并愿意单独生活的五保老人，乡村按标准供给他们的粮食和物资，由他们自己管理日常生活。（2）划分养老田，组织村民或亲属代耕。乡村划给五保老人多于一般农民的养老田；五保老人的一切费用，都由养老田的收入支付；五保老人的养老田免征公粮、一切征购和提留。（3）由集体举办敬老院等，对五保老人实行统一照顾和安排。敬老院的资金以乡为单位统一筹集、分配和使用，对五保老人的供养标准一般不应低于当地农民的实际生活水平。参见吴忠观：《人口科学辞典》，西南财经大学出版社 1997 年版。

和覆盖率方面对乡镇敬老院进行了指导。2006年，国务院颁布了《农村五保供养工作条例》，对农村五保对象的保障范围和资金来源进行了规定，同时，明确了农村五保对象的供养形式包括集中供养和分散供养两种，五保对象可以自行选择供养形式。2006年，民政部颁布《"五保供养服务设施建设霞光计划"实施方案》，指出自2006年至2010年，从中央到地方，各级民政部门要从本级留用的彩票公益金中，划拨一部分资金资助农村五保供养服务设施建设，同时积极争取地方政府加大投入，总投入力争达到50亿元左右。其中，部本级每年安排资金不少于1亿元。建设一批农村五保供养设施，基本满足农村五保供养对象集中供养需求，保证每户分散供养对象拥有一间达到当地一般居住条件的住房。2010年，民政部颁布《农村五保供养服务机构管理办法》，进一步对五保供养服务机构的床位数、服务标准和服务范围进行规定。指出农村五保供养服务机构的建设规模原则上不少于40张床位，农村五保供养服务机构应当为每名农村五保供养对象提供使用面积不少于6平方米的居住用房。农村五保供养服务机构在满足当地农村五保供养对象集中供养需要的基础上，可以开展社会养老服务。开展社会养老服务的农村五保供养服务机构应当与服务对象或者其赡养人签订协议，约定双方的权利和义务。农村五保供养服务机构不得因开展社会养老服务降低对农村五保供养对象的集中供养条件和服务水平。

2001年至2010年，我国农村养老服务相关政策主要指向农村机构养老，且主要指向弱势群体——五保对象。这一时期的政策主要是保障弱势群体的权益，在资金、标准等方面对乡镇敬老院、五保供养机构提出要求。

自2012年，民政部颁布《关于开展"社会养老服务体系建设推进年"活动暨启动"敬老爱老助老工程"的实施意见》起，农村养老服务对象开始向广大农村老人敞开。意见指出，在农村要加快发展居家和社会养老服务，并且，到2015年，居家和社区养老服务基本覆盖50%以上的农村社区，全国基本建立起形式多样、方便适用、广泛覆盖的居家和社区养老服务网络。同年，民政部的"农村养老服务建设幸福计划"，要求在农村社区建设一批养老服务设施，为老年人提供集中养老服务，并逐步为农村老年人提供居家养老和日间照料服务。2013年，财政部和民政部联合颁布的《中央专项彩票公益金支持农村幸福院项目管理办法》，对农村幸福院的建设提供了资金支持的具体方案，同时，指出了我国农村要建设以自养、子女赡养等居家养老为基础，幸福院等农村社区照料为依托，农村五保供养服务机构等为支撑的农村养老服务体系。同年，国务院颁布《关于加快发展养老服务业的若干意见》，指出符合标准的日间照料中心、老年人活动中心等服务设施覆盖90%以上的乡镇和60%以上的农村社区。切实加强农村养老服务，健全服务网络。要完善农村养老服务托底的措施，将所有农村"三无"老人全部纳入五保供养范围，适时提高五保供养标准，健全农村五保供养机构功能，使农村五保老人老有所养。在满足农村五保对象集中供养需求的前提下，支持乡镇五保供养机构改善设施条件并向社会开放，各级政府用于养老服务的财政性资金应重点向农村倾斜。2014年国务院等四部委颁布的《关于做好政府购买养老服务工作的通知》明确指出要加大对基层和农村养老服务的支持，并逐步拓展政府购买养老服务的领域和范围。2017年，国务院颁布《关于印发"十三五"国家老龄事业发展和养老体系建设规划的通知》，指出支持依托农村敬老院、行政村、较大自然村利用已有资源建设日间照料中心、养老服务互助幸福院、托老所、老年活动站等农村养老服务设施，满足农村老年人特别是空巢、留守、失能、失独、高龄老年人的养老服务需求。

从我国农村养老服务相关政策来看，可以分为两个阶段：第一阶段是 2001 年至 2010 年，这一阶段的政策主要集中在农村机构养老，对象是五保老人。第二阶段是 2012 年至 2017 年，这一阶段政策开始发展农村的社区和居家养老服务，对象是农村广大老年人。同时，五保供养机构的功能拓展，在为五保老人提供养老服务的同时，可以面向社会老人。从养老服务规划来看，由于农村社会养老服务发展相对滞后，财政资金要向农村倾斜，农村养老服务也是未来养老服务发展的重中之重。

（二）农村养老服务模式转型的典型模式——幸福院

相对于城市而言，农村的养老形式更传统，家庭养老是绝大多数农村老年人的选择，只有极少数无子女的农村老年人在敬养院养老。然而，伴随我国城镇化加速，老龄化和高龄化趋势日益明显，农村空巢老人、孤寡老人大幅增加，农村养老服务模式亟待转型。为解决农村养老服务问题，一种新的农村养老服务形式——幸福院在部分地区兴起。

河北省邯郸市肥乡区的互助幸福院是农村幸福院建设兴起的起源。2008 年初，肥乡区前屯村创建了中国首家农村互助幸福院，解决了农村老人的生活照料、人际交往、精神慰藉、文化活动等问题。该互助幸福院由村集体出资或利用集体闲置房屋建设，并承担水、电、暖等日常开支，年满 60 周岁、生活能够自理的独居老人可自愿申请入住，老人之间互相照顾、共同生活，由子女承担衣、食和医疗等费用。解决了留守老人、空巢老人数量增加，且子女外出务工难以陪伴的问题。

2011 年 2 月，民政部负责人到河北省肥乡区实地调研后，认为肥乡区走出了一条符合农村实际、具有当地特色的低成本养老之路，将肥乡区的经验开始向全国推广。而后山西省、内蒙古自治区、甘肃省等相继出台了建设农村幸福院的政策文件。2012 年，民政部部署实施了"农村养老服务建设幸福计划"，要求在农村社区建设一批养老服务设施，为老年人提供集中养老服务，并逐步为农村老年人提供居家养老和日间照料服务。为支持和帮助农村幸福院建设，经国务院批准同意，中央专项彩票公益金从 2013 年起连续 3 年，共投入 30 亿元用于支持农村幸福院建设，累积支持建设 10 万个农村幸福院，2013 年 4 月 28 日财政部、民政部联合下发了《中央专项彩票公益金支持农村幸福院项目管理办法》。自此，中国掀起来了创办农村幸福院的高潮。

农村幸福院是由村民委员会主办和管理，立足于日间休息、休闲娱乐等综合性日间照料服务的公益性活动场所，也能同时让农村非五保老人老有所养、老有所乐。农村幸福院不同于现有的乡镇敬老院和五保村。农村幸福院主要解决的是广大农村老人的养老需求，是农村养老服务从家庭向社会转型的一个新形式。

(三) 农村养老服务模式转型的对策建议

第一，政府应加大对农村机构养老、居家养老的设施投入，同时提高农民养老金收入。本章虽然没有测算农村数据，但由于我国城乡经济社会发展水平差距大，农村老年人收入远低于城市水平[1]，农村养老服务水平明显低于城市。[2] 因此，政府应加大对农村转移支付力

---

① 《老龄蓝皮书：中国城乡老年人生活状况调查报告 (2018)》，见 http：//www. sohu. com/a/233927901_ 310529.

② 《报告称，中国农村养老服务水平明显低于城市》，见 http：//www. cankaoxiaoxi. com/china/20151222/1034456. shtml。

度，一方面提高农村老年人的基础养老金水平，提高他们的购买力；另一方面加大对农村社会养老服务基础设施的投入，由于农村地区基础养老设施相对落后，需要大量资金注入。农村养老服务模式转型的情况决定了我国整体养老服务模式转型的进度，最终决定我国养老服务的模式，因而无论是中央政府还是地方政府在养老服务方面的政策都要向农村倾斜。

第二，在大力建设幸福院的同时，要管理好幸福院，让幸福院成为广大农村老人的幸福之家。大多数有劳动能力的农村老年人选择了家庭养老，对于家庭而言，他们能贡献自身的力量。而老人劳动能力下降，失能半失能时对于家庭而言即为一种负担，此时无论是老人自身还是家庭都希望其去幸福院养老。随着越来越多失能老人聚集到幸福院，而幸福院没有足够的资金雇佣专门的护理人员为老人提供照料，幸福院失能老人的生活质量将难以得到保障。当失能老人聚集又难以过上有体面的生活时，幸福院对其他身体健康老年人的吸引力将减弱，这也违背其建立的初衷，进入恶性循环中。因而，在管理幸福院方面需要采用多种措施，实现农村幸福院中老人们互助养老的良性局面。

结　束　语

人口老龄化日益严峻，养老保障作为应对人口老龄化的重要策略发挥着越来越重要的作用。养老服务是养老保障的重要组成部分，伴随老龄人口数量增加和人口高龄化，老年人对养老服务的需求激增。发达国家已经完成工业化进程，养老服务也完成了从家庭养老服务模式向社会养老服务模式的转型。我国作为发展中国家，经济快速发展，基本满足养老服务模式转型的经济条件，但受到"家本位"传统文化的影响，家庭养老仍是目前我国最主要的养老方式。养老服务模式转型是社会结构变动、经济发展的必然趋势，也是本书的主题。

在传统的、封闭性的农业社会中，家庭养老是最主要的养老方式；在现代的、开放性的工业社会中，社会养老是与生产力水平相适应的方式。我国从古代到近代再到现代，养老服务（特别是社会养老服务）也经历了发展和变迁。结合人类社会和我国养老服务发展历程，总结养老服务的演变轨迹为从家庭养老服务到社会养老服务；社会养老服务从救济式服务转向个人权利；从机构养老服务到养老服务的去机构化。

养老服务的演进特征：一是政府在养老服务中角色不断变化，从兜底向主导转变。从我国古代到近代，再到现代，政府在养老服务领域发挥着越来越重要的作用。二是养老服务主体由单一走向多样化，从传统社会家庭是养老服务的唯一主体，到现代社会政府、社会、市场和家庭共同承担养老服务。三是社会养老服务面向群体从特殊到一般。我国古代社会养老服务仅面向满足致仕制度的官员或因国难而死子孙的父、祖。到近代，贫困老年人、所有公职人员和教师都可以享受社会养老服务，到现代全体老年人都可以享受到社会养老服务，养老服务模式由补缺式向普惠式转型。四是养老服务内容逐渐丰富，从满足基本生存需要的物质供给、生活照料到精神娱乐、文化教育、医疗保健、法律服务等。

养老服务模式的转型受到多方面因素的影响，经济因素决定了养老服务水平的高低，是至关重要的因素。从发达国家来看，工业革命推动了经济快速发展，将人口从土地中解放出来，在城市聚集，推动了社会分工专业化，增加了流动性、削弱了家庭养老服务的基础，为养老服务的转型提供了社会土壤。发达国家以美国为例，工业化后，美国政府的养老支出占社会福利支出比重最高，说明社会养老服务在美国福利体系中占有重要地位。发展中国家以我国为例，宏观数据显示我国经济体制改革决定了养老服务转型。微观数据运用二项 logistic 回归和多项 logistic 回归模型，得知收入水平决定了养老服务选择，收入水平越高，选择社区居家养老的可能性越大。

英国最先完成工业革命，但并不是最早建立现代养老服务制度的国家，说明经济因素是影响养老服务模式转型的必要条件，而非充分条件。政治因素对养老服务模式转型也有重要影响。不同形态国家政府在发展养老服务上各具特色，工业国家在推动经济发展的同时推进社会福利政策（包含养老服务）是一种社会民主妥协，但伴随经济波动或出于维护统治需要，养老服务政策会随之调整。前社会主义国家运用强权政治手段建立了低水平的覆盖雇员家庭的养老服务制度。第三世界国家政府在学习发达国家经验的基础上探索适合本国的养老服务制度。工人运动是影响养老服务的另一个政治因素。以英国和瑞典为代表，英国是由地方小型工人自助组织发展成各领域贸易联盟，推动社会福利进程。瑞典是由社会民主工人党为核心，从一个组织工人运动的政治团体，发展成为执政党，建立了覆盖全民的社会养老服务制度。英国和瑞典都是自下而上建立社会福利制度的国家。德国是俾斯麦政府担心工人运动壮大威胁其统治，自上而下建立了现代社会服务制度，完成了社会福利制度从传统向现代转型。

文化传统和基因决定了养老服务模式转型后的落脚点，即养老服务特质。基于道格拉斯文化理论，将文化分为宿命论、个人主义文化、集体主义文化、平等主义文化。以美国为代表的个人主义文化国家，营利性组织较早进入养老服务领域，美国受到基督教影响，强调教堂、民间慈善组织等非营利性组织在养老服务中的作用，鼓励营利性机构和非营利性机构竞争，提高养老服务质量。以德国为代表的集体主义文化国家，由于受到天主教教义影响，养老服务的发展遵循"辅助性原则"，养老服务最初由自愿性非营利组织负责，随后发展成德国自由福利协会，地方政府与福利协会配合形成"地方模式"。由于德国文化具有阶层主义和保守主义特征，营利性组织很晚才进入德国养老服务领域。20 世纪 90 年代德国建立了护理保险，将社会保险与养老服务结合，引入竞争机制，降低了养老服务价格，提高了养老服务质量和效率。以瑞典为代表的平等主义文化国家，养老服务是基于公民身份的一种公民权利，其养老服务经历了以家庭养老服务为主到以机构养老服务为主再到以居家养老服务为主的转变，20 世纪90 年代，瑞典开始探索"消费者选择"的居家养老服务管理方式，体现了对公民权利的尊重，让老年人自由选择自己需要的养老服务，其养老服务模式打上了平等主义烙印。

通过搜集中国各省市城镇职工月平均养老金、各省市机构养老服务床位平均价格、各省市服务业从业人员平均工资和各省市月最低工资水平，分析得知，绝大多数省份城镇职工月平均养老金高于机构养老服务床位平均价格和服务业从业人员平均工资水平，说明我国具有实现从家庭养老服务模式向社会养老服务（机构养老服务、居家养老服务）模式转型的可能性。然而从 16 个省份城市老年人的现实选择来看，绝大多数老年人选择了家庭养老服务，约十分之一的老年人选择机构养老服务，二十分之一的老年人选择了居家养老服务。这说明我国养老服务模式转型的可能性与现实之间存在较大差距，主要是受到中国传统"家本位"文化的影响，家庭养老服务有强烈的路径依赖。根据我国传统文化特征，我国养老服务模式转型并不意味着家庭养老服务的瓦解，而是寻求家庭养老服务和社会养老服务的动态平衡点，从而建立实现社会为主、家庭养老为辅，符合我国文化特征的养老服务模式。针对我国城市养老服务模式转型，提出几点建议：第一，政府需加大对城市社会养老服务，特别是居家养老服务的补贴力度。第二，公办养老机构要做好基础的、普惠式的养老服务，民办养老机构可以定位中高端，尝试个性化定制服务。第三，大力推动医养结合养老服务和智慧化养老服务的发展。

从我国农村养老服务相关政策来看，可以分为两个阶段：第一阶段是 2001 年至 2010 年，这一阶段的政策主要集中在农村机构养老，对象是"五保"老人。第二阶段是 2012 年至 2017 年，这一阶段政策开始发展农村的社区和居家养老服务，对象是农村广大老年人。同时，五保供养机构的功能拓展，在为"五保"老人提供养老服务的同时，可以面向社会老人。从养老服务规划来看，由于农村社会养老服务发展相对滞后，财政资金要向农村倾斜，农村养老服务也是未来养老服务发展的重中之重。农村养老服务出现了一种新的形式——幸福院，是面向广大农村老人的社区养老形式，也是一种互助养老形式。就我国农村养老服务模式转型的情况提出两点建议：第一，政府应加大对农村机构养老、居家养老的设施投入，同时提高农民养老金收入。第二，在大力建设幸福院的同时，要管理好幸福院，让幸福院成为广大农村老人的幸福之家。

本书对中国城镇养老服务转型的可能性与现实进行评估，但由于农村数据缺失，尚未完成农村地区的评估，这是下一步研究努力的方向，通过调研搜集农村相关数据，进一步完善农村地区评估。

伴随人口老龄化加剧和高龄化，养老服务发挥着至关重要的作用。西方发达国家在工业革命后开始养老服务模式转型，并根据其文化特征探索适合的养老服务模式。我国作为发展中国家，经济快速发展，养老服务模式转型已拉开序幕，借鉴西方发达国家的经验，根据自身文化特征逐步实现转型，并在转型过程中密切关注存在的问题并予以解决。政府、市场、社会和家庭都是养老服务的供给主体，厘清不同供给主体责任决定了最终的养老服务模式。养老服务模式转型并不意味着某种养老服务的瓦解，而是调节不同供给主体在养老服务中的比重，寻求最优模式。

附　　录

附表 1　城市养老服务相关政策（2000—2019 年）

年份	发布机构	政策文件	主要内容
2000	民政部等 11 部委（民政部、国家计委、国家经贸委、教育部、财政部、劳动保障部、国土资源部、建设部、外经贸部、卫生部、税务总局）	《关于加快实现社会福利社会化的意见》（国办发〔2000〕19号）	推进社会福利社会化的目标：到 2005 年，在我国基本建成以国家兴办的社会福利机构为示范、其他多种所有制形式的社会福利机构为骨干、社区福利服务为依托、居家供养为基础的社会福利服务网络。提出投资主体多元化（国家、集体、个人多渠道筹资）；服务对象公众化（面向全社会老年人）；服务方式多样化（社会福利机构和社区除集中养老、助残外，应发挥多种服务功能，为家庭服务提供支持）。
2000	国务院	《中共中央国务院关于加强老龄工作的决定》（中发〔2000〕13号）	坚持家庭养老与社会养老相结合，充分发挥家庭养老的积极作用，建立和完善老年社会服务体系；坚持政府引导与社会兴办相结合，按照社会主义市场经济的要求积极发展老年服务业。今后一个时期我国老龄事业发展的主要目标是：建立家庭养老为基础、社区服务为依托、社会养老为补充的养老机制；逐步建立比较完善的以老年福利、生活照料、医疗保健、体育健身、文化教育和法律服务为主要内容的老年服务体系。

续表

年份	发布机构	政策文件	主要内容
2000	财政部、国家税务总局	《关于对老年服务机构有关税收政策问题的通知》（财税〔2000〕97号）	对政府部门和企事业单位、社会团体以及个人等社会力量投资兴办的福利性、非营利性的老年服务机构，暂免征收企业所得税，以及老年服务机构自用房产、土地、车船的房产税、城镇土地使用税、车船使用税。 对企事业单位、社会团体和个人等社会力量，通过非营利性的社会团体和政府部门向福利性、非营利性的老年服务机构的捐赠，在缴纳企业所得税和个人所得税前准予全额扣除。
2001	国务院	《中国老龄事业发展"十五"计划纲要（2001—2005）》	建立以城市社区为基础的老年人管理与服务体系；初步建立以社区卫生服务为基础的老年医疗保健服务体系；初步形成以社区为依托的老年照料服务体系，提供全方位、多层次的服务。
2005	民政部	《关于开展养老服务社会化示范活动的通知》	在全国城市开展养老服务社会化示范活动。开展示范活动必须坚持社会化的发展方向，倡导多种形式养老，开展多样化服务，大力推进老年福利服务事业投资主体多元化、服务对象公众化、服务方式多样化、服务队伍专业化。
2005	民政部	《关于支持社会力量兴办社会福利机构的意见》（民发〔2005〕170号）	社会办福利机构的出现和发展，改变了传统福利事业投资主体和机构种类单一的局面，推动了社会福利社会化进程，并极大地促进了以居家为基础、社区为依托、福利机构为骨干的社会福利服务体系的建立和完善。 制定优惠政策，抓好政策落实，支持社会办福利机构的发展，多渠道、多形式筹集资金，支持社会办福利机构的发展。
2006	国务院	《关于加强和改进社区服务工作的意见》（国发〔2006〕292号）	加快老年公共服务设施和服务网络建设。具备条件的地方，可开展老年护理服务，兴建退休人员公寓。进一步推进社会福利社会化，加快发展社区居家养老服务业。

年份	发布机构	政策文件	主要内容
2006	全国老龄办	《关于加强基层老龄工作的意见》（全国老龄委发〔2006〕2号）	完善为老服务设施。在社区建设中统筹规划为老服务设施的数量、布局、规模，按照国家和地方老龄事业发展规划，通过新建、改建、扩建和重组等途径，有计划、有步骤地兴建一批养老服务机构（敬老院、老年公寓等）、老年活动中心（站、室）、老年大学（学校），形成县（市、区）、乡镇（街道）、村（居）三级为老服务设施网络，努力改善为老服务环境。强化为老服务功能。要统筹考虑老年人的需求，倡导居家养老的理念，整合社会服务资源，建立为老服务体系，为老年人提供医疗卫生、生活照料等便捷的服务。鼓励和引导社会力量参与为老服务业发展，按照市场化、社会化运作机制，向老年人提供不同层次、不同内容的服务。
2006	全国老龄办等10部委 全国老龄委办公室、发展改革委、教育部、民政部、劳动保障部、财政部、建设部、卫生部、人口计生委税务总局	《关于加快发展养老服务业的意见》	逐步建立和完善以居家养老为基础、社区服务为依托、机构养老为补充的服务体系。要建立公开、平等、规范的养老服务业准入制度，积极支持以公建民营、民办公助、政府补贴、购买服务等多种方式兴办养老服务业，鼓励社会资金以独资、合资、合作、联营、参股等方式兴办养老服务业。进一步发展老年社会福利事业。大力发展社会养老服务机构。鼓励发展居家老人服务业务。支持发展老年护理、临终关怀服务业务。促进老年用品市场开发。加强教育培训，提高养老服务人员素质。
2006	民政部、国家发展和改革委员会	《民政事业发展第十一个五年规划》	发展家政服务组织，大力推动养老服务社会化示范活动，开展多种形式的居家养老服务，提高服务水平。不断扩大社会互助范围，制定和完善"民办公助""公办民营"政策，逐步推进政府购买服务的试点工作，引导和鼓励社会力量兴办老年公寓、福利院、敬老院、托老所等福利服务。

年份	发布机构	政策文件	主要内容
2008	全国老龄办等10部委（全国老龄委办公室、发展改革委、教育部、民政部、劳动保障部、财政部、建设部、卫生部、人口计生委、税务总局）	《关于全面推进居家养老服务工作的意见》（全国老龄办发〔2008〕4号）	全面推进居家养老服务，是破解我国日趋尖锐的养老服务难题，切实提高广大老年人生命、生活质量的重要出路。力争"十一五"期间，全国城市社区基本建立起多种形式、广泛覆盖的居家养老服务网络，使社区居家养老服务设施不断充实，服务内容和形式不断丰富，专业化和志愿者相结合的居家养老服务队伍不断壮大，居家养老服务的组织管理体制和监督评估机制逐步建立、健全和完善。加大政府投入力度，合理配置资源。各级政府应转变职能，随着经济发展和社会进步，逐步加大投入，研究制定"民办公助"的政策措施，鼓励和支持社会力量参与、兴办居家养老服务业。贯彻落实支持居家养老服务的优惠政策，对养老院类的养老服务机构提供的养老服务免征营业税，对各类非营利性养老服务机构免征自用房产、土地的房产税、城镇土地使用税等。整合资源，建立和完善社区居家养老服务网络。加强专业化与志愿者相结合的居家养老服务队伍建设。积极培育和发展居家养老服务组织。按照政府职能转变以及与企业、事业、社团分离的原则，对居家养老服务中能够与政府剥离的服务职能都要尽可能交给社会组织和非营利机构去办，交给市场和企业去办。
2010	民政部	《社区老年人日间照料中心建设标准》（建标143—2010）	对社区老年人日间照料中心的建设内容和项目构成、建设规模及面积指标、选址及规划布局、建筑标准及有关设施做了规定。
2011	国务院	《中国老龄事业发展"十二五"规划》（国发〔2011〕28号）	立以居家为基础、社区为依托、机构为支撑的养老服务体系，居家养老和社区养老服务网络基本健全，全国每千名老年人拥有养老床位数达到30张。

续表

年份	发布机构	政策文件	主要内容
2011	国务院	《中国老龄事业发展"十二五"规划》（国发〔2011〕28号）	加强老年社会管理工作。各地成立老龄工作委员会，80%以上退休人员纳入社区管理服务对象，基层老龄协会覆盖面达到80%以上，老年志愿者数量达到老年人口的10%以上。 家庭养老与社会养老相结合。充分发挥家庭和社区功能，着力巩固家庭养老地位，优先发展社会养老服务，构建居家为基础、社区为依托、机构为支撑的社会养老服务体系，创建中国特色的新型养老模式。 重点发展居家养老服务，大力发展社区照料服务，统筹发展机构养老服务，优先发展护理康复服务，切实加强养老服务行业监管。
2011	国务院	《社会养老服务体系建设规划（2011—2015年）》（国办发〔2011〕60号）	社会养老服务体系建设应以居家为基础、社区为依托、机构为支撑，着眼于老年人的实际需求，优先保障孤老优抚对象及低收入的高龄、独居、失能等困难老年人的服务需求，兼顾全体老年人改善和提高养老服务条件的要求。 我国的社会养老服务体系主要由居家养老、社区养老和机构养老等三个有机部分组成。 社区养老服务是居家养老服务的重要支撑，具有社区日间照料和居家养老支持两类功能，机构养老服务以设施建设为重点，通过设施建设，实现其基本养老服务功能。养老服务设施建设重点包括老年养护机构和其他类型的养老机构。 到2015年，基本形成制度完善、组织健全、规模适度、运营良好、服务优良、监管到位、可持续发展的社会养老服务体系。每千名老年人拥有养老床位数达到30张。居家养老和社区养老服务网络基本健全。公办养老机构应充分发挥其基础性、保障性作用。鼓励有条件或新建的公办养老机构实行公建民营。加强对非营利性社会办养老机构的培育扶持，采取民办公助等形式，给予相应的建设补贴或运营补贴，支持其发展。

年份	发布机构	政策文件	主要内容
2012	民政部	《关于开展"社会养老服务体系推进年"活动暨启动"敬老爱老助老工程"的实施意见》（民发〔2012〕35号）	建立居家养老服务网络，完善社区养老服务设施，以此为依托，推动居家和社区养老服务在城市普遍展开。到2015年，居家和社区养老服务基本覆盖100%城市社区。 坚持居家、社区、机构养老相衔接。准确把握以居家为基础、社区为依托、机构为支撑的社会养老服务体系基本内涵。居家为基础是基于居家养老符合中国传统及《中华人民共和国老年人权益保障法》规定，是绝大多数老年人的意愿和实际选择，也是世界各国通行的主要养老方式。社区为依托是基于家庭养老功能不断弱化，居家养老迫切需要社区服务支持。机构为支撑是基于养老机构能够弥补居家和社区养老不足，为失能老年人、不适宜居家和社区养老的老年人提供专业照料。同时，养老机构可以辐射示范周边社区，提高社会养老服务专业化水平。
2012	民政部	《关于鼓励和引导民间资本进入养老服务领域的实施意见》（民发〔2012〕129号）	鼓励民间资本参与居家和社区养老服务；鼓励民间资本举办养老机构或服务设施；鼓励民间资本参与提供基本养老服务；落实民间资本参与养老服务优惠政策；加大民间资本进入养老服务领域的资金支持（各级民政部门福利彩票公益金每年留存部分要按不低于50%的比例用于社会养老服务体系建设，并不断加大对民间资本提供养老服务的扶持力度）。
2012	国务院	《服务业发展"十二五"规划》（国发〔2012〕62号）	引入多种形式的市场主体，培育发展专业化的养老服务机构，鼓励民间资本和境外资本开发养老服务项目，参与养老服务设施建设和运营，积极扶持非营利性社会组织和中小型养老服务企业创新发展。力发展社区照料服务，推进日间照料中心、托老所、老年之家、互助式养老服务中心等社区养老设施建设。加强老年护理人员培养培训，推行养老护理员职业资格考试认证制度，提高其职业素养和服务水平。

年份	发布机构	政策文件	主要内容
2012	国务院	《服务业发展"十二五"规划》（国发〔2012〕62号）	"十二五"时期，养老服务业规模显著扩大，社会化养老覆盖率明显提高，基本建立以居家为基础、社区为依托、机构为支撑的社会养老服务体系，推动实现老有所养。到2015年，每千名老年人拥有养老床位数量达30张。
2012	民政部	《社会养老服务发展监测指标体系》	从人口数据、福利补贴、服务保障、资金保障、队伍建设五方面建立监测指标体系。
2012	民政部	《养老护理员国际职业技能标准》（2011年修订）	从职业概况、基本要求、工作要求和比重表对养老护理员工作进行了说明，同时对不同级别养老护理员需要达到的要求与标准进行了说明。
2013	国务院	《关于加快发展养老服务业的若干意见》（国发〔2013〕35号）	发展目标。到2020年，全面建成以居家为基础、社区为依托、机构为支撑的，功能完善、规模适度、覆盖城乡的养老服务体系。养老服务产品更加丰富，市场机制不断完善，养老服务业持续健康发展。符合标准的日间照料中心、老年人活动中心等服务设施覆盖所有城市社区，90%以上的乡镇和60%以上的农村社区建立包括养老服务在内的社区综合服务设施和站点。全国社会养老床位数达到每千名老年人35—40张，服务能力大幅增强。推动医养融合发展。各地要促进医疗卫生资源进入养老机构、社区和居民家庭。要探索医疗机构与养老机构合作新模式，医疗机构、社区卫生服务机构应当为老年人建立健康档案，建立社区医院与老年人家庭医疗契约服务关系，开展上门诊视、健康查体、保健咨询等服务，加快推进面向养老机构的远程医疗服务试点。
2013	国务院	《关于促进健康服务业发展的若干意见》（国发〔2013〕40号）	各地要鼓励以城市二级医院转型、新建等多种方式，合理布局、积极发展康复医院、老年病医院、护理院、临终关怀医院等医疗机构。

年份	发布机构	政策文件	主要内容
2013	国务院	《关于促进健康服务业发展的若干意见》（国发〔2013〕40号）	推进医疗机构与养老机构等加强合作。在养老服务中充分融入健康理念，加强医疗卫生服务支撑。发展社区健康养老服务。提高社区为老年人提供日常护理、慢性病管理、康复、健康教育和咨询、中医保健等服务的能力，鼓励医疗机构将护理服务延伸至居民家庭。
2013	民政部	《关于开展公办养老机构改革试点工作的通知》	明确公办养老机构职能定位。公办养老机构应当优先保障孤老优抚对象、经济困难的孤寡、失能、高龄等老年人的服务需求，充分发挥托底作用。增强公办养老机构服务功能。公办养老机构应当加大基础设施改造，拓展服务功能，拓宽服务范围，提高护理性床位的数量和比重。推行公办养老机构公建民营。公办养老机构特别是新建机构应当逐步通过公建民营等方式，鼓励社会力量运营。通过运营补贴、购买服务等方式，支持公建民营机构发展。
2013	民政部办公室、发展改革委办公室	《关于开展养老服务业综合改革试点工作的通知》（民办发〔2013〕23号）	健全养老服务体系。试点地区可加快养老服务体系规划建设，重点发展社区居家养老便捷服务、拓展养老服务项目；办好公办保障性养老机构、制定公办机构入院评估标准等管理办法；增加护理型机构和床位比重；推进有条件的公办机构改制或公建民营。引导社会力量参与养老服务。试点地区要加快培育社会力量成为发展养老服务业的主体，重点开展公办养老机构改革试点，加大政府购买养老服务力度，支持社会力量运营公有产权养老服务设施，制定建设补贴、运营补贴等引导扶持政策。完善养老服务发展政策。创新养老服务供给方式。试点地区应重点推动医养融合发展，促进养老与家政、保险、教育、健身、旅游等相关领域互动发展。培育养老服务产业集群，加强养老服务队伍建设，强化养老服务市场监管等。

年份	发布机构	政策文件	主要内容
2013	民政部	《养老机构设立许可证》（民政部令〔2013〕48号）	对养老机构设立的条件和程序、许可管理、监督检查、法律责任等进行了规定。其中规定设立养老机构的条件是（一）有名称、住所、机构章程和管理制度；（二）有符合养老机构相关规范和技术标准，符合国家环境保护、消防安全、卫生防疫等要求的基本生活用房、设施设备和活动场地；（三）有与开展服务相适应的管理人员、专业技术人员和服务人员；（四）有与服务内容和规模相适应的资金；（五）床位数在10张以上等。
2013	民政部	《养老机构管理办法》（民政部令〔2013〕49号）	从服务内容、内部管理、监督检查、法律责任等方面对养老机构进行规定。政府投资兴办的养老机构，应当优先保障孤老优抚对象和经济困难的孤寡、失能、高龄等老年人的服务需求。民政部门应当会同有关部门采取措施，鼓励、支持企业事业单位、社会组织或者个人兴办、运营养老机构。鼓励公民、法人或者其他组织为养老机构提供捐赠和志愿服务。
2013	全国老龄办等24部委（全国老龄办、最高人民法院、中央宣传部、国家发展改革委、科技部、公安部、民政部、司法部、财政部、人力资源社会保障部、住房城乡建设部、交通运输部、农业部、商务部、文化部、国家卫生计生委、新闻出版广电总局、体育总局、国家林业局、国家旅游局、国家铁路局、中国民航局、国家文物局、全国总工会）	《关于进一步加强老年人优待工作的意见》	政府主导，社会参与。在社会保障、基本公共服务等方面积极为老年人提供优待，采取措施鼓励、引导社会力量参与优待工作。突出重点，适度普惠。从不同老年群体的实际需求出发，对各优待项目的服务对象进行细分，优先考虑高龄、失能等困难老年群体的特殊需要，逐步发展面向老年人的普惠性优待项目。从政务服务优待、卫生保健优待、交通出行优待、商业服务优待、文体休闲优待、维权服务优待等方面对老年人实行优待。

续表

年份	发布机构	政策文件	主要内容
2014	民政部、国家标准委、商务部、质检总局、全国老龄办	《关于加强养老服务标准化工作的指导意见》（民发〔2014〕17号）	加快健全养老服务标准体系。加紧完善包括养老服务基础通用标准、服务技能标准、服务机构管理标准、居家养老服务标准、社区养老服务标准、老年产品用品标准等在内的养老服务标准体系。 加强养老服务标准化研究。抓好养老服务标准的贯彻实施。推进养老服务领域管理标准化。健全规范养老服务市场秩序。
2014	国家发展改革委员会、民政部等10部门（国家发展改革委、民政部、财政部、国土资源部、住房城乡建设部国家卫生计生委、人民银行、税务总局、体育总局、银监会）	《关于加快推进健康与养老服务工程建设的通知》（发改投资〔2014〕2091号）	健康与养老服务工程重点加强健康服务体系、养老服务体系和体育健身设施建设，大幅提升医疗服务能力，形成规模适度的养老服务体系和体育健身设施服务体系。 到2015年，医疗卫生机构每千人口病床数（含住院护理）达到4.97张。到2020年，健康管理与促进服务的比重快速提高，护理、康复、临终关怀等接续性医疗服务能力大幅增强，医疗卫生机构每千人口病床数（含住院护理）达到6张，非公立医疗机构床位数占比达到25%。到2015年，基本形成规模适度、运营良好、可持续发展的养老服务体系，每千名老年人拥有养老床位数达到30张，社区服务网络基本健全。 到2020年，全面建成以居家为基础、社区为依托、机构为支撑的，功能完善、规模适度、覆盖城乡的养老服务体系，每千名老年人拥有养老床位数达到35—40张。
2014	民政部、国家发展改革委、工业和信息化部、财政部、公安部、国家卫生计生委	《关于开展养老服务和社区信息惠民工程试点工作的通知》（民函〔2014〕325号）	推进互联网、物联网等信息技术在养老服务和社区服务领域的广泛应用，更好地满足养老服务和社区服务需求，释放信息消费潜力。以养老服务为切入点，优先支持居家和社区养老服务项目，吸纳社区志愿服务和商业服务资源，建设一体化社区信息服务站。推进社区服务信息化建设，创新基层

年份	发布机构	政策文件	主要内容
2014	民政部、国家发展改革委、工业和信息化部、财政部、公安部、国家卫生计生委	《关于开展养老服务和社区信息惠民工程试点工作的通知》（民函〔2014〕325号）	社会管理方式，增强社区服务群众能力，扩大社会力量参与，完善社区信息消费环境。通过开展试点工作，推动200个养老机构实现养老信息化管理服务，450个社区实现以居家社区养老服务为重点的社区信息一体化服务，总结试点经验，使养老信息服务水平大幅提升，社区养老服务能力显著增强，"资源共享、协同服务、便民利民、安全可控"的社区服务信息化发展格局更加完善，社区公共服务、志愿服务和便民利民服务衔接配套的社区服务信息化体系更加健全。
2014	财政部、国家发展改革委	《关于减免养老和医疗机构行政事业性收费有关问题的通知》（财税〔2014〕77号）	对非营利性养老和医疗机构建设全额免征行政事业性收费，对营利性养老和医疗机构建设减半收取行政事业性收费。上述免征或减半收取的行政事业性收费项目包括：（一）国土资源部门收取的土地复垦费、土地闲置费、耕地开垦费、土地登记费。（二）住房城乡建设部门收取的房屋登记费、白蚁防治费。（三）人防部门收取的防空地下室易地建设费。（四）各省、自治区、直辖市人民政府及其财政、价格主管部门按照管理权限批准设立（简称省级设立）的涉及养老和医疗机构建设的行政事业性收费。
2014	财政部、国家发展改革委员会、民政部、全国老龄工作委员会办公室	《关于做好政府购买养老服务工作的通知》（财税〔2014〕105号）	把握政府购买养老服务的基本原则、明确政府购买养老服务的工作目标、积极有序地开展政府购买养老服务工作、落实政府购买养老服务的工作责任。坚持需求导向，注重创新机制。以老年人基本养老服务需求为导向，将政府购买服务与满足老年人基本养老服务需求相结合，重点安排与老年人生活照料、康复护理等密切相关的项目，优先保障经济困难的孤寡、失能、高龄等老年人的服务需求，凡社会能够提供的养老服务，尽可能交给社会力量承担。

续表

年份	发布机构	政策文件	主要内容
2014	财政部、国家发展改革委员会、民政部、全国老龄工作委员会办公室	《关于做好政府购买养老服务工作的通知》（财税〔2014〕105 号）	"十二五"时期，政府购买养老服务工作有序推开，相关制度建设取得有效进展。到 2020 年，基本建立比较完善的政府购买养老服务制度。
2014	财政部、民政部、全国老龄工作委员会办公室	《关于建立健全经济困难的高龄、失能等老年人补贴制度的通知》（财社〔2014〕113 号）	总的要求是，通过建立健全经济困难的高龄、失能等老年人补贴制度，达到五个目标：一是贯彻落实党中央、国务院的要求。将 35 号文件提出的"建立健全经济困难的高龄、失能等老年人补贴制度"的要求细化为具体的政策措施，有效推动养老服务体系发展。二是形成多元化的投入格局。充分发挥财政资金的引导和示范效应，吸引社会资本投入养老服务业。三是有效缓解部分老年人的实际困难。减轻经济困难的高龄、失能等老年人的养老服务负担，帮助他们提高支付能力。四是更好体现公平与效率的理念。通过中央层面出台统一制度和要求，指导地方规范、有针对性地开展工作，有效回应社会各界的关切，倡导公共财政公平与效率的理念，正确引导舆论。五是推动实现基本服务均等化。
2015	国家发展改革委员会、民政部	《关于规范养老机构服务收费管理促进养老服务业健康发展指导意见》（发改价格〔2015〕129 号）	建立市场形成价格为主的养老机构服务收费管理机制，科学合理制定政府投资兴办养老机构服务收费标准，进一步规范养老机构服务收费行为，切实落实相关收费和价格减免政策。民办养老机构服务收费标准由市场形成。政府投资兴办养老机构区分服务对象实行不同收费政策。积极探索公建民营等方式运营的养老机构收费管理模式。
2015	民政部等 10 部委（民政部、发展改革委教育部、财政部、人力资源和社会保障部、国土资源部、住房城乡建设部、卫生计生委、银监会、保监会）	《关于鼓励民间资本参与养老服务业发展的实施意见》（民发〔2015〕33 号）	鼓励民间资本参与居家和社区养老服务（日间照料中心、老年活动中心、居家养老服务中心、养老服务信息化建设、对老年人信息进行动态管理）。鼓励民间资本参与机构养老服务。支持采取股份制、股份合作制、PPP（政府和民间资本合作）等模式建设或发展养老机构。支持民间资本参与养老产业发展；推进医养融合发展；完善投融资政策；落实税费优惠政策；加强人才建设。

年份	发布机构	政策文件	主要内容
2015	民政部、国家开发银行	《关于开发性金融支持社会养老服务体系建设的实施意见》（民发〔2015〕78号）	申请国家开发银行贷款支持的养老项目，应通过民政部门推荐或认可。重点支持下列五个方面：（一）社区居家养老服务设施建设项目。主要包括城市社区日间照料中心、老年食堂、老年活动中心和养老服务信息平台；其他为改善老年人居住条件和生活环境的便利化社区养老服务设施。（二）居家养老服务网络建设项目。主要包括支持为老年人上门提供助餐、助浴、助洁、助急、助医等涵盖生活照料、健康服务、文化娱乐、精神慰藉、法律咨询等服务的居家养老服务型小微企业以及各类规模化、连锁化、品牌化的组织发展。（三）养老机构建设项目。主要包括养老院、社会福利院、老年养护院、敬老院、养老社区等各类为老年人提供集中居住和照料等综合性服务的建筑及设施。（四）养老服务人才培训基地建设项目。主要包括支持高等院校和职业院校增加养老服务相关专业和学科建设，培养相关专门人才。（五）养老产业相关项目。
2015	国务院办公厅	《国务院办公厅转发卫生计生委等部门关于推进医疗卫生与养老服务相结合指导意见的通知》（国办发〔2015〕84号）	把保障老年人基本健康养老需求放在首位，对有需求的失能、部分失能老年人，以机构为依托，做好康复护理服务，着力保障特殊困难老年人的健康养老服务需求；和个性化服务协同发展，满足多层次、多样化的健康养老需求。对多数老年人，以社区和居家养老为主，通过医养有机融合，确保人人享有基本健康养老服务。到2020年，符合国情的医养结合体制机制和政策法规体系基本建立，医疗卫生和养老服务资源实现有序共享，覆盖城乡、规模适宜、功能合理、综合连续的医养结合服务网络基本形成，基层医疗卫生机构为居家老年人提供上门服务的能力明显提升。所有医疗机构开设为老年人提供挂号、就医等便利服务的绿色通道，所有养老机构能够以不同形式为入住老年人提供医疗卫生服务，基本适应老年人健康养老服务需求。

年份	发布机构	政策文件	主要内容
2015	国务院办公厅	《国务院办公厅转发卫生计生委等部门关于推进医疗卫生与养老服务相结合指导意见的通知》（国办发〔2015〕84号）	建立健全医疗卫生机构与养老机构合作机制；支持养老机构开展医疗服务；推动医疗卫生服务延伸至社区、家庭；鼓励社会力量兴办医养结合机构；鼓励医疗卫生机构与养老服务融合发展，完善投融资和财税价格政策；加强规划布局和用地保障，探索建立多层次长期照护保障体系；加强人才队伍建设；强化信息支撑；等等。
2016	国务院办公厅	《国务院办公厅关于全面放开养老服务市场提升养老服务质量的若干意见》（国办发〔2016〕91号）	到2020年，养老服务市场全面放开，养老服务和产品有效供给能力大幅提升，供给结构更加合理，养老服务政策法规体系、行业质量标准体系进一步完善，信用体系基本建立，市场监管机制有效运行，服务质量明显改善，群众满意度显著提高，养老服务业成为促进经济社会发展的新动能。 大力提升居家社区养老生活品质；全力建设优质养老服务供给体系。
2016	国家老龄办等25个部门	《关于推进老年宜居环境建设的指导意见》（全国老龄办发〔2016〕73号）	到2025年，安全、便利、舒适的老年宜居环境体系基本建立，"住、行、医、养"等环境更加优化，敬老养老助老社会风尚更加浓厚。 适老居住环境（推进老年人住宅适老化改造，支持适老住宅建设）；适老出行环境（强化住宅无障碍通行，构建社区步行路网，发展适老公共交通，完善老年友好交通服务）；适老健康支持环境（优化老年人就医环境，提升老年健康服务科技水平）；适老生活服务环境；敬老社会文化环境。
2016	国家发展改革委员会、财政部、民政部	《关于印发〈养老服务体系建设中央补助激励支持实施办法〉的通知》（发改社会〔2016〕2776号）	明确中央预算内投资支持领域和福利彩票公益金支持领域的重点建设任务和激励支持办法（评价指标、评价方法和奖励方式等）。 拟到2020年进一步健全完善以居家为基础、社区为依托、机构为补充、医养结合的养老服务体系，建设任务投资由中央和地方共同筹措解决，中央预算内投资重点建设任务是：支持老

年份	发布机构	政策文件	主要内容
2016	国家发展改革委员会、财政部、民政部	《关于印发〈养老服务体系建设中央补助激励支持实施办法〉的通知》（发改社会〔2016〕2776号）	年养护院、荣誉军人休养院、符合要求的医养结合养老设施建设；支持光荣院、特困人员供养服务设施（敬老院）建设；支持配置设备包。
2016	国家卫生计生委办公厅	《国家卫生计生委办公厅关于印发医养结合重点任务分工方案的通知》（国卫办家庭发〔2016〕340号）	确定医养结合重点任务分工方案。
2016	民政部办公厅、国家发展改革委办公厅	《关于开展以公建民营为重点的第二批公办养老机构改革试点工作的通知》（民办发〔2016〕15号）	以公建民营为重点，进一步扩大公办养老机构改革试点范围，积极探索行之有效的公办养老机构改革模式，推动形成平等参与、公平竞争、统一开放的养老服务市场。扩大公建民营范围；丰富公建民营实施方式；发挥公建民营机构作用；提升公建民营规范化水平；加强公建民营机构监督管理；完善公建民营配套措施；稳步推进公办养老机构转企改制。
2016	民政部等11部委（民政部、发展改革委教育部、财政部、国土资源部、环境保护部、住房城乡建设部、国家卫生计生委、国资委、税务总局、国管局）	《关于支持整合改造闲置社会资源发展养老服务的通知》（民发〔2016〕179号）	充分挖掘闲置社会资源，引导社会力量参与，将城镇中废弃的厂房、医院等，事业单位改制后腾出的办公用房，乡镇区划调整后的办公楼，以及转型中的党政机关和国有企事业单位举办的培训中心、疗养院及其他具有教育培训或疗养休养功能的各类机构等，经过一定的程序，整合改造成养老机构、社区居家养老设施用房等养老服务设施，增加服务供给，提高老年人就近就便获得养老服务的可及性，为全面建成以居家为基础、社区为依托、机构为补充、医养结合的多层次养老服务体系目标提供物质保障。

续表

年份	发布机构	政策文件	主要内容
2016	国家卫生计生委办公厅、民政部办公厅	《关于确定第一批国家级医养结合试点单位的通知》（国卫办家庭函〔2016〕511号）	经各省（区、市）卫生计生部门和民政部门推荐，确定北京市东城区等50个市（区）作为第一批国家级医养结合试点单位。各试点单位要结合实际，统筹各方资源，全面落实医养结合工作重点任务。各省（区、市）要积极探索地方医养结合的不同模式，并积极协调解决存在的困难和问题，2016年底前每省份至少启动1个省级试点，积累经验、逐步推开。
2016	中国人民银行、民政部、银监会、证监会、保监会	《关于金融支持养老服务业加快发展的指导意见》（银发〔2016〕65号）	到2025年，基本建成覆盖广泛、种类齐全、功能完备、服务高效、安全稳健，与我国人口老龄化进程相适应，符合小康社会要求的金融服务体系。促进养老服务业发展的金融组织更加多层次，产品更加多元化，服务更加多样化，金融支持养老服务业和满足居民养老需求的能力和水平明显提升。
2016	民政部、国家卫生计生委	《关于做好医养结合服务机构许可工作的通知》（民发〔2016〕52号）	申办人拟举办医养结合服务机构的，民政、卫生计生部门应当在接到申请后，按照首接责任制原则，及时根据各自职责办理审批，不得将彼此审批事项互为审批前置条件，不得互相推诿。支持医疗机构设立养老机构，医疗机构面向老年人开展集中居住和照料服务的，应当按照《养老机构设立许可办法》规定，申请养老机构设立许可，民政部门予以优先受理。支持养老机构设立医疗机构，卫生计生部门应当将养老机构设立老年病医院、康复医院、护理院、中医医院、临终关怀等医疗机构纳入区域卫生规划，优先予以审核审批，并加大政策支持和技术指导力度。各地民政、卫生计生部门高度重视做好医养结合服务机构许可工作，加强沟通、密切配合，打造"无障碍"审批环境。

年份	发布机构	政策文件	主要内容
2016	国家发展改革委员会、民政部、中国残联	《"十三五"社会服务兜底工程实施方案》（发改社会〔2016〕2848号）	到2020年，全国养老机构、特困人员供养服务设施（敬老院）和互助设施、光荣院和社区日间照料中心等设施的床位数达到每千名老年人35—40张，以居家为基础、社区为依托、机构为补充、医养结合的养老服务体系健全完善。护理型床位比例达到30%以上大部分的城市社区建立符合标准的日间照料机构等养老服务设施。大部分的特困人员供养服务设施（敬老院）条件得到改善，功能更加健全，服务更加专业。大多数条件适宜的特困人员供养服务设施（敬老院），整合为区域性养老服务中心。
2017	民政部等13部委（民政部、发展改革委、公安部、财政部、国土资源部、环境保护部、住房城乡建设部、卫生计生委、中国人民银行、工商总局、食品药品监管总局、银监会、全国老龄办）	《关于加快推进养老服务业放管服改革的通知》（民发〔2017〕25号）	加大简政放权力度：规范养老服务投资项目审批报建手续，简化优化养老服务机构相关审批手续，强化监督管理能力，加强政府信息公开力度，提高政府精准推动养老服务发展能力（转变运营补贴发放方式，从"补砖头""补床头"向"补人头"转变，创新服务设施供给方式，加大优惠扶持力度，推进连锁化经营，鼓励发起设立采取股权投资等市场化方式独立运作的养老投资基金，吸引社会力量进入养老服务基础设施和服务领域）。
2017	中国红十字会总会、民政部、全国老龄委办公室	《关于红十字会参与养老服务工作的指导意见》（中红字〔2017〕1号）	到2018年，在5个省份10个城市开展红十字会参与养老服务工作试点，探索参与养老服务方式、内容、保障、考核、监督等工作机制。鼓励有条件的省（区、市）按本指导意见的精神积极开展试点。到2020年，出台较完善的红十字参与养老服务政策，建立稳定的工作队伍和志愿者队伍，初步建立红十字会参与养老服务的培训网络和志愿服务体系。鼓励红十字会参与养老服务人员知识技能培训和医养结合服务；参与开展红十字养老志愿服务；参与兴办公益性养老机构；参与开展对老年人的公益援助项目。

续表

年份	发布机构	政策文件	主要内容
2017	工业和信息化部、民政部、国家卫生计生委	《智慧健康养老产业发展行动计划（2017—2020年)》（工信部联电子〔2017〕25号）	到2020年，基本形成覆盖全生命周期的智慧健康养老产业体系，建立100个以上智慧健康养老应用示范基地，培育100家以上具有示范引领作用的行业领军企业，打造一批智慧健康养老服务品牌。健康管理、居家养老等智慧健康养老服务基本普及，智慧健康养老服务质量效率显著提升。智慧健康养老产业发展环境不断完善，制定50项智慧健康养老产品和服务标准，信息安全保障能力大幅提升。
2017	国务院	《国务院关于印发"十三五"国家老龄事业发展和养老体系建设规划的通知》（国发〔2017〕13号）	到2020年，居家为基础、社区为依托、机构为补充、医养相结合的养老服务体系更加健全。养老服务供给能力大幅提高、质量明显改善、结构更加合理，多层次、多样化的养老服务更加方便可及，政府运营的养老床位数占当地养老床位总数的比例不超过50%，护理型床位占当地养老床位总数的比例不低于30%，65岁以上老年人健康管理率达到70%。夯实居家社区养老服务基础，推动养老机构提质增效。推进医养结合，加强老年人健康促进和疾病预防，发展老年医疗与康复护理服务。
2017	民政部、公安部、国家卫生计生委、质检总局、国家标准委、全国老龄办	《关于开展养老院服务质量建设专项行动的通知》（民发〔2017〕51号）	到2017年底，养老院服务质量明显改善，各项服务质量基础进一步夯实，全国统一的服务质量标准和评价体系初具雏形，50%以上的养老院能够以不同形式为入住老年人提供医疗卫生服务。到2020年底，基本建立全国统一的养老服务质量标准和评价体系，养老服务质量治理和促进体系更加完善，养老院服务质量总体水平显著提升，所有养老院能够以不同形式为入住老年人提供医疗卫生服务。

年份	发布机构	政策文件	主要内容
2017	民政部、财政部	《中央财政支持居家和社区养老服务改革试点补助资金管理办法》（财社〔2017〕2号）	本办法所称支持居家和社区养老服务改革试点的中央专项彩票公益金（以下简称补助资金），是指2016年至2020年期间，中央财政安排的用于支持试点地区开展居家和社区养老服务改革试点的中央专项彩票公益金。 补助资金由试点地区统筹其他渠道的政府补助及社会资源，重点用于支持以下领域：支持通过购买服务、公建民营、民办公助、股权合作等方式，鼓励社会力量管理运营居家和社区养老服务设施，培育和打造一批品牌化、连锁化、规模化的龙头社会组织或机构、企业，使社会力量成为提供居家和社区养老服务的主体。支持城乡敬老院、养老院等养老机构开展延伸服务。支持探索多种模式的"互联网+"居家和社区养老服务模式和智能养老技术应用。支持养老护理人员队伍建设。推动完善相关养老服务的标准化和规范化建设。支持采取多种有效方式，积极推进医养结合等。
2017	民政部	《关于应用全国养老机构业务管理系统加强管理养老机构发展监测的通知》（民函〔2017〕56号）	全国养老机构业务管理系统（以下简称"系统"），是解决养老机构发展底数不清、数出多门、监管手段缺乏等问题的重要平台。 各省级民政部门组织开展养老机构信息采集录入，并于5月10日前完成信息审核上报工作。负责本区域养老机构许可的民政部门要对所辖养老机构填报信息进行审核；省级民政部门要组织开展信息抽查核查工作，抽查率不得低于10%，确保信息质量。
2017	国务院办公厅	《国务院办公厅关于制定和实施老年人照料服务项目的意见》（国办发〔2017〕52号）	发展居家养老服务，为居家养老服务企业发展提供政策支持。鼓励与老年人日常生活密切相关的各类服务行业为老年人提供优先、便利、优惠服务。大力扶持专业服务机构并鼓励其他组织和个人为居家老年人提供生活照料、医疗护理、精神慰藉等服务。鼓励和支持城乡社区社会组织和相关机构为失能老年人提供临时或短期托养照顾服务。

续表

年份	发布机构	政策文件	主要内容
2017	国务院办公厅	《国务院办公厅关于制定和实施老年人照料服务项目的意见》（国办发〔2017〕52号）	加大推进医养结合力度，鼓励医疗卫生机构与养老服务融合发展，逐步建立完善医疗卫生机构与养老机构的业务合作机制，倡导社会力量兴办医养结合机构，鼓励有条件的医院为社区失能老年人设立家庭病床，建立巡诊制度。 积极开展长期护理保险试点，探索建立长期护理保险制度，切实保障失能人员特别是失能老年人的基本生活权益。
2017	民政部国家标准委	《民政部国家标准委关于印发〈养老服务标准体系建设指南〉的通知》（民发〔2017〕54号）	结合我国养老服务发展现状与趋势，从老年人自理能力、养老服务形式、服务、管理等四个维度，确定养老服务标准体系因素，并制成养老服务标准体系构成因素图。 按照《服务业组织标准化工作指南》（GB/T 24421—2009）关于标准体系总体结构的规定，养老服务标准体系包括通用基础、服务提供、支撑保障三个子体系。结合养老服务标准体系构成因素，搭建养老服务标准体系框架。
2018	民政部办公厅、财务部办公厅	《关于对养老服务体系建设福利彩票公益金激励名单进行公示的通知》（民办函〔2018〕55号）	为贯彻落实《国务院办公厅关于对真抓实干成效明显地方加大激励支持力度的通知》（国办发〔2016〕82号），民政部、财政部依据《2018年养老服务体系建设福利彩票公益金激励实施办法》（民办发〔2018〕5号），遴选出养老服务体系建设成效明显、2017年度工作成效提升幅度大的激励省份名单，分别是上海市、北京市、河南省、江西省、四川省和陕西省。财政部、民政拟将在安排2018年福利彩票公益金补助地方老年人福利类项目资金时，对以上六个激励省份予以资金倾斜。

年份	发布机构	政策文件	主要内容
2018	民政部办公厅、财政部办公厅	《民政部办公厅财政部办公厅关于开展居家和社区养老服务改革试点跟踪评估工作的通知》（民办函〔2018〕123号）	对列入中央财政支持开展的居家和社区养老服务改革试点地区进行评估，评估内容主要包括四方面：一是各项试点任务推进进度；二是通过试点获得的显著成效与成熟经验；三是试点过程中遇到的主要问题与困难；四是关于本试点地区的新闻报道和舆情动态信息。评估方式包括自评自查、年度绩效考核和第三方评估。
2018	民政部、财政部	《民政部财政部关于确定第三批中央财政支持开展居家和社区养老服务改革试点地区的通知》（民函〔2018〕80号）	根据民政部、财政部《关于中央财政支持开展居家和社区养老服务改革试点工作的通知》（民函〔2016〕200号）、《民政部财政部关于开展第三批居家和社区养老服务改革试点申报工作的通知》（民办函〔2018〕30号），在各地申报的基础上，经专家评审，民政部和财政部共同确定北京市通州区等36个市（区）为第三批中央财政支持开展居家和社区养老服务改革试点地区。
2018	民政部办公厅	《民政部办公厅关于进一步做好养老服务领域防范和处置非法集资有关工作的通知》（民办函〔2018〕116号）	加强宣传引导，提高老年人防范非法集资能力；积极配合做好涉嫌非法集资广告资讯信息排查清理（配合有关部门加强对养老服务机构、商场、超市等老年人经常活动区域排查，重点排查以养老服务名义发布的融资类广告资讯讯息）；加强监测预警，拓宽监测渠道（建立周密、高效、实用的养老服务领域金融风险监测预警体系，及时发现并处置养老服务领域非法集资活动）；提高责任意识，落实工作要求。
2019	民政部办公厅、财政部办公厅	《民政部办公厅财政部办公厅关于开展第三批居家和社区养老服务改革试点成果验收与报送居家和社区养老服务改革试点经验的通知》（民办函〔2019〕38号）	根据有关规定，民政部、财政部将对第三批居家和社区养老服务改革试点进行成果验收。同时，根据《民政部、财政部关于中央财政支持开展居家和社区养老服务改革试点工作的通知》（民函〔2016〕200号）要求，为发挥改革试点典型示范、以点带面的作用，民政部、财政部将总结前三批90个居家和社区养老服务改革试点的经验做法，形成一批可复制、可借鉴、可推广的试点经验成果，为全国居家和社区养老服务发展提供示范。

年份	发布机构	政策文件	主要内容
2019	民政部办公厅	《民政部办公厅关于印发社会救助和养老服务领域基层政务公开标准指引的通知》（民办函〔2019〕52号）	养老服务领域基层政务公开主要适用于县级人民政府民政部门以及乡镇人民政府（街道办事处）。 养老服务领域基层政务公开事项主要包括通用政策、业务办理、行业管理信息三类，各地可根据实际增加其他公开事项。 （一）通用政策。包括国家和地方层面推进养老服务发展的法律、法规、政策与标准文件，其中要专门归纳整理出现行养老服务扶持政策措施清单及养老机构投资指南。（二）业务办理。民政部门负责办理的养老服务业务信息，包括养老机构备案、养老服务扶持补贴（建设补贴、运营补贴等）、老年人补贴（高龄津贴、服务补贴、护理补贴等）等事项。（三）行业管理信息。包括民政部门负责办理养老服务业务信息办理结果、养老机构评估（综合评估、标准评定等）、行政处罚结果等行业管理事项信息。
2019	民政部、国家卫生健康委、应急管理部、市场监管总局	《民政部国家卫生健康委应急管理部市场监管总局关于做好2019年养老院服务质量建设专项行动工作的通知》（民发〔2019〕52号）	到2019年底，全面清除养老机构已排查出的重大风险隐患，在此基础上实现60%养老机构符合《养老机构服务质量基本规范》（GB/T35796—2017）国家标准，启动实施养老机构等级评价示范工程，推出一批星级示范养老机构，辐射带动养老机构服务质量持续改善，社会对养老服务满意度持续提升，老年人获得感、幸福感、安全感持续增强。 着力开展重大风险隐患清除攻坚行动。全面推进《养老机构服务质量基本规范》达标工作。启动实施养老机构等级评价示范工程。 结合"保健"市场乱象整治和非法集资风险排查等专项工作开展综合检查整治。进一步提升养老机构医疗卫生服务质量。进一步加强养老服务队伍建设。实施特困人员供养服务机构（敬老院）改造提升工程。实施民办养老机构消防安全达标工程。加强养老机构综合监管。

附表 2　我国农村养老服务相关政策（2001—2017 年）

年份	制定部门	政策文件	主要内容
2001	民政部	《"社区老年福利服务星光计划"实施方案》	农村乡镇敬老院建设 今后 2—3 年，从中央到地方，通过发行福利彩票筹集的福利金，绝大部分（约 40 亿—50 亿元）用于资助城市社区的老年人福利服务设施、活动场所和农村乡镇敬老院的建设。 在农村，以乡镇敬老院为重点，新建和改扩建一批乡镇老年人福利服务设施和活动场地，逐步形成县（市）有中心、乡镇有敬老院的老年人福利服务设施网络。农村新建、改扩建的敬老院要逐步具备住养、入户服务、日间照料、文体活动等功能，并向综合性、多功能的社会福利服务中心发展。
2001	国务院	《中国老龄事业发展"十五"计划纲要 （2001—2005）》	重视农村老龄问题和农民的养老问题；解决好老少边穷地区老年人的生活困难问题；保障高龄老人、残疾老人、老年妇女、独居老人等特殊群体的基本生活和合法权益；把老龄工作的重心放在社区、基层。 初步建成养老设施网络。城市养老机构床位数达到每千名老人 10 张，农村乡镇敬老院覆盖率达到 90%。
2006	国务院	《农村五保供养工作条例》（国务院令 〔2006〕456 号）	在吃、穿、住、医、葬方面给予村民的生活照顾和物质帮助；农村五保供养资金，在地方人民政府财政预算中安排。 农村五保供养对象可以在当地的农村五保供养服务机构集中供养，也可以在家分散供养。农村五保供养对象可以自行选择供养形式。 集中供养的农村五保供养对象，由农村五保供养服务机构提供供养服务；分散供养的农村五保供养对象，可以由村民委员会提供照料，也可以由农村五保供养服务机构提供有关供养服务。

年份	制定部门	政策文件	主要内容
2006	民政部	《"五保供养服务设施建设霞光计划"实施方案》	自2006—2010年，从中央到地方，各级民政部门要从本级留用的彩票公益金中，划拨一部分资金资助农村五保供养服务设施建设，同时积极争取地方政府加大投入，总投入力争达到50亿元左右。其中，部本级每年安排资金不少于1亿元。 建设一批农村五保供养设施，基本满足农村五保供养对象集中供养需求，保证每户分散供养对象拥有一间达到当地一般居住条件的住房。
2010	民政部	《农村五保供养服务机构管理办法》（民政部令〔2010〕37号）	农村五保供养服务机构的建设规模原则上不少于40张床位。 农村五保供养服务机构应当为每名农村五保供养对象提供使用面积不少于6平方米的居住用房。 农村五保供养服务机构在满足当地农村五保供养对象集中供养需要的基础上，可以开展社会养老服务。开展社会养老服务的农村五保供养服务机构应当与服务对象或者其赡养人签订协议，约定双方的权利和义务。农村五保供养服务机构不得因开展社会养老服务降低对农村五保供养对象的集中供养条件和服务水平。
2012	民政部	《关于开展"社会养老服务体系建设推进年"活动暨启动"敬老爱老助老工程"的实施意见》（民发〔2012〕35号）	推动居家和社区养老服务在城市普遍展开，在农村加快发展。到2015年，居家和社区养老服务基本覆盖100%城市社区和50%以上的农村社区，全国基本建立起形式多样、方便适用、广泛覆盖的居家和社区养老服务网络。
2012	民政部	"农村养老服务建设幸福计划"	要求在农村社区建设一批养老服务设施，为老年人提供集中养老服务，并逐步为农村老年人提供居家养老和日间照料服务。

年份	制定部门	政策文件	主要内容
2013	财政部、民政部	《中央专项彩票公益金支持农村幸福院项目管理办法》	中央专项彩票公益金将连续3年，累积支持建设10万个农村幸福院，占到全国村民委员会数量的17%。每个幸福院项目中央专项彩票公益金补助3万元，主要用于对现有闲置设施的修缮和设备用品的配备。这将有力带动全社会对农村养老设施投入，为建设自养、子女赡养等居家养老为基础，幸福院等农村社区照料为依托，农村五保供养服务机构等为支撑的农村养老服务体系发挥重要促进作用。
2013	国务院	《关于加快发展养老服务业的若干意见》（国发〔2013〕35号）	符合标准的日间照料中心、老年人活动中心等服务设施覆盖所有城市社区，90%以上的乡镇和60%以上的农村社区，建立包括养老服务在内的社区综合服务设施和站点。 切实加强农村养老服务。健全服务网络。要完善农村养老服务托底的措施，将所有农村"三无"老人全部纳入五保供养范围，适时提高五保供养标准，健全农村五保供养机构功能，使农村五保老人老有所养。在满足农村五保对象集中供养需求的前提下，支持乡镇五保供养机构改善设施条件并向社会开放，提高运营效益，增强护理功能，使之成为区域性养老服务中心。依托行政村、较大自然村，充分利用农家大院等，建设日间照料中心、托老所、老年活动站等互助性养老服务设施。拓宽资金渠道。鼓励城市资金、资产和资源投向农村养老服务。各级政府用于养老服务的财政性资金应重点向农村倾斜。建立协作机制。城市公办养老机构要与农村五保供养机构等建立长期稳定的对口支援和合作机制，采取人员培训、技术指导、设备支援等方式，帮助其提高服务能力。

续表

年份	制定部门	政策文件	主要内容
2014	财政部、国家发展改革委员会、民政部、全国老龄工作委员会办公室	《关于做好政府购买养老服务工作的通知》（财税〔2014〕105号）	以老年人基本养老服务需求为导向，将政府购买服务与满足老年人基本养老服务需求相结合，重点安排与老年人生活照料、康复护理等密切相关的项目，优先保障经济困难的孤寡、失能、高龄等老年人的服务需求，加大对基层和农村养老服务的支持，并逐步拓展政府购买养老服务的领域和范围。
2017	国务院	《国务院关于印发"十三五"国家老龄事业发展和养老体系建设规划的通知》（国发〔2017〕13号）	加强农村养老服务。推动农村特困人员供养服务机构服务设施和服务质量达标，在保障农村特困人员集中供养需求的前提下，积极为低收入、高龄、独居、残疾、失能农村老年人提供养老服务。通过邻里互助、亲友相助、志愿服务等模式和举办农村幸福院、养老大院等方式，大力发展农村互助养老服务。发挥农村基层党组织、村委会、老年协会等作用，积极培育为老服务社会组织，依托农村社区综合服务中心（站）、综合性文化服务中心、村卫生室、农家书屋、全民健身等设施，为留守、孤寡、独居、贫困、残疾等老年人提供丰富多彩的关爱服务。
2017	民政部、财政部	《中央财政支持居家和社区养老服务改革试点补助资金管理办法》（财社〔2017〕2号）	支持老城区和已建成居住（小）区通过购置、置换、租赁等方式开辟养老服务设施，支持依托农村敬老院、行政村、较大自然村利用已有资源建设日间照料中心、养老服务互助幸福院、托老所、老年活动站等农村养老服务设施，满足城乡老年人特别是空巢、留守、失能、失独、高龄老年人的养老服务需求。

参 考 文 献

一、中文著作

［1］《马克思恩格斯选集》第 2 卷，人民出版社 2012 年版。

［2］恩格斯：《反杜林论》，人民出版社 1970 年版。

［3］费孝通：《乡土中国》，北京大学出版社 1998 年版。

［4］陈红霞：《社会福利思想》，社会科学文献出版社 2002 年版。

［5］丁建定：《社会福利思想》，华中科技大学出版社 2009 年版。

［6］郭清等主编：《老年服务与管理概论》，浙江大学出版社 2015 年版。

［7］黄淑娉等：《中国原始社会史话》，北京出版社 1982 年版。

［8］柯武刚、史漫飞：《制度经济学》，商务印书社 2000 年版。

［9］林万亿：《福利国家：历史比较的分析》，巨流图书公司 1994 年版。

［10］刘汶蓉：《反馈模式的延续与变迁：一项对当代家庭代际支持失衡的在研究》，上海社会科学院出版社 2012 年版。

［11］彭华民等：《西方社会福利理论前沿：论国家、社会、体制与政策》，中国社会出版社 2009 年版。

［12］孙宏云编：《钱端生卷——中国近代思想家文库》，中国人民大学出版社 2015 年版。

［13］王小春、陈立文：《社会养老服务体系建设研究——以京津冀地区为例》，知识产权出版社 2017 年版。

［14］邬沧萍、杜鹏：《老龄社会与和谐社会》，中国人口出版社 2012 年版。

［15］吴敏：《基于需求与供给视角的机构养老服务发展现状研究》，经济科学出版社 2011 年版。

［16］薛博康：《中美人事行政比较》，商务印书馆 1934 年版。

［17］袁庆明：《新制度经济学》，复旦大学出版社 2012 年版。

［18］易松国：《社会福利社会化的理论与实践》，中国社会科学出版社 2006 年版。

［19］张健、陈一筠：《家庭与社会保障》，社会科学文献出版社 2000 年版。

［20］张岩松：《社会养老服务体系建设研究》，东北财经大学出版社 2016 年版。

［21］赵秋成：《中国农村养老服务体系建设研究》，清华大学出版社 2016 年版。

［22］郑功成主编：《中国社会保障改革与发展报告（总论卷）》，人民出版社 2001 年版。

［23］周如南：《社会治理与福利多元——当代中国残疾人服务事业产业化研究》，吉林大学出版社 2017 年版。

［24］郭清等：《老年服务与管理概论》，浙江大学出版社 2015 年版。

［25］〔美〕道格拉斯·C.诺斯：《制度、制度变迁和经济绩效》，生活·读书·新知三联书店1994年版。

［26］〔韩〕金仁春：《瑞典模式——垄断资本和福利国家共存》，三星经济研究所，2007年。

［27］〔韩〕朴炳炫：《社会福利与文化——用文化解析社会福利发展》，高春兰、金炳彻译，商务印书馆2012年版。

［28］〔日〕青木昌彦：《比较制度分析》，上海远东出版社2001年版。

二、期刊论文

［1］蔡中华等：《城市老年人社区养老服务需求特征与对策——基于吉林市的调查》，《社会保障研究》2013年第4期。

［2］曹宪忠、杜江先：《家庭养老——我国现阶段养老制度的必然选择》，《山东大学学报（哲学社会科学版）》1998年第4期。

［3］陈建兰：《空巢老人的养老意愿及其影响因素——基于苏州的实证研究》，《人口与发展》2010年第2期。

［4］陈皆明：《投资与赡养——关于城市居民代际交换的因果分析》，《中国社会科学》1998年第6期。

［5］陈赛权：《中国养老模式研究综述》，《人口学刊》2000年第3期。

［6］陈友华：《居家养老及其相关的几个问题》，《人口学刊》2012年第4期。

［7］陈元刚等：《我国社区养老研究文献综述》，《重庆工学院学报（社会科学版）》2009年第9期。

[8] 陈志科、马少珍：《老年人居家养老服务需求的影响因素研究——基于湖南省的社会调查》，《中南大学学报（社会科学版）》2012年第3期。

[9] 程启智、罗飞：《中国公办养老机构改革改制路径选择》，《河北经贸大学学报》2016年第2期。

[10] 初炜等：《老年人群养老需求及其影响因素调查分析》，《中国卫生事业管理》2007年12期。

[11] 道格拉斯·C.诺斯、李飞：《论制度》，《经济社会体制比较》1991年第6期。

[12] 狄金华等：《村落视野下的农村机构养老意愿研究——基于鄂、川、赣三省抽样调查的实证分析》，《南方人口》2014年第1期。

[13] 丁华：《整合与综合化——香港养老服务体系改革的新趋势及其借鉴》，《西北人口》2007年第1期。

[14] 丁建定：《居家养老服务：认识误区、理性原则及完善对策》，《中国人民大学学报》2013年第2期。

[15] 丁煜、叶文振：《城市老人对非家庭养老方式的态度及其影响因素》，《人口学刊》2001年第2期。

[16] 丁志宏、王莉莉：《我国社区居家养老服务均等化研究》，《人口学刊》2011年第5期。

[17] 董红亚：《养老机构公建民营：发展、问题及规制》，《中州学刊》2016年第5期。

[18] 樊海林：《中国农村养老模式的变迁前景展望》，《人口研究》1997年第6期。

[19] 费孝通：《家庭结构变动中的老年赡养问题再论中国家庭结构的变动》，《北京大学学报（哲学社会科学版）》1983年第3期。

［20］复寿劳：《浦东老年人的养老意愿》，《社会》1997 年第
11 期。

［21］傅亚丽：《国内城市养老机构服务研究综述》，《南京人口
管理干部学院学报》2009 年第 1 期。

［22］郭竞成：《居家养老模式的国际笔记与借鉴》，《社会保障
研究》2010 年第 1 期。

［23］黄俊辉、李放：《生活满意度与养老院需求意愿的影响研
究——江苏农村老年人的调查》，《南方人口》2013 年第 1 期。

［24］黄俊辉等：《农村社会养老服务需求评估——基于江苏
1051 名农村老人的问卷调查》，《中国农村观察》2014 年第 4 期。

［25］蒋秋桃：《公办的进不去，民办的住不起 用多样化方式化
解我国养老困局》，《人民论坛》2015 年第 9 期。

［26］姜玉：《中国养老服务模式研究》，《西北人口》2014 年第
5 期。

［27］李凤琴、陈泉辛：《城市社区居家养老服务模式探索——
以南京市鼓楼区政府向"心贴心老年服务中心"购买服务为例》，
《西北人口》2012 年第 1 期。

［28］李丽君：《新型养老服务模式的探讨——对兰州市城关区
"虚拟养老院"建设的调查与思考》，《改革与战略》2010 年第
10 期。

［29］李学斌：《我国社区养老服务研究综述》，《宁夏社会科
学》，2008 年第 1 期。

［30］梁新颖：《家庭养老社会化问题探路》，《社会科学辑刊》
2000 年第 4 期。

［31］廖楚晖等：《中国一线城市社区居家养老服务质量评价》，
《中南财经政法大学学报》，2014 年第 2 期。

[32] 廖鸿冰、李斌：《社会工作介入社区居家养老服务研究》，《湖南社会科学》2014 年第 6 期。

[33] 凌文豪：《从一元到多元：中国农村养老模式的变迁逻辑——以生产社会化为分析视角》，《社会主义研究》2011 年第 6 期。

[34] 刘长茂、叶明德：《中国人口老龄化前瞻》，《南方人口》1994 年第 4 期。

[35] 刘丽萍、高滨洋：《护理学院经营老人公寓优势的研究》，《市场论坛》2008 年第 8 期。

[36] 刘爽等：《孰是孰非：聚焦"异地养老"》，《人口研究》，2006 年第 4 期。

[37] 刘文俊等：《构建全民健康覆盖视角下"医养结合"养老服务模式的必要性》，《中国卫生经济》2016 年第 1 期。

[38] 龙书芹、风笑天：《城市居民的养老意愿及其影响因素——对江苏四城市老年生活状况的调查分析》，《南京社会科学》2007 年第 1 期。

[39] 卢德平：《略论中国的养老模式》，《中国农业大学学报》2014 年第 4 期。

[40] 吕学静、丁一：《北京市老年人网络养老服务需求意愿及影响因素分析——基于"北京市城市老年人网络养老需求意愿"调查数据》，《社会保障研究》2013 年第 1 期。

[41] 毛满长、李胜平：《社区居家养老：中国城镇养老模式探索》，《西北农林科技大学学报（社会科学版）》，2010 年第 1 期。

[42] 穆光宗：《家庭养老面临的挑战以及社会对策问题》，《中州学刊》1999 年第 1 期。

[43] 穆光宗：《我国机构养老发展的困境与对策》，《华中师范大学学报（人文社会科学版）》2012 年第 2 期。

［44］穆光宗：《中国传统养老方式的变革和展望》，《中国人民大学学报》2000年第5期。

［45］潘峰、宋峰：《"互联网+"养老社区：智能养老新思维》，《学习与实践》2015年第9期。

［46］彭华民：《福利三角：一个社会政策分析的范式》，《社会学研究》2006年第4期。

［47］彭莉莉：《日本养老福利制度及服务设施运营的启示》，《湖北社会科学》2011年第8期。

［48］任德新、楚永生：《伦理文化变迁与传统家庭养老模式的嬗变创新》，《江苏社会科学》2014年第5期。

［49］邵德兴：《医养护一体化健康养老模式探析——以上海市佘山镇为例》，《浙江社会科学》2014年第6期。

［50］史柏年：《老人社区照顾的发展与策略》，《中国青年政治学院学报》1997年第1期。

［51］石刚、李子平：《社区智能养老服务系统构建研究》，《电子政务》2015年第4期。

［52］史云桐：《网络化居家养老：新时期养老模式创新探索》，《南京社会科学》，2012年第12期。

［53］宋宝安、杨铁光：《观念与需求：社会养老制度设计的重要依据——东北老工业基地养老方式与需求意愿的调查与分析》，《吉林大学社会科学学报》2003年第3期。

［54］孙思：《社区居家养老服务供给主体的多元化构建》，《社会福利（理论版）》2016年第5期。

［55］谭建蒙、张丽芳：《社区老年公寓护理模式探讨》，《包头医学》2007年第6期。

［56］唐灿等：《女儿赡养的伦理与公平——浙东农村家庭代际

关系的性别考察》,《社会学研究》2009 年第 6 期。

[57] 陶涛、丛聪:《老年人养老方式选择的影响因素分析——以北京市西城区为例》,《人口与经济》2014 年第 3 期。

[58] 田北海、王彩云:《城乡老年人社会养老服务需求特征及其影响因素——基于对家庭养老替代机制的分析》,《中国农村观察》2014 年第 4 期。

[59] 田奇恒、孟传慧:《城镇空巢老人社区居家养老服务需求探析——以重庆市某新区为例》,《南京人口管理干部学院学报》2012 年第 1 期。

[60] 童星:《发展社区居家养老服务以应对老龄化》,《探索与争鸣》2015 年第 8 期。

[61] 王承慧:《美国社区养老模式的探索与启示》,《现代城市研究》2012 年第 8 期。

[62] 王海燕:《发展城市社区养老应对人口老龄化》,《理论学刊》2002 年第 3 期。

[63] 王洪娜:《山东农村老人入住社会养老机构的意愿与需求分析》,《东岳论丛》2011 年第 9 期。

[64] 汪华,《近代上海社会保障事业初探(1927—1937)》,《史林》2003 年第 6 期。

[65] 王俊文、文杨:《我国农村养老服务需求现状及对策研究——基于江西赣州的调查》,《江西社会科学》2014 年第 9 期。

[66] 王莉莉:《基于"服务链"理论的居家养老服务需求、供给与利用研究》,《人口学刊》2013 年第 2 期。

[67] 王琼:《城市社区居家养老服务需求及其影响因素——基于全国性的城市老年人口调查数据》,《人口研究》2016 年第 1 期。

[68] 王晓峰等:《城市社区养老服务需求及影响分析——以长

春市的调查为例》，《人口学刊》2012 年第 6 期。

　　［69］汪忠杰、何珊珊：《社区居家养老服务模式探索——以武汉市为例》，《武汉大学学报（哲学社会科学版）》2014 年第 4 期。

　　［70］吴迪：《中国城市社区居家养老服务模式比较研究——基于南京、大连、宁波、上海和兰州的分析》，《陕西行政学院学报》2014 年第 2 期。

　　［71］谢琼：《中国养老模式的中庸之道》，《山东社会科学》2008 年第 11 期。

　　［72］熊巍俊：《论我国人口老龄化下的社会养老问题》，《人口学刊》1994 年第 4 期。

　　［73］徐琴：《农村的家庭养老能走多远?》，《人口研究》1997 年第 6 期。

　　［74］阎青春：《四种居家养老服务模式的"利"与"弊"》，《社会福利》2009 年第 3 期。

　　［75］杨善华、贺常梅：《责任伦理与城市居民的家庭养老——以"北京市老年人需求调查为例"》，《北京大学学报》2004 年第 1 期。

　　［76］杨政怡：《替代或互补：群体分异视角下新农保与农村家庭养老的互动机制——来自全国五省的农村调查数据》，《公共管理学报》2016 年第 1 期。

　　［77］姚兆余、王诗露：《农村老人对机构养老的意愿及影响因素分析——基于东部地区 749 位农村老人的调查》，《湖南农业大学学报（社会科学版）》2012 年第 6 期。

　　［78］姚兆余：《农村社会养老服务：模式、机制与发展路径——基于江苏地区的调查》，《甘肃社会科学》2014 年第 1 期。

　　［79］尤黎明：《试论老年照护体系的构建》，《中国护理管理》，

2004 年第 1 期。

［80］于潇：《公共机构养老发展分析》，《人口学刊》2001 年第 6 期。

［81］袁彦鹏：《城镇退休职工从单位养老模式向社区养老模式的变迁》，《东岳论丛》2006 年第 3 期。

［82］张波：《我国居家养老模式研究综述与展望》，《四川理工学院学报（社会科学版）》2013 年第 4 期。

［83］张川川、陈斌开：《"社会养老"能否替代"家庭养老"？——来自中国新型农村社会养老保险的证据》，《经济研究》2014 年第 11 期。

［84］张国平：《农村老年人居家养老服务的需求及其影响因素分析——基于江苏省的社会调查》，《人口与发展》2014 年第 2 期。

［85］张逎英、王辰尧：《我国政府购买机构养老服务的政策分析》《经济体制改革》2012 年第 2 期。

［86］张仕平：《中国农村家庭养老研究》，《人口学刊》1999 年第 5 期。

［87］张团等：《机构养老之品质内涵研究——以台湾兆如多层级养老机构为实例》，《华中科技大学学报（社会科学版）》2013 年第 6 期。

［88］张文娟、魏蒙：《城市老年人的机构养老意愿及影响因素研究——以北京市西城区为例》，《人口与经济》2014 年第 6 期。

［89］张文丽：《养老福利服务的供给机制创新——政府采购》，《社科纵横》2005 年第 3 期。

［90］章晓懿、刘帮成：《社区居家养老服务质量模型研究——以上海市为例》，《中国人口科学》2011 年第 3 期。

［91］章晓懿：《政府购买养老服务模式研究——基于与民间组

织合作的视角》,《中国行政管理》2012 年第 12 期。

　　［92］张增芳:《老龄化背景下机构养老的供需矛盾及发展思路——基于西安市的数据分析》,《西北大学学报（哲学社会科学版）》2012 年第 5 期。

　　［93］赵晓芳:《健康老龄化背景下"医养结合"养老服务模式研究》,《兰州学刊》2014 年第 9 期。

　　［94］周敏:《论我国居家养老服务的产业化之路——兼谈政府、市场及家庭的职能定位》,《社会保障研究》2015 年第 1 期。

　　［95］左冬梅等:《中国农村老年人养老院居住意愿的影响因素研究》,《人口学刊》2011 年第 1 期。

　　［96］左显兰、张君华:《虚拟养老院:社区居家养老服务模式的升级》,《改革与战略》2013 年第 9 期。

　　［97］陈佳贵、黄群慧:《工业大国已是我国基本经济国情》,《中国社会科学院院报》2005 年 1 月 3 日。

三、学位论文

　　［98］陈翠莲:《农村老年人机构养老意愿及影响因素研究——基于对江苏省 P 县 Z 村的调查》,硕士学位论文,南京农业大学,2007 年。

　　［99］陈垦:《长期护理保险费率研究》,硕士学位论文,浙江大学,2010 年。

　　［100］崔柳:《城市空巢老人社区养老服务需求与对策研究》,硕士学位论文,广西师范大学,2011 年。

　　［101］杜翠欣:《我国城市社区养老模式研究》,硕士学位论文,

大连理工大学，2006年。

[102] 方姜红：《三门峡市湖滨社区养老服务需求调查分析》，硕士学位论文，西南交通大学，2013年。

[103] 伏威：《政府与公益性社会组织合作供给城市养老服务研究》，博士学位论文，吉林大学，2014年。

[104] 胡娟：《上海市不同老年人群体居家养老服务需求与对策研究》，硕士学位论文，上海社会科学院，2008年。

[105] 李晋：《城市居家老年人生活状况及其对社区养老服务的需求研究——以上海市为例》，硕士学位论文，华东理工大学，2014年。

[106] 李小梅：《厦门市居家养老服务需求与供给调查研究》，硕士学位论文，厦门大学，2014年。

[107] 刘国萍：《现阶段我国城市社区养老模式存在的问题与对策研究》，硕士学位论文，浙江财经学院，2013年。

[108] 刘燕：《制度化养老、家庭功能与代际反哺危机——以上海市为例》，博士学位论文，华东理工大学，2014年。

[109] 卢丹：《民间组织参与养老服务供给研究》，硕士学位论文，浙江财经大学，2013年。

[110] 陶冉：《城市社区养老需求及服务供给研究——以济南市为例》，硕士学位论文，山东财经大学，2013年。

[111] 万鑫：《我国公共服务供给模式的改革与多元协调机制的建设》，硕士学位论文，东北师范大学，2012年。

[112] 王涵：《社区养老服务多元供给主体的角色定位研究——基于多中心治理的视野》，硕士学位论文，首都经贸大学，2014年。

[113] 王晓蕾：《北京市城市老年人口养老服务需求研究——以北京市西城区为例》，硕士学位论文，首都经贸大学，2014年。

［114］吴美香：《公共服务供给方式研究》，硕士学位论文，厦门大学，2008 年。

［115］修宏方：《社区服务支持下的居家养老服务研究——以黑龙江省哈尔滨市为例》，博士学位论文，南开大学，2013 年。

［116］杨雯雯：《老龄化背景下社区养老服务需求研究——基于长春市的调查》，硕士学位论文，吉林大学，2010 年。

［117］曾智：《我国居家养老模式比较研究》，硕士学位论文，武汉科技大学，2008 年。

［118］张妍：《养老服务供给中政府、市场、社会的互动研究：以杭州市西湖区为例》，硕士学位论文，浙江大学，2014 年。

［119］赵小艳：《老龄化背景下养老服务的多元供给主体研究》，硕士学位论文，西北大学，2008 年。

［120］郑晓燕：《中国公共服务主体多元发展研究》，博士学位论文，华中师范大学，2010 年。

［121］曾智：《我国居家养老模式比较研究》，硕士学位论文，武汉科技大学，2008 年。

四、外文文献

［1］Administration, S. S. *Social Security Bulletin*, *Annual Statistical Supplement*, Washington, DC. US Government Printing Office, 1995.

［2］Arndt, H. W. *The Rise and Fall of Economic Growth*：*a Study in Contemporary Thought*, Longman Cheshire, 1978;

［3］Association, I. R. R. *Manpower in the United States*：*Problems and Policies*, New York：Harper, 1954;

［4］Auerbach, A. J., Gokhale, J., Kotlikoff, L. J. *Generational Accounts: A Meaningful Alternative to Deficit Accounting*, Tax Policy and the Economy, 1991.

［5］Batljan, I. *Demographics and Future Needs for Public Long Term Care and Services among the Elderly in Sweden*, Stockholm Studies in Social Work 24, 2007.

［6］Behn, R. D., Kant, P. A. *Strategies for Avoiding the Pitfalls of Performance Contracting*, Public Productivity and Management Review, 1999.

［7］Bergh, A. *The Universal Welfare State: Theory and the Case of Sweden*, Political Studies, 2004.

［8］Bixby, A. K. *Public Social Welfare Expenditures*, Fiscal Year 1995. *Social, Security. Bulletin*, 1999.

［9］Boeke, J. H. *Structure of Netherlands Indian Economy*, International secretariat, *Institute of Pacific relations*, Honolulu, 1942.

［10］Bradley, D., Huber, E., Moller, S., Nielsen, F., Stephens, J. D. *Distribution and Redistribution in Postindustrial Democracies*, World Politics, 2003.

［11］Castles, F. G. *The Working Class and Welfare: Reflections on the Political Development of the Welfare State in Australia and New Zealand*, 1890-1980, Allen & Unwin Sydney, 1985.

［12］Charles, M. *Losing Ground: American Social Policy*, 1950 - 1980; New York: Basic Books, 1984.

［13］Chen, L., Ye, M. *The Role of Children's Support in Elders'Decisions to Live in a Yanglaoyuan (Residential Long-Term Care)*, J. Cross Cult Gerontol, 2013.

［14］ Chen, Y. -J., Chen, C. -Y. *Living Arrangement Preferences of Elderly People in Taiwan as Affected by Family Resources and Social Participation*, Journal of Family History, 2012.

［15］ Collier, D., Messick, R. E. Prerequisites Versus Diffusion: *Testing Alternative Explanations of Social Security Adoption*, American Political Science Review, 1975.

［16］ Cook, L. J. *The Soviet Social Contract and Why it Failed: Welfare Policy and Workers' Politics from Brezhnev to Yeltsin*, Cambridge: Harvard University Press, 1993.

［17］ Deacon, B. *Social Policy and Socialism: The Struggle for Socialist Relations of Welfare*, Pluto Press, 1983.

［18］ Douglas, M. *In the Active Voice (Routledge Revivals)*, Routledge, 2011.

［19］ United Nations. Department of International Economic, and Social Development. UN: Report on the World Social Situation, 1993.

［20］ Edebalk, P. G. *Emergence of a Welfare State-Social Insurance in Sweden in the* 1910s, Journal of Social Policy, 2000.

［21］ Edebalk, P. G. Sjukpenning och sjuklön, *Samspelet mellan staten och arbetsmarknadens parter* 1974 - 1993. Working paper serien, 2006.

［22］ Eskildsen, M., Price, T. *Nursing home care in the USA*, Geriatrics & Gerontology International, 2009.

［23］ Evashwick, C., Rowe, G., Diehr, P., Branch, L. *Factors Explaining the Use of Health Care Services by the Elderly*, Health Services Research, 1984.

［24］ Fries, J. F. *The Future of Disease and Treatment: Changing*

Health Conditions, *Changing Behaviors and New Medical Technology*, Journal of Professional Nursing, 1986.

[25] George, V., Wilding, P. *The Impact of Social Policy*, Routledge, 1984.

[26] Greenberg, J. N., Ginn, A. *A Multivariate Analysis of the Predictors of Long-term Care Placement*, Home Health Care Services Quarterly, 1979.

[27] Gunnarsson, C., Rojas, M., Andersson, M. Tillväxt, Stagnation, Kaos: en Institutionell Studie av Underutvecklingens Orsaker Och Utvecklingens Möjligheter (3rd edition), 2008.

[28] Hadley, R., Hatch, S. *Social Welfare and the Failure of the State: Centralised Social Services and Participatory Alternatives*, Routledge, 2018.

[29] Hardiman, M., Midgley, J. *The Social Dimensions of Development: Social Policy and Planning in the Third World*, Chichester, England: John Wiley, 1982.

[30] Healy, J. *The Care of Older People: Australia and the United Kingdom*, Social Policy & Administration, 2002.

[31] Kemper, P., Murtaugh, C. M. Lifetime Use of Nursing Home Care, New England Journal of Medicine, 1991.

[32] Kraus, A. S., Spasoff, R. A., Beattie, E. J., Holden, D. E. W., Lawson, J. S., Rodenburg, M., Woodcock, G. M. *Elderly Applicants to Long-Term Care Institutions. L Their Characteristics, Health Problems and State of Mind*, Journal of the American Geriatrics Society, 1976.

[33] Kristol, I. *Two cheers for capitalism*, New York: Basic

Books, 1978.

[34] Levin, H.; Axinn, J. *Social Welfare: A History of the American Response to Need*, Social Service Review, 1976.

[35] Lynn, Jr., Laurence E. *Social Services and the State: The Public Appropriation of Private Charity*, Social Service Review, 2002.

[36] MacPherson, S. *Social Policy in the Third World: The Social Dilemmas of Underdevelopment*, Brighton: Wheatsheaf Books, 1982.

[37] McCoy, J. L., Edwards, B. E. *Contextual and Sociodemographic Antecedents of Institutionalization among Aged Welfare Recipients*, Medical Care, 1981.

[38] Meinow, B. *Capturing Health in the Elderly Population: Complex Health Problems, Mortality, and Allocation of Home-help Services, Doctoral dissertation, Institutionen för socialt arbete-Socialhögskolan*, 2008.

[39] Midgley, J. *Social Welfare in Global Context*, Sage, 1997.

[40] Midwinter, E. *The Development of Social Welfare in Britain*, McGraw-Hill Education (UK), 1994.

[41] Moller, S., Huber, E., Stephens, J. D., Bradley, D., Nielsen, F. *Determinants of Relative Poverty in Advanced Capitalist Democracies*, American Sociological Review, 2003.

[42] Moore, W. E. *Industrialization and Labor: Social Aspects of Economic Development*, Institute of World Affairs, New School for Social Research, 1951.

[43] Moore, W. E. *Occupational Structure and Industrial Conflict*, Industrial Conflict, 1954.

[44] Ogburn, W. F., Nimkoff, M. F. *Technology and the Changing Family*, Boston: Houghton Mifflin, 1955.

［45］Olsson, M., Svensson, P. *Agricultural Growth and Institutions*：*Sweden*, 1700–1860, European Review of Economic History, 2010.

［46］Porter, J. H. *Working-Class Self-Help in Nineteenth-Century England*, by Eric Hopkins（Book Review）. Victorian Studies, 1997.

［47］Pressman, S. *The Decline of the Middle Class*：*An International Perspective*, Journal of Economic Issues, 2007.

［48］Rauhut, D. Fattigvård, *Socialbidrag Och Synen På Fattigdom i Sverige* 1918–1997, 2002.

［49］Reschovsky, J. D. *The Roles of Medicaid and Economic Factors in the Demand for Nursing Home Care*, Health Services Research, Vol. 33, No. 4, 1998.

［50］Roine, J., Waldenström, D. *The Evolution of Top Incomes in an Egalitarian Society*：*Sweden*, 1903–2004. Journal of Public Economics, 2008.

［51］Ryner, J. M. *Capitalist Restructuring*, *Globalization and the Third Way*：*Lessons from the Swedish Model*, Routledge, 2003.

［52］Shartle, C. L. *Occupational information*, *its development and application*, Oxford, England：Prentice-Hall, 1952.

［53］Simon, H. A. Donald W. Smithburg and Victor A. Thompson, New York：Simon Public Administration, 1950.

［54］Solt, F. *Standardizing the World Income Inequality Database*, Social Science Quarterly, 90（2）：231–242. SWIID Version 3.1, December 2011. Retrieved April 21, 2012, from http：//www. siuc. edu/ fsolt/swiid/swiid. html. American Economic Review, 2009.

［55］Soltow, L. *The Rich and the Destitute in Sweden*, 1805–1855：*A Test of Tocqueville's Inequality Hypotheses*, The Economic History Review, 1989.

［56］ Weber, M., Knight, F. H. *General economic history*, Collier Books New York, 1961.

［57］ Wildavsky, A. *A Cultural Theory of Expenditure Growth and (un) Balanced Budgets*, Journal of Public Economics, 1985.

［58］ Wildavsky, A. *Choosing Preferences by Constructing Institutions: A Cultural Theory of Preference Formation*, American Political Science Review, 1987.

［59］ Wilensky, H. L., Lebeaux, C. N. *Industrial Society and Social Walfare: the Impact of Industrialization on the Supply and Organization of Social Welfare*, New York: Russell Sage Foundation, 1958.

［60］Winch, R. F., Goodman, L. W. *Selected Studies in Marriage and the Family*, Holt, Rinehart and Winston, 1968.

［61］ Wolf, R. S. *A Social Systems Model of Nursing Home Use*, Health Service Research, 1978.

［62］ Zimmer, A., Smith, S. R. *Social Service Provision in the US and Germany: Convergence or Path Dependency?* German Politics, 2014.

后　记

　　老年是一个人一生中的最后阶段，安详的晚年是绝大多数人所期待的。"甲代抚养乙代，乙代赡养甲代；乙代抚养丙代。丙代赡养乙代"的"反馈模式"是对我国传统社会家庭养老的经典阐释。"母慈子孝，其乐融融"的画面是无数个中国家庭的缩影。然而，在快速老龄化与高龄化的背景下，社会分工的细化，家庭权力结构的下移，家庭子女稀缺，传统家庭养老模式无法持续，养老功能从家庭向社会转移成为一种必然。

　　对于这一主题的关注源于我的生活。作为独生女的我，从小在爷爷奶奶，爸爸妈妈的呵护下长大，与奶奶感情最为深厚。奶奶是儿时冬夜里的一床棉花被，焐热了一载又一载的寒冬；奶奶是饭桌上一道道精致的菜，让家乡的味道融入到我的血液中；奶奶是善良的化身，从一个个睡前故事到一天天的生活杂谈，是她教会了我如何做人。如今，我三十而立，奶奶已是白发苍苍的耄耋老人。眼见她的衰老又坚强的模样，不禁遐想，未来她的生活会怎样？偶尔我也沉溺于无以为报的情绪中，当我远离家庭投入工作后，陪伴的时光愈发稀少。她快乐吗？何种养老方式才是更适合她的？我时常思索，这也是我心中的一个谜团。

　　奶奶只是城市中无数老人的缩影，和奶奶一样的老年人他们的晚年生活幸福吗？他们需要什么样的养老服务又是否得到满足？他们的养老观念发生变化了吗？还有数量更为庞大的农村老人，他们在城镇化和空巢化的进程中如何养老？试图厘清这些问题是本研究探索的动力所在。

时隔三年，能完成本书，首先要感谢的我博士导师殷俊老师，从研究方向到研究主题都是和他多次讨论确定下来的。在搜集资料的过程中，要感谢我的合作导师——加拿大渥太华大学社会科学院的Marcel Merette教授，他为我提供了在加拿大联合培养的机会和学习空间，本书中部分外文资料是在渥太华大学图书馆中搜集。要感谢我工作单位中南民族大学公共管理学院吴开松院长和其他同事对我完成写作的大力支持和鼓励。我要把最特别的感谢送给我的奶奶和如奶奶一样的老人，源于对他们的关注才有了做这个选题的想法。最后，还要感谢我的父母，我的朋友们，在我完成这本书的过程中赋予的力量！

社会不断发展，生老病死是不变的规律。然而，无论处于什么年龄阶段，老年生活都是我们无法避免的话题。在社会变迁的背景下，养老服务模式也在发生转型。传统的养老方式被打破，新的养老方式涌现。或许，没有一种养老服务模式是适合每一位老年人的，但每一位老人都会找到适合自己的养老服务模式，愿我们都能优雅的老去，拥抱幸福。

杨政怡

2019 年 8 月于南湖

责任编辑:吴广庆

封面设计:姚　菲

责任校对:白　玥

图书在版编目(CIP)数据

基于社会变迁的养老服务模式转型研究/杨政怡 著. —北京:人民出版社,
　2021.9
ISBN 978－7－01－023002－3

Ⅰ.①基…　Ⅱ.①杨…　Ⅲ.①养老-社会服务-服务模式-研究-中国
　Ⅳ.①D669.6

中国版本图书馆 CIP 数据核字(2020)第 262899 号

基于社会变迁的养老服务模式转型研究

JIYU SHEHUI BIANQIAN DE YANGLAO FUWU MOSHI ZHUANXING YANJIU

杨政怡　著

人民出版社 出版发行

(100706　北京市东城区隆福寺街 99 号)

中煤(北京)印务有限公司印刷　新华书店经销

2021 年 9 月第 1 版　2021 年 9 月北京第 1 次印刷
开本:710 毫米×1000 毫米 1/16　印张:15.75
字数:210 千字

ISBN 978－7－01－023002－3　定价:68.00 元

邮购地址 100706　北京市东城区隆福寺街 99 号
人民东方图书销售中心　电话 (010)65250042　65289539